プロローグ

　こんにちは。皆さんが手に取られたこの本，これは，わたしが今まで書いてきたものを，ワークブックのスタイルにまとめ直した一冊です。
　と，唐突に書き出してしまいました。もう少し説明が必要ですね。

　わたしの仕事は，思春期や青年期の人たちの自己実現を支援することです。
　換言すれば，青少年と呼ばれる人たちが，自分らしい生き方を見出し，それに向かって歩みやすくなるよう支援すること，それがわたしの仕事だと思っています。また，青少年への支援だけではなく，その青少年を支援している人たちを支援することも，わたしの大切な仕事になっています。

　ところで，一口に自己実現の支援といっても，その中身はいろいろあると思います。教育を保障するための支援，社会性を育てるための支援，就労生活を支えるための支援，資格や技能を獲得するための支援，迷いの感情に寄り添うための支援など，さまざまな領域で，さまざまな支援者が頑張っておられます。
　その中で，わたしにも守備領域のようなものがあります。それは彼らや彼女たちが，心ならずも，周囲の人との間で引き起こしてしまう，「もめごと」を緩和すること。そうした仕事を，今まで拙い文章で書かせていただいたわけですが，いまここで，なぜワークブックなのかに触れておかなくてはなりません。

　それは，そもそもわたしの仕事は支援者や支援対象者と「対話」することであり，その雰囲気を読者との対話に移し替えるワークブックを編めないか，という要望を多くの方から頂戴してきたからです。と言いながら，今まで手を付けなかった怠惰には理由があります。

　それは，講演会のような，いわばライブで展開するワークショップと，活字を用いる出版物の違い，つまり相互交流に用いる言語的媒介（言葉でのやり取り）の決定的な違いを乗り越え，なおかつ同じような効果を実現させる自信が，わたしにはなかった，という一言に尽きるのです。

　ただ，この記述とは矛盾しますが，講演会場でのライブと，活字化されたそれ，これはどのような工夫を施しても同等にはなり得ないことを承知の上で，「もし機会があれば，一度は活字によるワークショップにも挑戦してみたい」という思いが，わたしの中でくすぶっていたのも事実でした。

そうしたおりもおり，以前からお付き合いのあった金剛出版の編集者から，この本の執筆を打診されました。まさに思ってもみない打診でしたが，これもご縁と言うべきか，頼りないわたしの背中を押していただき，この機会を与えてくださった金剛出版に感謝しています。

　無謀なことは百も承知。この本はわたしにとっても冒険です。でも，皆さんと一緒に本書を育むことができれば，これに優る幸せはありません。どうぞよろしくお願いします。

　2018年7月　七夕の宵
　講演先の函館湯川温泉にて

　マルとカンへ

目次

プロローグ —————————————————————————— 003

I
考え方編 ——————————————————————— 015

練習1
カメのおはなし ————————————————————— 017
「支援対象者への支援目標の達成に行き詰まったときは，支援目標とよく似た行動を増やす工夫で乗り切ろう」（Ⅰ－練習1）

1 トラブル発生（Ⅰ－練1－1）———————————————— 017
2 一般的な考え方（Ⅰ－練1－2）——————————————— 017
3 本書の考え方（Ⅰ－練1－3）———————————————— 018
4 解説（Ⅰ－練1－4）———————————————————— 018

練習2
ドロボウのおはなし ——————————————————— 020
「事実に則して考えよう」（Ⅰ－練習2）

1 トラブル発生（Ⅰ－練2－1）———————————————— 020
2 一般的な考え方（Ⅰ－練2－2）——————————————— 020
3 本書の考え方（Ⅰ－練2－3）———————————————— 021
4 解説（Ⅰ－練2－4）———————————————————— 022

練習3
シニタクナルおはなし —————————————————— 024
「肯定的フィードバック」（Ⅰ－練習3）

1 トラブル発生（Ⅰ－練3－1）———————————————— 024
2 一般的な考え方（Ⅰ－練3－2）——————————————— 024
3 本書の考え方（Ⅰ－練3－3）———————————————— 025
4 解説（Ⅰ－練3－4）———————————————————— 025

考え方1
本書の対象（Ⅰ－考1） ―― 027
- **❶ 要支援（Ⅰ－考1－❶）** ―― 027
- **❷ メタ認知（Ⅰ－考1－❷）** ―― 027
- **❸ メタ認知の不調（Ⅰ－考1－❸）** ―― 028
  - ① 発達障害（Ⅰ－考1－❸－①） ―― 028
    - ア 自閉スペクトラム症（Ⅰ－考1－❸－①－ア） ―― 029
    - イ 注意欠如・多動症（Ⅰ－考1－❸－①－イ） ―― 029
  - ② 被虐待体験（Ⅰ－考1－❸－②） ―― 030
  - ③ 挫折経験（Ⅰ－考1－❸－③） ―― 030

考え方2
「困っている人」と「困っていない人」（Ⅰ－考2） ―― 032
- **❶ 困っている人（Ⅰ－考2－❶）** ―― 032
- **❷ 困っていない人（Ⅰ－考2－❷）** ―― 032

考え方3
「きっかけ」と「原因」（Ⅰ－考3） ―― 035
- **❶ 見立て（Ⅰ－考3－❶）** ―― 035
- **❷ トラブルの原因になりやすい課題（Ⅰ－考3－❷）** ―― 036
  - ① 仲良し課題（Ⅰ－考3－❷－①） ―― 036
  - ② 勝ち負け課題（Ⅰ－考3－❷－②） ―― 036
  - ③ 恋愛課題（Ⅰ－考3－❷－③） ―― 038

考え方4
トラブル対応の出発点（Ⅰ－考4） ―― 040
- **❶ 反抗挑発的言動（Ⅰ－考4－❶）** ―― 040
- **❷ 悪態対応の基本図式（Ⅰ－考4－❷）** ―― 040
  - ① 支援者の役割（Ⅰ－考4－❷－①） ―― 041
  - ② トラブル対応の本質（Ⅰ－考4－❷－②） ―― 042
  - ③ コミュニケーション（Ⅰ－考4－❷－③） ―― 042
    - ア 自己認知（Ⅰ－考4－❷－③－ア） ―― 043
    - イ 他者認知（Ⅰ－考4－❷－③－イ） ―― 043
    - ウ 他者批判（Ⅰ－考4－❷－③－ウ） ―― 043
  - ④ こだわり（Ⅰ－考4－❷－④） ―― 044

ア「こだわり」の本質（Ⅰ－考4－**2**－**4**－ア） ──── 044
　　イ 本質の背景（Ⅰ－考4－**2**－**4**－イ） ──── 045
　　ウ こだわり対応の奥義（Ⅰ－考4－**2**－**4**－ウ） ──── 045

考え方5
支援としての対話（Ⅰ－考5） ──── 047

1 会話と対話（Ⅰ－考5－**1**） ──── 047
2 要配慮（Ⅰ－考5－**2**） ──── 047
3 不心得な言葉（Ⅰ－考5－**3**） ──── 048
4 心得のある言葉（Ⅰ－考5－**4**） ──── 048
5 肯定的フィードバック（Ⅰ－考5－**5**） ──── 049
　1 おだてる（Ⅰ－考5－**5**－1） ──── 049
　2 もちあげる（Ⅰ－考5－**5**－2） ──── 050
　3 がまんしていることにする（Ⅰ－考5－**5**－3） ──── 050
　4 伝えるべき否定的な事実は肯定的に伝える（Ⅰ－考5－**5**－4） ──── 051
　5 支援対象者が怒ってしまったときの対応（Ⅰ－考5－**5**－5） ──── 052

Ⅱ
手続編 ──── 055

第Ⅱ部の緒言（Ⅱ－緒） ──── 056

手続1
復習（Ⅱ－手1） ──── 057

手続2
頑張り（Ⅱ－手2） ──── 058

1 頑張らせ方（Ⅱ－手2－**1**） ──── 058
2 手伝い（Ⅱ－手2－**2**） ──── 059

手続3
必然性（Ⅱ－手3） ──── 061

1 指示に従う練習（Ⅱ－手3－**1**） ──── 061

- **2** 信頼関係の練習（Ⅱ－手3－**2**） —————————— 062
- **3** コミュニケーションの練習（Ⅱ－手3－**3**） —————— 063

手続4
補足（Ⅱ－手4） ———————————————— 065

再考：肯定的フィードバック（Ⅱ－手4－再考－肯定的フィードバック）—— 065
- **1** 真摯な対応（Ⅱ－手4－**1**） ——————————— 065
- **2** 毅然とした態度（Ⅱ－手4－**2**） ————————— 067
- **3** 集団対応と個別対応（Ⅱ－手4－**3**） ——————— 069
- **4** プロンプト（Ⅱ－手4－**4**） ——————————— 069
- **5** 肯定的フィードバック適用例（Ⅱ－手4－**5**） ———— 071
  - ① 支援対象者の否定的な言葉への対応（Ⅱ－手4－**5**－①）—— 071
  - ② 理解する気のない支援対象者への対応（Ⅱ－手4－**5**－②）— 072
  - ③ 興奮しやすい支援対象者への対応（Ⅱ－手4－**5**－③）—— 072
  - ④ 自分本位な支援対象者への対応（Ⅱ－手4－**5**－④）—— 072
  - ⑤ その自己主張は間違っているとはっきり伝えた方がよい支援対象者への対応
    （Ⅱ－手4－**5**－⑤）——————————————— 073
  - ⑥ 的外しをしても，それに乗って来ない支援対象者への対応（Ⅱ－手4－**5**－⑥）—— 073

手続5
反作用への対応（Ⅱ－手5） ————————————— 075

実際場面でのトラブル対応 ———————————————— 077
- 緒言（Ⅱ－各・緒）————————————————— 078
- **1** 約束を巡るトラブル（Ⅱ－各1）——————————— 079
  - ① 約束ワンダーランド（Ⅱ－各1－①）————————— 079
  - ② 練習（Ⅱ－各1－②）———————————————— 080
    - ア 手伝い（ウオーミングアップ：Ⅱ－各1－②－ア）———— 080
    - イ 集団対応（Ⅱ－各1－②－イ）——————————— 081
      - ア 事前練習（Ⅱ－各1－②－イ－ア）———————— 081
      - イ 集団対応の手順（Ⅱ－各1－②－イ－イ）————— 081
    - ウ 個別対応：模擬練習（Ⅱ－各1－②－ウ）—————— 083
      - ア 模擬練習の出発点（Ⅱ－各1－②－ウ－ア）———— 083
      - イ 模擬練習ルールの組み立て（Ⅱ－各1－②－ウ－イ）—— 084

- ウ 模擬練習ルールの運用（Ⅱ－各1－②－ウ－ウ） ── 084
- エ 模擬練習の実際（Ⅱ－各1－②－ウ－エ） ── 085
- ③ 約束指導の応用（小遣い管理：Ⅱ－各1－③） ── 086
  - ア 小遣い指導の留意点（Ⅱ－各1－③－ア） ── 086
  - イ 小遣い指導の実際（Ⅱ－各1－③－イ） ── 087
- ④ 約束指導の禁忌（Ⅱ－各1－④） ── 089

② 言い聞かせを巡るトラブル（Ⅱ－各2） ── 090
- ① 復習（Ⅱ－各2－①） ── 090
- ② 言い聞かせ論考（Ⅱ－各2－②） ── 092
  - ア 言い聞かせの復権（Ⅱ－各2－②－ア） ── 092
  - イ 言い聞かせ復権の意味（Ⅱ－各2－②－イ） ── 093
  - ウ 新たな言い聞かせの所在（Ⅱ－各2－②－ウ） ── 093
- ③ 言い聞かせ方の実際（Ⅱ－各2－③） ── 094
  - ア 支援対象者が引いてしまいやすい言い聞かせ（Ⅱ－各2－③－ア） ── 095
  - イ 支援対象者が聞く耳を閉ざしやすい言い聞かせ（Ⅱ－各2－③－イ） ── 097
  - ウ 支援対象者の反発を招きやすい言い聞かせ（Ⅱ－各2－③－ウ） ── 098
  - エ 支援対象者を意固地にさせやすい言い聞かせ（Ⅱ－各2－③－エ） ── 099

③ 叱責を巡るトラブル（Ⅱ－各3） ── 101
- ① 叱責と言い聞かせ（Ⅱ－各3－①） ── 102
- ② 断言と助言（Ⅱ－各3－②） ── 103
- ③ 言説（Ⅱ－各3－③） ── 106
- ④ 必要性（Ⅱ－各3－④） ── 107
  - ア 止める（Ⅱ－各3－④－ア） ── 108
  - イ 反省（Ⅱ－各3－④－イ） ── 109
  - ウ 受益者（Ⅱ－各3－④－ウ） ── 109
- ⑤ 本書における叱責（Ⅱ－各3－⑤） ── 110
  - ア 叱責の手に余るもの（Ⅱ－各3－⑤－ア） ── 110
  - イ 叱責の対象（Ⅱ－各3－⑤－イ） ── 110
  - ウ 叱責の手続（Ⅱ－各3－⑤－ウ） ── 111
  - エ 叱責とは何か（Ⅱ－各3－⑤－エ） ── 112

④ 愛着を巡るトラブル（Ⅱ－各4） ── 113
- ① 愛着という言葉（Ⅱ－各4－①） ── 113
- ② ボウルビィ（Ⅱ－各4－②） ── 114
- ③ 愛着障害（Ⅱ－各4－③） ── 114
  - ア 特異性（Ⅱ－各4－③－ア） ── 114
  - イ 三つ子の魂（Ⅱ－各4－③－イ） ── 115

　　　　ウ 信頼という感覚（Ⅱ－各4－③－ウ） ──────────── 116
　　イ トラブルから愛着へ（Ⅱ－各4－④） ──────────── 117
　　オ 愛着からトラブルへ（Ⅱ－各4－⑤） ──────────── 118
　　　　ア 親密度（Ⅱ－各4－⑤－ア） ──────────── 118
　　　　イ 情に竿させば（Ⅱ－各4－⑤－イ） ──────────── 118
　　　　ウ 愛は歌の中に（Ⅱ－各4－⑤－ウ） ──────────── 119
　　　　エ まとめ（Ⅱ－各4－⑤－エ） ──────────── 121
　参考資料：ユニバーサルデザイン（Ⅱ－各4－資料） ──────────── 121
5 虚言を巡るトラブル（Ⅱ－各5） ──────────── 122
　① 虚言のタイプ（Ⅱ－各5－①） ──────────── 122
　② 虚言対応事始め（Ⅱ－各5－②） ──────────── 122
　③ 取り留めのない虚言（Ⅱ－各5－③） ──────────── 124
　　ア 取り留めのない虚言の概要（Ⅱ－各5－③－ア） ──────────── 124
　　イ 取り留めのない虚言のメカニズム（Ⅱ－各5－③－イ） ──────────── 125
　　ウ 取り留めのない虚言への教育的介入（Ⅱ－各5－③－ウ） ──────────── 126
　④ 意地悪な虚言（Ⅱ－各5－④） ──────────── 127
　　ア 意地悪な虚言の概要（Ⅱ－各5－④－ア） ──────────── 127
　　イ 意地悪な虚言のメカニズム（Ⅱ－各5－④－イ） ──────────── 127
　　ウ 意地悪な虚言への教育的介入（Ⅱ－各5－④－ウ） ──────────── 129
　⑤ 自らの非行を認めようとしない虚言（Ⅱ－各5－⑤） ──────────── 130
　　ア 自らの非行を認めようとしない虚言の概要（Ⅱ－各5－⑤－ア） ──────────── 130
　　イ 自らの非行を認めようとしない虚言のメカニズム（Ⅱ－各5－⑤－イ） ──────────── 130
　　ウ 自らの非行を認めようとしない虚言への教育的介入（Ⅱ－各5－⑤－ウ） ──────────── 131
6 暴言と暴力を巡るトラブル（Ⅱ－各6） ──────────── 133
　① 同属併記（Ⅱ－各6－①） ──────────── 134
　② 同属分離（Ⅱ－各6－②） ──────────── 134
　③ 整理整頓（Ⅱ－各6－③） ──────────── 135
　④ 行動分析（Ⅱ－各6－④） ──────────── 136
　⑤ 即時対応（Ⅱ－各6－⑤） ──────────── 137
　⑥ 継続対応（Ⅱ－各6－⑥） ──────────── 139
　⑦ 愛着の挿話（Ⅱ－各6－⑦） ──────────── 140
　　ア 暴言・暴力と愛着（Ⅱ－各6－⑦－ア） ──────────── 140
　　イ 愛情と承認（Ⅱ－各6－⑦－イ） ──────────── 140
7 家庭内暴力を巡るトラブル（Ⅱ－各7） ──────────── 142
　① 家庭内暴力のある人（Ⅱ－各7－①） ──────────── 142
　② 家庭内暴力の諸相（Ⅱ－各7－②） ──────────── 142

- ア きっかけ（Ⅱ－各7－②－ア） ———————————— 143
- イ 被害者の孤立（Ⅱ－各7－②－イ） ———————————— 143
- ウ 利害一致（Ⅱ－各7－②－ウ） ———————————— 143
- エ 破棄されたアイデア（Ⅱ－各7－②－エ） ———————————— 144
- ③ 家庭内暴力への教育的介入（Ⅱ－各7－③） ———————————— 145
  - ア 危険度の実態把握（Ⅱ－各7－③－ア） ———————————— 145
  - イ 暴力マネジメントを行う場所とスタッフ（Ⅱ－各7－③－イ） ———————————— 146
  - ウ 協議の進め方と協議事項（Ⅱ－各7－③－ウ） ———————————— 146
  - エ 補足事項（Ⅱ－各7－③－エ） ———————————— 147
- ⑧ いじめと非行を巡るトラブル（Ⅱ－各8） ———————————— 148
  - ① いじめの本態（Ⅱ－各8－①） ———————————— 148
  - ② 言い訳（Ⅱ－各8－②） ———————————— 149
  - ③ 加害者・被害者関係（Ⅱ－各8－③） ———————————— 150
  - ④ 加害者の消滅（Ⅱ－各8－④） ———————————— 151
  - ⑤ いじめと非行への教育的介入（Ⅱ－各8－⑤） ———————————— 152
    - ア 発覚直後の介入（Ⅱ－各8－⑤－ア） ———————————— 152
    - イ 反省指導と教材（Ⅱ－各8－⑤－イ） ———————————— 154
    - ウ 反省指導の彼岸（Ⅱ－各8－⑤－ウ） ———————————— 155
    - エ 反省指導のパラドックス（Ⅱ－各8－⑤－エ） ———————————— 155
    - オ 反省指導と結果を考える練習（Ⅱ－各8－⑤－オ） ———————————— 156
  - ⑥ 加害者に必要な指導（Ⅱ－各8－⑥） ———————————— 158
- ⑨ 性的逸脱行動を巡るトラブル（Ⅱ－各9） ———————————— 159
  - ① 性差（Ⅱ－各9－①） ———————————— 160
  - ② 進化の本流（Ⅱ－各9－②） ———————————— 161
  - ③ 男性の性的逸脱行動（Ⅱ－各9－③） ———————————— 162
  - ④ 女性の性的逸脱行動（Ⅱ－各9－④） ———————————— 162
    - ア 性欲の性差（Ⅱ－各9－④－ア） ———————————— 163
    - イ 性被害（Ⅱ－各9－④－イ） ———————————— 163
    - ウ 女子を巡る性虐待の本態（Ⅱ－各9－④－ウ） ———————————— 164
  - ⑤ 男子への教育的介入（Ⅱ－各9－⑤） ———————————— 166
  - ⑥ 女子への教育的介入（Ⅱ－各9－⑥） ———————————— 167
    - ア 男子との違い（Ⅱ－各9－⑥－ア） ———————————— 167
    - イ 女子への教育的介入～まずは考え方（Ⅱ－各9－⑥－イ） ———————————— 168
    - ウ 女子への教育的介入～性教育の適用（Ⅱ－各9－⑥－ウ） ———————————— 168
    - エ 女子への教育的介入～指導の実際（Ⅱ－各9－⑥－エ） ———————————— 169

10 LGBTを巡るトラブル（Ⅱ－各10）―――――――――――――― 171
　1 三島由紀夫さんの思い出（Ⅱ－各10－**1**）――――――――――― 171
　2 LGBTへの世間知（Ⅱ－各10－**2**）――――――――――――― 172
　3 LGBT事始め（Ⅱ－各10－**3**）―――――――――――――― 172
　4 迷いの構造（Ⅱ－各10－**4**）――――――――――――――― 173
　5 ヘテロ・セクシャリティ（Ⅱ－各10－**5**）―――――――――― 174
　6 『饗宴』に見る恋の大らかさ（Ⅱ－各10－**6**）――――――――― 174
　7 LGBTへの教育的介入（Ⅱ－各10－**7**）――――――――――― 176
　　ア 挨拶なき出会い（Ⅱ－各10－**7**－**ア**）――――――――――― 176
　　イ 知られたくない心（Ⅱ－各10－**7**－**イ**）―――――――――― 177
　　ウ 司令官と参謀長（Ⅱ－各10－**7**－**ウ**）――――――――――― 178
　　エ 性的誘惑（Ⅱ－各10－**7**－**エ**）―――――――――――――― 179
　　オ LGBTへの覚え書き（Ⅱ－各10－**7**－**オ**）―――――――――― 181
　　　❶ 人付き合いの課題（Ⅱ－各10－**7**－**オ**－❶）――――――――― 181
　　　❷ 依頼者からの依頼への対応（Ⅱ－各10－**7**－**オ**－❷）―――――― 181
　　　❸ LGBTスペクトラム（Ⅱ－各10－**7**－**オ**－❸）――――――――― 181
　　　❹ トランスジェンダーへの対応（Ⅱ－各10－**7**－**オ**－❹）―――――― 181
　　　❺ カミングアウト（Ⅱ－各10－**7**－**オ**－❺）――――――――――― 182
　8 大団円（Ⅱ－各10－**8**）――――――――――――――――― 183

Ⅲ
実習編 ――――――――――――――――――――――― 185

第Ⅰ部
考え方編 ―――――――――――――――――――――― 187
1 要支援 ――――――――――――――――――――――――― 187
2 「困っている人」と「困っていない人」 ―――――――――――― 187
3 「きっかけ」と「原因」 ―――――――――――――――――― 188
4 トラブル対応の出発点 ―――――――――――――――――― 188
5 支援としての対話 ―――――――――――――――――――― 189
6 肯定的フィードバック ―――――――――――――――――― 189

第Ⅱ部
手続編（トラブル対応への準備） —————————— 190
1. 手続 ————————————————————— 190
2. 肯定的フィードバックの手続 ———————— 190

第Ⅱ部
手続編（トラブル対応各論） ————————— 191
1. 約束を巡るトラブル ———————————— 191
2. 言い聞かせを巡るトラブル ————————— 192
3. 叱責を巡るトラブル ———————————— 192
4. 愛着を巡るトラブル ———————————— 193
5. 虚言を巡るトラブル ———————————— 193
6. 暴言と暴力を巡るトラブル ————————— 194
7. 家庭内暴力を巡るトラブル ————————— 194
8. いじめと非行を巡るトラブル ———————— 195
9. 性的逸脱行動を巡るトラブル ———————— 195
10. LGBTを巡るトラブル ——————————— 196

エピローグ ———————————————————— 197

考え方編

I

第Ⅰ部の本論へ入る前に，本書の「考え方」に慣れていただくための練習を行いましょう。
この本はワークブック。
練習という言葉（概念）も大切な「考え方」の一つなのです。

練習1
カメのおはなし

「支援対象者への支援目標の達成に行き詰まったときは，支援目標とよく似た行動を増やす工夫で乗り切ろう」（Ⅰ－練習1）

　本書の対象は，思春期から青年期の人ですが，話をわかりやすくするため，最初の練習には幼児に登場してもらいます。

1 トラブル発生（Ⅰ－練1－1）

　Aさんは幼稚園の年少クラスへ通う男の子です。

　Aさんは，食事の前になかなか手を洗ってくれません。特にAさんは，幼稚園で飼っている小さなカメが大好きで，いつも触っているため，余計に食事前の手洗いには神経を使います。

　先生方が「給食を食べる前には手を洗いましょう」とか，「カメさんにはバイキンが付いているかもしれないから，カメさんと遊んだ後は手を洗いましょうね」と指導していますが，なかなか洗ってくれません。

　さあ困りましたね。

　あなたならどうしますか？

思いつく方法を書いてみてください（答えは18頁を見てください）。

---

2 一般的な考え方（Ⅰ－練1－2）

　よく用いられるのは，食事の前や，カメを触った後には，手を洗うよう約束させる指導でしょう。

　それには，いろいろなものに触れる手は汚れやすいからとか，カメにはバイキンがついているかもしれないからといった説明を加えることも多いと思います。ときには，先生も一緒に手洗いをする，あるいは先生がAさんの手を洗ってあげるやり方を用いることもあるでしょう。

こうしたやり方で望ましい手洗い行動が自発する子どもばかりなら，わたしたちの仕事は楽なもの。しかし残念ながら，実際にはうまくいかない子どもが出てきます。

　そうすると，支援者はさらに強い指導を行いがちになり，それによってトラブルが深刻化した経験をお持ちの方も多いのではないでしょうか。本書がそうした場面を乗り切る「虎の巻」になれば，こんなに嬉しいことはありません。

❸ 本書の考え方（Ⅰ－練１－❸）

　本書では，支援対象者の自発的な意思や努力に期待する方法は用いません（この点の詳しい解説は，本書の中にたくさん出てきます）。

　まず，答えを先に書いてしまいましょう。

　本書で用いるやり方は，支援者向けには「カメも一緒に洗ったらどうですか」，支援対象者向けには「カメさんと遊んだ後は，カメさんを洗ってあげましょう」という方法です。

❹ 解説（Ⅰ－練１－❹）

　❷と❸の違いはわかりますか？

　そうです。❷は手洗いが必要な理由を説明して子どもを納得させ，それを手洗い行動の自発に結び付けようとするやり方で，いわば「手を洗う」という，子どもの意思や努力に期待する方法です。

　大切な点は，このやり方は決して間違ってはいないということでしょう。むしろ，最も正しいやり方だとわたしは思っています。

　しかし，正しいやり方だからといって，そのやり方に固執するのはいかがなものでしょうか。

　うまく支援対象者に響かないアプローチは（今は）避ける，というのがわたしの考え，すなわち本書の考え方です。

　ここで，トラブル対応の基本の基本をまとめておきましょう。「たとえ正しいアプローチであったとしても，そのやり方が新しいトラブルを生む可能性があるとしたら，今はそのアプローチは用いない（Ⅰ－練１－❹－ア）」ということなのです。

　この基本事項は，今から何度も出てきますので憶えておきましょう。

　❸は，そうした納得や支援対象者の意思（頑張り）への期待を避け，それより支援対象者が大好きなカメを洗ってあげるという異なった行動へ目標を切り替えています。

　そこで標的にした行動は，本来の指導目標（手洗い）とは異なるものですが，支援対象者の手洗いと似通った，あるいは「当たらずとも遠からず」の範囲にある行動，それも遊びの延長のような事象を標的にしている点が意味深長なところです。

　こうしたやり方を，わたしは「的外し（Ⅰ－練１－❹－イ）」と呼んでいます。この方法

も本書にはたくさん出てきますが，今のところは名前だけ憶えていただければけっこうです。

さて，これで一件落着かと思いきや，世の中はそれほど甘くはなく，「今回は相手がカメだったからよかったけれど，例えばハムスターのような水を嫌う小動物の場合はどうしますか？」という質問が出てくるものです。

「そんなことは自分で考えてよ！」と言いたくなるところですが，藪から蛇や棒が飛び出すことは，トラブル対応には付き物です。その場面で，「想定外だ」などと言っていては面白くも可笑しくもありません。

まあ「○○さんの手洗いをハムスターさんに見てもらおう」が無難な対応でしょうか。それでも支援対象者が納得しないときは，Ⅱ－手1・●57頁，Ⅱ－手5・●75頁をご覧ください。きっとヒントになるものがあると思います。

ともかく，何だかんだと複雑怪奇な相談事項が舞い込むので，わたしのようなトラブルマネージャーの仕事は忙しいのです。

さて，お待たせしました。いよいよ思春期少年の登場です。

練習2
ドロボウのおはなし
「事実に則して考えよう」（Ⅰ－練習2）

❶ トラブル発生（Ⅰ－練2－❶）

　中学1年生の男子生徒Bさんには，母親の財布からの金銭抜き取り行動があります。この困った行動は，小学校3年生くらいから目立ち始め，6年生の段階で一度治まったのですが，中学生になってから再び発現するようになりました。
　母親はその度に注意し，教師にも相談してきましたが，なかなか改まりません。
　さあ困りましたね。
　あなたならどうしますか？

> 思いつく方法を書いてみてください（答えは22頁を見てください）。

❷ 一般的な考え方（Ⅰ－練2－❷）

　よく用いられる指導は，「その行為はドロボウと同じだから，二度とやってはいけません」と禁止することですね。
　指導者によっては，「そんなことをしていると，将来刑務所へ入るような人になってしまうよ」と説諭することもあるでしょう。
　また，子どもが母親の財布から抜き取ったお金を何に使うのかを尋ね，その使い道から予防策を考える人もいるでしょう。
　ときにはさらに進んで，本書にも登場する小遣い指導（Ⅱ－各1－③・➡86頁）を試みる支援者もいると思います。
　さらには，もっとこの子に寄り添い，この子の言葉に耳を傾け，窃盗行動の背景にある，この子の感情を受容することに力を注ぐ支援者もいると思います。
　こうしたやり方は，いずれも間違いではないと思います。しかし，そうしたアプローチによって，子どもが金銭抜き取り行動を自制するようになればよいのですが，実際にはなかなか，という声をよく耳にします。

そうすると，支援者はさらに強い指導を行うようになり，それでも子どもが言うことを聞かないと，さらに何とかしようと焦ってしまい，トラブルが一層深刻化してしまった事例をわたしはたくさん見てきました。

3 本書の考え方（Ⅰ－練２－3）

そもそも，子どもはどうしてお母さんの財布からお金を抜き取るのでしょうか。これには，いろいろな考え方があって，中には学説と呼んでも差し支えないものもあるのです。

例えばみなさんは象徴論をご存じでしょうか。これは「人間というものは，それが何らかのコンプレックスを反映した行動であればあるほど，内面的な感情の影響を受けた表象（心像）を，象徴的に（比喩的に）表現しやすくなる」という考え方に則った，なかなか奥の深いものです。

そうすると，この金銭抜き取り行動については，こんな「解釈」が成り立つとおっしゃる人も出てきます。

例えば，「愛情欲求の充足に課題のある子どもの中には，母親の財布を「母なる子宮」の象徴として（無意識過程の中で）見立てる場合があり，そうした子どもは，母親の子宮の象徴である財布の中から，愛情の代替物としてお金を抜き取る行動（象徴行動）を示しやすくなる」と考えるわけです。

たしかに，そう言われればそんな気もしますし，ある意味とてもロマンチックだと思うのですが，疑い深いわたしとしては，ついつい「本当かなあ？」といぶかってしまいます。そう不審に思うこと自体がわたしのコンプレックスの所作なのでしょうか。

いずれにしても，この仮説が成立するためには，その子どもに愛情欲求の不充足があることを検証する必要がありますが，それはそれで，けっこうむずかしい課題ですね。人の内面の迷路を辿る仕事は大変ですから。

それでは，わたしならどう考えるかです。

いろいろな考えがあること自体は否定しませんが，支援の実務家という立場からすると，「否定できない事実にまで遡って，シンプルに考えること」が大切ではないかと思うのです。

そうすると，その答えは「そこに母親の財布があったからだ」というところへ落ち着くのではないでしょうか。

つまり，母親の財布が，子どもの目に付く場所に置いてあった。その結果，子どもには母親の財布に触る可能性が高まった。財布に触れば，財布の中を見る可能性も高まる。そこにお金が入っていればお金を抜き取る可能性も高まる，と考えるわけです。

これは連鎖行動と呼ばれるもので，わたしたちの行動というものは，計画的なものばかりではなく，偶然性の重なりの中で連鎖的に生起することもあるという考え方です。

もちろん，目に付くところに母親の財布があったからといって，すべての子どもがそれに触るわけではありませんし，中を見るわけでも，入っていたお金を抜き取るわけでもあ

りません。

　もしかすると，そのとき小遣いが不足していたのかもしれません。しかし，小遣い不足の子どもがみんな金銭抜き取りをするわけではないので，もしかするとそこに，先程の愛情欲求不満の問題が絡んでいたのかもしれません。

　しかし，たとえそうであったとしても，愛情という視点から問題解決を考え始めると，支援の手続は非常に複雑化します（Ⅱ－各4・●113頁をご覧ください）。

　また，そもそも目の前のトラブル状況を緩和することで次への活路を見出すのが本書の主眼ですから，ここではもっとシンプルな支援方法を考えてみましょう。

　これは相当な我田引水であることは承知の上です。でも，許される範囲だということにして，どんどん読み進んでください。

　つまり，複雑な方法に手を染め，時間を掛けているうちに，新たな失敗によって子どもが傷つくような事態は避けたい。もちろん，専門家によっては「そうした新たな失敗にも意味がある」と考える人もいるでしょうが，わたしとしては，できるだけ子どもの安全性を担保し，子どもに優しいアプローチを選択したいと思うのです。そうすると，次の解説で述べるようなやり方が見えてきます。それが本書の考え方です。

4 解説（Ⅰ－練2－4）

　ここで言いたいことは，子どもの目に付きやすい場所に母親の財布を置かないようにすること，要するに母親の整理整頓によって子どもの困った行動を制御しようというやり方です。

　ここで取り上げている相談は，母親の悩みとして，少なからず出てくるものなので，多くの場合わたしはこう助言します。

　「子どもの目の前から，お母さんの財布を消去して（隠して）ください」と。

　そうするとお母さん方は口をそろえておっしゃいます。「自分の子どもを信用してはいけないのですか？」と。

　わたしは即座に答えます。

　「子どもを信用するとか，しないとかの話ではなく，子どもはお母さんの財布からお金を抜き取ることで叱られるわけですから，お母さんの財布がそこになければ叱られなくて済むのです」と。

　このやり方は，お母さんの財布を消去するというより，子どもが叱られる状況を消去する方法だと考えてください。子どもを信用するという意味では，この方がもっと優しい方法だと思うのですがいかがでしょうか。

　ここでも，わたしたちは子どもの頑張りに期待していません（整理整頓という母親の頑張りには多少期待しますが……）。

　そこで大切なことを申し上げます。

だいたいにおいて，こうした母親の悩み事は，たまたま1回起こったという単発のトラブルではありません。それは大なり小なり反復性（持続性）の行動によるトラブルなので，それが親や周囲の人を困らせるのです。
　そこである日を境に，母親の財布が子どもの前から消去されたとしましょう。しかも，母親から子どもへ「今日からお母さんの財布はあなたの目の前には出しません」という宣言は行わずに，です。
　この宣言は，どうしてもやりたいとおっしゃれば止めはしませんが，けっこう子どもを傷付ける（悪性のストレスを与える）ことがあるので，わたしは避けた方がいいと思っています。トラブル対応というものは，「厳しくやる」のではなく，さりげなく「そっと，子どもの知らないうちにやる」のが似合うからです。もちろん，これとは逆に，支援対象者を持ち上げる形で，大袈裟に宣言することもあります。要するにトラブル対応というものは，「あの手この手」を総動員させるものなのです。
　とはいえ，敵もさるもの，世の中はそれほど甘いものではありません。
　先程，子どもの努力ではなく，整理整頓というお母さんの努力に期待していると書きましたが，この期待に応えてくれないお母さんもいるのです。そうしたときは，手続編（Ⅱ）で述べることの中にヒントが隠れていると思います。
　さて，長々と母親の話ばかりしてしまいました。わたしの習性として，ついついお母さんの応援をしたくなるからです。でも，この本の主人公は何といっても子どもですから，最後に子どもの側からこの課題を考えてみましょう。
　前の話の続きになりますが，ある日を境に，突然母親の財布が子どもの目の前から消えてしまうと，しばらくの間，子どもには母親の財布を探す行動が増えると思います。
　これは探索行動と呼ばれるものですが，2日探しても3日探しても財布が見つからないと，やがて探索行動は減っていきます。これは何が起こったのでしょう。
　そうです。探す気（やる気）がなくなったのです。
　この現象は，学習性無力感とか学習性無気力と呼ばれるもので，例えば勉強をやってもわからないと，勉強をする意欲そのものがなくなってしまう（勉強嫌いになる）のと同じ行動のメカニズムを反映しています。
　わたしは，悪く言われがちな「無力感」とか「無気力」と呼ばれる行動のメカニズムも，使い方次第で良性に作用する場合があると思っています。ここで用いている方法は，まさに無気力の助けを借りる行動改善法と呼んでも差し支えないものだと思います。そこでまとめましょう。
　少なくとも，望ましくない行動に関しては，支援対象者の頑張りによる抑止ではなく，「不適切な行動へのやる気を削ぐ（減少させる）」，あるいは「不適切な行動をしている暇をなくしてしまう」という抑止法の方が，支援対象者には優しく作用するのです。

練習3
シニタクナルおはなし
「肯定的フィードバック」（Ⅰ－練習3）

🔢 トラブル発生（Ⅰ－練3－🔢）

　高校1年生の女子生徒Cさんがあなたのところへ相談に来て，「先生，わたし，死にたい」と訴えました。

　この相談は尋常なものではありません。もちろん，「死にたい」という訴えの切迫度は，人によってかなりな幅があることは承知しています。

　でも，こうした相談は，決して「多い」とは言いませんが，思春期や青年期の人を支援対象にする領域では，一定不変の数で出てくるものです。

　また，この種の相談を受理する経路もさまざまで，特にわたしのようにいろいろな機関のスーパーバイザーとして仕事をしている者には，支援対象者本人からの直接相談というより，学校の教師，施設職員，ときには保護者を介しての相談事項として受理することが多くなります。

　いずれにしても，この種の相談を受理したときには，それを放置することはできません。

　すでに述べたように，希死念慮（死にたいと思うこと）の切迫度には相当な幅があるとはいうものの，「様子を見ましょう」などとのんきに構えていてはいけないのです。

　さあ，困りましたね。

　あなたならどうしますか。

> 思いつく方法を書いてみてください（答えは次頁以降で学んでください）。

🔢 一般的な考え方（Ⅰ－練3－🔢）

　この手の相談を受けた人は，まず「どうしてそんなことを考えるようになったのですか？」と尋ねたくなります。これは人情として，自然に出てくる質問だと思います。そこで，この対応の仕方を①としておきましょう。

　次に，もう少し相談対象者に寄り添いたいという思いから，「死にたくなるほど苦しいの

ですね」と，対象者の感情に共感し，さらに受容したいと考える人もいると思います。ここではこの対応の仕方を②としておきましょう。

　この2つの対応の仕方は，両方とも間違っているとは思いません。要は，時と場合，支援者の立場や必要性に応じて，適切に使い分けるべき課題だと思うからです。

　ところでわたしは，それこそ必要に応じて，この2つとは違う対応を行うことがあります。それが本書の考え方です。

❸ 本書の考え方（Ⅰ－練3－❸）

　わたしは，この「死にたい」という支援対象者の言葉に対して，一般的な考え方の中で述べた問いかけでも，共感的な姿勢でもなく，「そんなに困っていたことをわたしに話してくれて嬉しかったです」と応じることがあります。

　それに続けて，「この話は，わたし以外の人にも相談しましたか？」と質問し，もし支援対象者が他の人にも相談していると答えた場合は「よかった」とフィードバック，わたしにだけ相談したと答えたときには，「ありがとう」とフィードバックします。

　これは，肯定的フィードバックという本書の考えに則った応答の仕方です。

❹ 解説（Ⅰ－練3－❹）

　ここで述べた❷と❸の違いはわかりますか？

　細かく見ていくと，❷の答え方にも①と②があることは既述のとおりです。

　これを換言すれば，①は支援対象者に対してやや第三者的にアドバイスする姿勢を，②は支援対象者への寄り添いの姿勢を反映しているということでしょう。

　そうすると，①と②は一見したところ異なったやり方に見えてきます。

　しかしながら，実は支援対象者の「死にたい」という言葉を前提にしているところに，この2つのやり方には大きな共通項があるとわたしは考えてきました。

　つまり，いずれも支援対象者の「死にたい」という言葉から出発し，それに反論したり，それを受容したりしているわけで，支援者は支援対象者の「死にたい」という言葉にとらわれています。

　これに対して❸は，フィードバックの中に「死にたい」という支援対象者の言葉（表現）を全く含めていません。

　よく見てください。「死にたい」という支援対象者の表現を，「そんなに困っていたこと」に置き換え，❷の支援者が「どうして死にたいと思うのですか？」と聞く，あるいは「それは苦しいですね」と受容しているところを，❸は「わたしに話してくれて嬉しかった」と肯定しています。

　それに続く応答でも，「他の人にも相談していますか」というわたしからの質問に，支援

対象者が「他の人にも相談している」と答えたら，「よかった」と応じ，「あなたにだけ相談した」と答えたら，「ありがとう」と応じる。いずれもポジティブに締めくくっています。

　こういう応答を肯定的フィードバックと呼ぶわけですが，これがこの本の考え方のミソの中のミソ，つまりわたしの考え方になります。そしてそれは，すでに触れた「的外し（Ⅰ－練1－ 4 －イ）」にも該当するものです。

　ご覧ください。「死にたい」という支援対象者の言葉を，「困っている」に変換して的を外します。この「困っている」という状態も，「死にたい」と同じくらい切迫度はピンからキリなのですが，わたしはどうして「的外し」とそのための「肯定的フィードバック」を，これほど重視するのでしょうか。

　これは，本書の中で何度も触れることになりますが，「死にたい」という支援対象者の言葉，これはあまりに生臭く，質問するにしても，寄り添うにしても，この言葉から解放されない限り，わたしたちは生臭い土俵の中で支援対象者と対峙し続けなければなりません。

　これは見方を変えれば，わたしたちが支援対象者の言葉に「巻き込まれている」ことを意味するものでもあるのです。

　ともかく，トラブル対応という仕事では，もう少しポジティブな視点で事態の展開を図らないと，支援対象者もわたしたちも息が詰まってしまいます。そこで，「死にたい」という言葉を，「困っている」という言葉に置き換えて的を外します。これによってお互いが少しリラックスできれば，トラブル状況の不快感とか緊張感を緩和できる可能性が高まります。

　これが本書でいうトラブル対応，すなわちトラブルマネジメントの基本です。

　おわかりでしょうか。「死にたい」はあまりに破壊的です。「困っている」の方が格段に生産的になれる言葉なのです。しかも，「死にたい」という以上，その人は何らかの意味で「困っている」わけですから，このやり方は支援的・教育的に高度な配慮としての「的外し」ではあっても，断じて「的外れ」ではありません。

　この状況での典型的な「的外れ」を示すとしたら，「死にたい，死にたい，と言って死んだ奴はいない」でしょう。少し前まで，こういうことを平気で言う指導者と称する暴言者がいて困りました。もうこうした的外れな発言をする人が現れないことを祈るばかりです。

　ということで，少しは本書の考え方に慣れていただけたでしょうか。それではこの辺で，そろそろ練習は終わりにして，第Ⅰ部の本論へ進みたいと思います。

考え方1
本書の対象
（Ⅰ-考1）

　トラブルという英語は，心配，苦悩，困難，面倒，やっかい，迷惑，苦労，骨折り，災難，病気，故障，騒動，紛争という意味（『新コンサイス英和辞典』三省堂），これは見れば見るほど，ひどい状態を表す言葉だと思います。でもわたしの仕事は，これ，つまりトラブルへの対応でとても忙しい。これが本書の出発点，ということでお話を始めましょう。

❶ 要支援（Ⅰ-考1-❶）

　本書のキーワードは「要支援」ということ。つまり本書の対象になる人とは，「要支援の状態にある人」ということになります。

　例えば，「自分で考え，自分で判断し，自分で行動する」そうした課題が求められる場面で，どうしたらよいのかわからなくなり，興奮し暴言を吐いたり暴れたりする人。逆に思考停止の状態に陥って固まってしまう人。考えることはできても，それがあまりに自己中心的なため，周囲を困らせてしまう人。あるいは独特な行動基準を持っているため，そのことで周囲から誤解されてしまう人。そうした人を本書では「支援が必要な人」と呼びます。この人たちには何が起こっているのでしょうか。

❷ メタ認知（Ⅰ-考1-❷）

　皆さんはメタ認知という言葉をご存じですか。

　メタ認知とは，「自分の姿を他人の目線でも捉えることができる」ということ。つまり自分からの一方通行ではなく，対面通行で，相手のことにも配慮できる，いわば社会的に成熟した，高次な認知のスタイルを意味する言葉です。

　わたしたちは物心ついたときから，今に至るまで，このメタ認知の獲得に精を出してきたと言っても，それはあながち間違いではありません。また，この高度な認知のスタイルは，直線的に発達するものではなく，人生のある時期にジャンプするような伸び方をすることが知られています。みなさんがよくご存じの言葉，「9歳の壁」とか「10歳の壁」と呼ばれるあの言葉も，大きなジャンプの痕跡を示すものだと思います。

　これには「つ」の付くうちは「まだ幼い」という別の言い方もあります。つまり「ひとつ，ふたつ，みっつ，よっつ，いつつ，むっつ，ななつ，やっつ，ここのつ」これを過ぎて，「とう」と数えられるようになること，そのころから子どもは少しずつ大人びてくるという意味ですが，いずれもメタ認知がジャンプする成長の境目を見事に言い表す言葉だと

感心してしまいます。

　要するに，支援対象者は小学校の3年生から4年生にかけて大きく変わるということ。つまり，このころを境にして，大人になったら使うようになる社会性の芽が開いてくる，ということ。そして大切なことは，その背景に，メタ認知の獲得が一役演じていると考えられる，ということなのですが，この辺りをもう少し説明しましょう。

　例えば，わたしはバナナが好きで，友だちにもバナナが好きな人は多くいます。でも中にはバナナが嫌いな人もいるということが見えてきます。
　例えば，わたしは今この遊びがしたいのですが，友だちのAさんは，今はこの遊びはしたくないのかもしれない，ということが見えてきます。
　これは，「自分と他人では，好みや，興味の持ち方に違いがある」という，成熟した視点の育ちを意味するわけですが，その背景にメタ認知，つまり自分の認知を別の視点でも確認できるという，より高度な認知の獲得が絡んでいると考えるわけです。
　ところが，人間というものは品物のような規格品ではないので，この成熟した認知の獲得に乗り遅れる人も出てきます。それが本書の主役，要配慮，支援の必要な人になってくる，と考えるわけですが，それはどんな人なのでしょう。

❸ メタ認知の不調（Ⅰ－考1－❸）

　どういう人にメタ認知獲得の不調が起こりやすいのか。本書では，発達障害のある人，虐待された経験のある人，いろいろな理由で挫折している人を取り上げますが，ずばりと言ってしまえば，そういう人が本書の主人公なのです。

① 発達障害（Ⅰ－考1－❸－①）

　主要な発達障害には，知的な力は保たれているのに，読み書き計算がうまくいかない学習障害の人，身体をバランスよく動かすのに困難を伴う発達性協調運動症の人，そして本書で取り上げる自閉スペクトラム症の人と，注意欠如・多動症の人などがいます。
　もちろん，学習障害の人も，発達性協調運動症の人も，トラブルとは無縁ではないのですが，本書ではトラブルの場面でどうしても名前の出てくる後二者，自閉スペクトラム症と注意欠如・多動症の人を取り上げることにしました。

> **注** 発達障害全般に関しては，拙書『発達障害児の思春期と二次障害予防のシナリオ』（ぎょうせい）を参照ください。なお，発達障害の名称は，診断基準の改訂によって変更されることがあるので注意してください。

ア 自閉スペクトラム症（Ⅰ－考1－❸－①－ア）

　自閉スペクトラム症の人は，メタ認知が育つ過程で乗り遅れを起こす代表選手の一人だと思います。なぜなら，自閉スペクトラム症の人は他者とのやり取り，つまりコミュニケーションにハンディキャップをかかえる人だからです。

　考えてもみてください。コミュニケーションの基盤にあるものは，相手の立場や思いをイメージすること，つまり相手のことを想像（空想）する力ではないでしょうか。この力が不十分な状態で，他者との望ましい「やり取り」を構成することは，とてもむずかしい課題になってしまうので，わたしたちは，ここをしっかり理解しておく必要があります。

　もちろん，空想力や想像力自体が乏しいなどと言うつもりはありません。自閉スペクトラム症の人の中には，詩心溢れる文章家を始め，ファンタジーに満ちた芸術表現に優れた才能を発揮する人もいるのです。それが相手とのやり取りが必要になる場面（コミュニケーションの場面）で怪しくなり，対人関係を阻害する要因になってしまうことがある，というわけです。答えは簡単，相手は自分ではないのですから。

イ 注意欠如・多動症（Ⅰ－考1－❸－①－イ）

　発達障害の人の中で，対人関係がうまくいかないもう一方の旗頭，それが注意欠如・多動症の人ですが，この人たちの「うまくいかない」メカニズムは，自閉スペクトラム症の人とは異なります。どこが違うでしょう。

　注意欠如・多動症の人は，相互的で流動的な人間関係の中で，相手の気持ちを思い描くことのできる人もいるのです。にもかかわらず，どうしてエラーが起こるのでしょう。

　例えば，浪花節ではないのですが，わたしたちの社会的行動は，「何が（誰が）」「どうして」「どうなった」という，いわば三段論法的な文脈の中で構成されていることが多いものです。ところが，注意欠如・多動症の人にはあまりにもせわしない人が多く，「何が」「どうして」「どうなった」という，文脈の最後まで待っていられない。

　そのため，「何が」の部分にだけ反応してしまうとか，「どうして」や「どうなった」の部分にだけ反応して，早とちりによるピント外れが起こり，それがコミュニケーションのエラーになりやすい，というわけです。

　そこで大切なことは，注意欠如・多動症の人には，自分が失敗したときに周囲から「それはダメだ」と指摘されると，「しまった」という感覚が「わかる」人が多いというところです。しかし，反省しても，また早とちりをしてしまうから，ともかく叱られ続けることになる。注意欠如・多動症と呼ばれる人の苦しさはここにあるのです。

　ここが，前項で述べた自閉スペクトラム症の人は，「それはダメです」と指摘されても「！」とか「？」になりやすい。この違いは大きいと思います。

　ですから，注意欠如・多動症の人は，失敗した自分がわかるだけに傷つきやすい。もちろん，自閉スペクトラム症の人も，失敗経験に傷つき，歪むことはあるのですが，この人たちはある意味打たれ強さ（打っても響きにくい）があって，どうしても歪みという点で

は，良くも悪くも外的刺激への反応性が高い，注意欠如・多動症の人が先んじてしまう，ということになるわけです。

そうすると，ここで紹介したコミュニケーションエラーのメカニズムの違い，これが支援者の側の反応にも跳ね返る場合があります。例えば，ある意味打たれ強い自閉スペクトラム症の人の相手をしていると，支援者は打っても響かない対象者への対応に，疲れを感じやすくなります。一方，注意欠如・多動症の人を相手にする支援者は，支援対象者がなまじ相手のことがわかるだけに，その反応性の高さが自己中心的に思え，支援対象者の言動に腹が立ってきます。

この支援者が「疲れてくる」のと，「腹が立ってくる」という結果事象の違いには，意外に大きな意味があり，もしかすると，相互関係における相手への想像力の制約と，過剰な反応性に伴うピント外れという，対人交流のメカニズムの違いを弁別するサインになるのではないか，とわたしは思っているのですが，いかがでしょう。

もっとも，自閉スペクトラム症と注意欠如・多動症はかなりな頻度で合併するので，両者を見分けることには使えないと思いますが，行動のメカニズムの弁別とか，支援や指導の手順を考えるときには，この視点はけっこう役に立つと思います。

② 被虐待体験（Ⅰ-考1-❸-②）

メタ認知獲得の遅れや不調は，被虐待児にも起こります。その理由は明瞭，虐待の被害を受けた子どもは，情緒不安定にならざるを得ないからです。

とても不幸なことですが，生後2歳とか3歳，これくらいの時期に，基本的な安全感すら保てない状態を経験し，過酷な状況の中で育った人の情緒が不安定になるのは，ある意味必然のなせる業だとしか思えません。

ともかく自分の情緒が不安定なのに，他者への共感性など育つ余裕はない。メタ認知のような高次の認知機能が順調に育つはずもない。しかもこの体験は，当事者の人生に，長期間にわたって悪性の影響を与え続けます。これ程の不幸が他にあるでしょうか。

③ 挫折経験（Ⅰ-考1-❸-③）

わたしの主な仕事は，要請のあった学校や施設へ赴き，支援対象者が引き起こしているトラブルへの対処法を考えることです。そこでみなさんにお聞きしたいのですが，わたしが仕事として出会う支援対象者の姿を，みなさんはイメージできるでしょうか。もし，いまの本を手にしておられる人，それが支援や教育に携わっておられる方であれば，わたしのお相手になる人は，おそらく，あなたの身近にいる人ばかりだと思います。

支援や指導を行おうとしても本人に全くやる気がなく，箸にも棒にもかからない状態なので困っています。そんな人はあなたの身近にいませんか。

嘘ばかりつくのでとても困っています。そんな人はあなたの身近にいませんか。
　リストカットが習癖化していてとても困っています。そんな人はあなたの身近にいませんか。
　少し思ったようにならなくなるとパニックの状態になり，大声で喚いたり，暴言を吐いたり，暴力を振るったり，逆に黙して語らず状態に陥ったりする人に困っています。そんな人はあなたの身近にいませんか。
　盗癖というべきか，無断借用というべきか，学校の物といわず，施設の物といわず，友だちの物といわず，目に付いた物は勝手に持ち帰ろうとするのでとても困っています。そんな人はあなたの身近にいませんか。
　書き始めれば切りがないので，この辺りにしておきますが，仮にみなさんがわたしの立場だったとしたら，こうした状態への対応について，支援者にどのような助言をなさるのでしょう。
　それはともかくとして，ここで例示したような相談対象者には共通した特徴があります。それは何かと言えば，そういう人の7割近くに学業不振があるということです。この数字はきちんと数量化したデータに基づくものではありませんが，感覚的にはそんなものですし，学業不振が周囲を困らせる行動の温床になりやすいことなど，誰でも知っていることです。
　なぜ学業不振なのでしょう。それは，学業不振という事態は当事者の子ども自身に，保護者・学校の教師・施設の職員などから，「期待してもらえない自分」という低い自己評価を意識せざるを得ない，最強度の要因になることと関係があります。ついでに言うなら，友だちに負けているダメな自分という自己イメージも。
　自己同一性（自分らしさ）の確立とか，アイデンティティの獲得が大きな課題になる思春期や青年期において，否定的な自己像を形成せざるを得ない状況は手痛いダメージになる。そんな事態に直面している人には，とても対人共感性とかメタ認知を形成するような心の余裕はない。周囲から否定される言動の目立つ人には，自尊心を保てない状況や，自己否定的な感情が内在している。そうした誰が考えても説明不要ともいえる状況が介在する領域，それが挫折体験なのだと思います。

支援が必要な人たちには，どのような人たちがいるでしょうか。

その背景には，どのような要因が関係するのでしょうか？

考え方2
「困っている人」と「困っていない人」
（Ⅰ－考2）

1 困っている人（Ⅰ－考2－1）

　支援活動に携わる領域には，とてもチャーミングな言葉があります。
　それは「困り感」という言葉です。この言葉は，佐藤暁先生による『発達障害のある子の困り感に寄り添う支援』（学研）によって広く知られるようになり，学研の商標登録になっているものです。
　わたしはこの言葉について，支援領域全般をまさに「変革させた」一言だと思っているのですが，みなさんのご意見はいかがでしょう。
　つまりこういうことです。「周囲に心配をかけている人も，周囲を困らせている人も，実はその人自身が困っている人なのだ」という人間観，これがこの言葉からわたしたちが受け取った，ある意味革命的なプレゼントだと思うのです。
　なぜなら，今まで多くの言葉で語られ続けながら，なかなか世の中に浸透しなかったこの大切な人間観が，このたった1つの言葉によって，支援領域はもちろん，世の中全般に広く受け入れられたのですから。現に，この言葉によって救われた人は，それが支援対象者であろうと，支援者であろうと，数え切れないくらい多いと思います。
　例えば，わたしはいろいろな機関の支援会議に招かれる機会が多いのですが，1回の会議の中で，「この子（人）の困り感は」という言葉が何度交わされることか。しかもこの言葉は，発達障害があるとか，ないとか，被虐待児であるとか，ないとかに関係なく，支援対象者のニーズを語る言葉として，ごく自然に交わされているのです。
　そうした機会に出会うたび，わたしはこの言葉にとてもチャーミングな響きを感じるのです。と，ここまで褒めておきながら，佐藤暁先生の本意を十分理解しないまま，次項で述べる一面的な困り感の理解から出発してしまうときの「落とし穴」にはご注意を申し上げたい。ここからが本論です。

2 困っていない人（Ⅰ－考2－2）

　「周囲を困らせている人も実は困っている人なのだ」という考え方は，わたしたちの目の前にいる支援対象者を，大きな視点で捉えた場合において，まさに正しいと思います。
　しかしながら，支援の実務家の立場から言わせていただくと，この言葉から溢れてくる「あの人たちも実は困っている人なのだ」という，言葉の肌触りの良さだけでは捉えきれない人が出てきます。

素直に受け止めればよいのに，意地悪な言い出しをして恐縮ですが，ここでもう一度，「困っている人」とはどういう人なのか考えてみましょう。

　単刀直入な言葉で語ります。要するに「困っている人」というのは，「現状を何とかしたい」と思っている人に限定すべきではないかと思うのです。
　そこでみなさんに質問したい。みなさんの周囲にいる「周りを困らせている人」を10人選び出し，横一列に並んでもらってください。その中に，「現状を何とかしたい」と思っている人はどれくらいいるでしょう。
　本当は，10人全員が「何とかしたい」と思っていてほしいものです。なぜなら，そのレベルに到達していれば，課題解決に至る道のりは，もうそれほど遠くはないから。とても残念なことに，わたしの経験からすると，先程の10人中，「何とかしたい」という高見に到達している人は，多く見積もっても2〜3人，残りの7〜8人はまだそのレベルには到達していません。
　それでは，まだ「何とかしたい」というレベルに到達していない人とは，どういう人でしょうか。あえて言うまでもないことですが，そういう人は「やっていられるか」と腹を立てていたり，「どうせ自分は駄目だ」と諦めていたり，「学校には意味がない」とか「大人は信用できない」と決めつけているような人だと思うのですが，いかがでしょう。
　わたしはどうして「困っている人」と「困っていない人」，言い方を変えれば，「困ることのできる人」と，「まだ困るというところまで辿り着いていない人」の相違にこだわるのでしょう。それは，前者と後者では支援の仕方が異なるからです。
　例えば，ある支援対象者が友だちのことを，「あいつは見ているだけで腹が立つから痛い目に合わせてやる」と言い張っている場面を想像してください。
　わたしたちは，こうした支援対象者の言動に対処するため，2つの伝統的な介入法を身につけています。その1つは説諭や助言を用いる方法。もう1つは傾聴や受容を用いる方法です。
　前者であれば，わたしたちはどうして特定の友だちに腹が立つのか事情を聞き，暴力的なやり方では事態は解決しないことを諭し，支援対象者が望ましい対処法を選択できるように助言を与えると思います。
　後者であれば，特定の友だちに対する支援対象者のネガティブな感情を否定せず，支援対象者の言葉に耳を傾け，内面の整理に寄り添おうとするでしょう。
　この前者（第三者的な視点から助言する方法）と，後者（内面的な課題として寄り添う方法）は，一見したところ正反対の介入方法であるかのような印象を与えます。しかし，よく見直してほしいのです。この2つの方法には，「話せばわかる」とか，「話し合えばわかる」という，暗黙の共通点があるように思えますがいかがでしょう。

　これは本書の考え方の中でも重要なところです。なぜなら，ここでいう伝統的な支援の

方法は，説諭し助言する方法も，傾聴し受容する方法も，基本的に「聞く耳を持っている人」へ適用するやり方だと，わたしには思えるからです。
　考えてもみてください。メタ認知（Ⅰ－考1－**2**・➡27頁）を構成でき，支援者がどうして自分を説諭してくれるのか，どうして話を聞いてくれるのかがわかる人，あるいは困ることのできる人（Ⅰ－考2－**1**・➡32頁）に用いるのであればともかく，メタ認知の構成すら不十分で，まだ困るというレベルに到達できていない人に，このやり方（話せばわかる）を用いても，そこにいかほどの支援効果が期待できるのか，わたしにはこの点に大きな疑問があるのです。
　これは，後段に出てくるコミュニケーション（Ⅰ－考4－**2**－③・➡42頁）とか，こだわり（Ⅰ－考4－**2**－④・➡44頁）のところで，もう一度詳しく触れ直すことになりますが，一旦「考え方2」から離れ，「考え方3」へ移りましょう。

あなたの言葉で，説明してみてください。

● 困っている人とは。

● 困っていない人とは。

考え方3
「きっかけ」と「原因」
（Ⅰ－考3）

🔟 見立て（Ⅰ－考3－🔟）

　トラブルは，それの「きっかけ」になる出来事によって引き起こされます。
　ここで用心してほしいのは，わたしたちには「きっかけ」と「原因」を同一視する癖があるということです。不登校をモデルに説明してみましょう。
　例えば，支援対象者に登校しぶりが起るときには，友だちにいやなことを言われたとか，教師に叱られたというようなことが「きっかけ」になっている場合があるものです。
　ここでよくやってしまう失敗は，「友だちにいやなことを言われた」とか，「教師に叱られた」という出来事を，不登校の「原因」であるかのように，読み違えてしまうことです。少し言い方を変えてみましょう。不登校になるような人には，情緒不安定な人が多いものです。そうしたとき，わたしたちは情緒不安定が不登校の原因であると見立て，情緒を安定させる働き掛けを行うことがあります。
　もし，情緒不安定が不登校の原因であるのなら，その介入は不登校の改善に役立つ可能性があります。しかし，情緒不安定が不登校の原因ではなく，次項で述べる，「仲良し課題（Ⅰ－考3－②－①・➡36頁）」に行き詰まった結果として起こっているとしたら，情緒を安定させる介入だけでは，不登校対応は長引き，ときには改善しない可能性すらあります。
　もしそうであれば，「仲良し課題」を乗り越える後押しが必要になるということです。同じように，「友だちからいやなことを言われた」ということが単なるきっかけに過ぎず，これも次項以降で述べる「勝ち負け課題（Ⅰ－考3－②－②・➡36頁）」を乗り越えていないことが不登校の原因であったとすれば，それへの対応こそが必要になってきます。おわかりいただけたでしょうか。見立ての間違いは医療における誤診のような事態を引き起こしますので，まずはご用心を。そこでもう1つ大切なことをお伝えします。
　いろいろなトラブルに対応する中で見えてきたことですが，困っている人（困ることのできる人）と，困っていない人（困ることのできない人），前者（Ⅰ－考2－🔟・➡32頁）であればあるほど，「きっかけ」と「原因」は同じである場合が多くなるので，見立て違いはほとんど起こりません。それが，後者（Ⅰ－考2－②・➡32頁）になればなるほど，「きっかけ」と「原因」は解離する傾向があるのです。ともかく見立ては慎重に進めましょう。通り一遍の自分探しとかに惑わされないよう。実際には，そこに至るはるか以前の足踏みである場合がとても多いのです。
　そこで，顕在化したトラブルの影に隠れて見えにくいのですが，実際にはトラブルの原因になりやすい課題をいくつか紹介しておきましょう。

❷ トラブルの原因になりやすい課題（Ⅰ－考3－❷）

① 仲良し課題（Ⅰ－考3－❷－①）

　いろいろな人と仲良くするのは大切なことです。そのため，わたしたちは子どもが小学校へ入学するその日に，歌にまで託してその素晴らしさを伝えます。

　　　「1年生になったら　1年生になったら　友だち100人できるかな（後略）」
　　　　　　　　　　　　　　　　　　　　　　（まど・みちお作詞／山本直純作曲）

　この歌はとても可愛い歌で，わたしも大好きです。でも，この「友だち100人」というところ，これは「そうあってほしい」という社会的標語（スローガン）に近いものだということを忘れてはいけません。
　実際問題として，顔見知りなら100人できるかもしれません。また顔見知りなら100人いても平気でしょう。でも友だちが100人もできたら，途方もなく疲れると思います。
　これは自分ながら意地の悪い解釈だということは承知の上，でも本当のことですから仕方ありません。考えてもみてください。「みんなとうまくいく」，という前提を持っていると，たとえば学級内で一人の人と意見が合わなくなったようなとき（そんなことは誰にでも，当たり前に起こる出来事なのに），そうなった「自分が許せない」とか，そうなった「相手が許せない」ということになりやすい。これは，とても窮屈な状態だと思いませんか。そしてこれが，トラブルにつながってしまいます。
　そこでご注意を。あなたは，そんなことを気にしながら生活してきましたか？
　違うと思います。おそらく，わたしがこんな意地の悪い指摘をするまでは，あまり真剣には考えてこられなかった。
　おわかりでしょうか。「乗り越える」というのはそういうことです。それも，この種の課題は，努力して乗り越えるようなものではなく，経験学習として，知らないうちに，自然に乗り越えるものなのです。
　ところが，これを乗り越えていない人がいます。すでに述べたメタ認知の形成すら怪しい人（Ⅰ－考1－❷・➡27頁）。そういう人には，わたしたちが問題にしないようなことが問題となり，トラブルの原因になってしまうのです。

② 勝ち負け課題（Ⅰ－考3－❷－②）

　誰でも，できれば1番になりたいと思っています。でも，それは簡単なことではありません。まして，いつまでも1番であり続けることなどできるものでしょうか。
　そうした当たり前のことがわかる力，これはとても大切な力になると思います。ところ

が，わたしたちの支援対象者の中には，そこがわかっていない人がけっこうな割合で含まれています。

例えば，じゃんけん遊びをしなかった，あるいは学校のテストを受けるのを拒否した，そうしたエピソードを持っている人はあなたの周りにいませんか？

その「こころ」は，絶対に勝てる課題であれば参加するが，少しでも負ける可能性のあることには手を出さないということです。例えば，学校のテストの採点が花マル状態ならいいのですが，先生が1つでも「間違い」というバツを付けると，その答案を破り捨てるような人はいませんか？

わたしは，こうした課題を「勝ち負け課題」と呼ぶのですが，これを乗り越えていない人の人生は，「仲良し課題」と同様，とても窮屈なものになってきます。

ところで，わたしたちはどこで勝ち負け課題を乗り越えてきたのでしょうか。それにも，遊びを通した経験学習が大きな意味を持っています。大切なところなので，もう少し説明しましょう。

ここでいう遊びの出発点ですが，子どもたちは，まず勝つのが楽しいから遊び始めます。考えても見てください，子どもの遊びには（しりとりにしても，鬼ごっこにしても，かくれんぼにしても）勝ち負けが付きものです。

でも，遊びの経験を重ねるにつれて，子どもたちは少しずつ開眼します。勝つことは楽しい。だから遊びは面白い。しかし待てよ。もし最初から勝つことがわかっていたら，遊びはあまり面白くないかもしれない。そうだ，本当の遊びの面白さや楽しさは，勝つかもしれない，負けるかもしれないという，ワクワク感なのだ，とね。

ここまで到達できれば，遊びに関しては免許皆伝でしょう。わたしは，できれば小学校3年生くらいまでに，遊びのワクワク感を楽しめるようになってほしいと思っています。なぜなら，小学校4年生くらいになると，そろそろ前思春期，つまり思春期の入り口が見えてくる年代となり，自己意識が育ち始めます。そういう時期に勝ち負け課題を乗り越えていないと，そのことによるトラブルが起こる可能性が高まるからです。

例えば，バレーボールでも，サッカーでもいいですが，中学校や高校での集団競技を考えてみてください。全国大会を目指す大切な試合を，みんなで頑張ったけれど敗れてしまった。これは，涙，涙の，青春物語というに相応しい経験でしょう。でもこの経験は，実は子どもたちの成長を強力にバックアップする，そういうものなのです。

ところが，こうした場面で，「お前があのとき失敗したから負けたのだ」と個人攻撃を始める人がいる。わたしは勝因や敗因の分析はいくらしてもよいと思いますが，個人攻撃をしていては何も始まらないでしょう。そして，そういうことを言い出す人は，おそらく勝ち負け課題を乗り越えていない人だと思うのです。

勝ち負け課題を乗り越えないまま大人になる，そういう人は，おそらく，失敗した人を容赦できない，いやな大人になる……。いかが思われますか。

まあ，何だかんだと言っても，いやな大人くらいなら，まだよいのかもしれませんが，

例えばストーカー。事の起こりが恋愛である以上，ときには「ふられる」こともあると思います。そうしたときに，ふられる，つまり自分が負けることが許せず，相手に意地悪をしたり，付きまとったり，ときには乱暴をする。それは立派な犯罪行為になってしまいます。おわかりいただけたでしょうか。勝ち負け課題は意外に深く人生にかかわる課題なのです。

3 恋愛課題（Ⅰ-考3-2-3）

　恋愛は人間関係の中で起こる出来事です。このことがわかっているだけで，恋愛を巡るトラブルは半減するでしょう。

　つまり，恋愛課題について，男性と女性→人間関係→恋愛→性，という図式を思い描ける人であれば，わたしはそれほど心配しません。なぜでしょう。

　そこで，唐突に失礼なことをお聞きします。最近では「わい談」という言葉にレトロな響きを感じるのですが，あなたは，友だちと性的な雑談をしてニッコリできますか？　そういう人であれば，わたしはあまり心配しない，ということを言いたいのです。そういう人は，人間関係がわかる人，端的に言えば，人間関係を通して性情報のやり取りができる人だと思われるからです。

　それに対して，友だちと性的な雑談を交わせない人，反対に自分がしている下ネタ話に周囲が迷惑していることに気付けない人，そういう人は少々心配になる。なぜなら，人間関係を介して，性情報のやり取りができない人である可能性があるからです。そうすると何が起こると思われますか？

　そう，男性と女性→人間関係→恋愛→性という図式が成立せず，それこそ男と女→性という図式に行き着いてしまう，換言すれば，女性といえば，おっぱい，お尻，という短絡的な図式で性行動が発現する可能性が高まってしまうのです。

　また，人間関係に関連することですが，人の性行動にはお互いの同意という，とても複雑な条件が絡みますので，その説明をします。

　例えば，お互いが成人年齢に達しており，双方の同意が得られていれば，その行為が明らかな犯罪を構成する，例えば違法な薬物の使用等を伴うものでもない限り，お互いが何を求め合っても，他者の干渉を受ける筋合いのものではない。つまり許されるということです。

　回りくどい言い方はやめましょう。例えばお互いが同性同士であろうが，お巡りさんが使う手錠やロープを持ち出そうが，ご自由にどうぞの世界なのです。

　ところが，相互の同意が得られない場合には，相手の小指の先に少し触れることさえタブーになってしまう。さらに言うなら，性行為の最中には，それこそ社会的なマナーと呼ばれる行動基準を，一時横へ退けておくことが許され，ことが終わった後は，素知らぬ顔で平常の社会的マナー行動へと戻る。

これほどソーシャルスキル（社会生活の技能）の奥義を駆使する行動を，わたしは性行為以外に知りません。こうした複雑さに対応できない人の性行為は，即逸脱行動化（犯罪化）してしまうことが多くなるのですが，これの詳細は第Ⅱ部の性的逸脱行動を巡るトラブル（Ⅱ－各9・⮕159頁）を参照してください。

　さて，トラブルの原因になってしまうような課題はまだまだあります。例えば矛盾との付き合い方の課題とか。しかし挙げ始めれば切りがないのと，今後も必要に応じて取り上げますので，まとまった形での紹介はこの辺りにして，次へ移りましょう。

トラブルの原因になりやすい課題を挙げてください。

トラブルの「きっかけ」と「原因」の関係を説明してみましょう。

考え方4
トラブル対応の出発点
（Ⅰ－考4）

🔳 反抗挑発的言動（Ⅰ－考4－🔳）

　ここでは，トラブル対応の冒頭を飾るのにふさわしい，「反抗挑発的言動」の解説から始めます。

　この反抗挑発的な言動とは，周囲の人を不快な気分にさせる支援対象者からの不適切な発言，要するに悪態のことです。なぜ，わたしはここで支援対象者の悪態を問題にするのでしょうか。それは，悪態への対応を誤ると，そこで表出する支援対象者からの悪口雑言は，支援者と支援対象者との「もめごと」，すなわちトラブルへ直結してしまうからです。

　わたしはトラブルそれ自体については，一過性の出来事だと思っています。しかし，それへの対応を誤ると，それは支援対象者の感情や行動を歪め，それを放置すれば，歪みはやがて持続性のある歪み（病理）へと姿を変えてしまいます。だから，悪態（反抗挑発的言動）の段階で対処することには大きな意味があるのです。

　　　注 反抗挑発症（反抗挑戦性障害）というDSM-5による診断名があります。これは，かんしゃく，腹を立てる，大人との口論，要求や規則への反抗，故意に人をいらだたせる，他人のせいにする，意地悪で執念深いなどといった7つのカテゴリーのうち，4つ以上を認め，それぞれが6カ月以上続いている場合に診断されます。診断にあたっては，それぞれの程度について，年齢を考慮する必要があります。
　　　それに対して，ここで用いている「反抗挑発的言動」とは，前記の診断基準より，もう少し緩やかに，小児期から思春期における，かんしゃくや反抗的・挑戦的行動を捉え，一般の言葉に近いニュアンスで，周囲を不快にさせる言動に対して，わたしが用いているものです。
　　　なお，DSM-5（Diagnostic statistical manual of mental disorders 5th edition：DSM-5）とは，アメリカの精神医学会作成の『精神疾患の診断・統計マニュアル 第5版』のことで，2013年5月に出版されたものです。各版ごとに診断名のグループ分けや表記が改訂され，日本の医師もそれを用いています。

🔳 悪態対応の基本図式（Ⅰ－考4－🔳）

　支援対象者から悪口雑言の直撃を受けた支援者が「そんなことを言ってはいけない」とか，「そんなことを言われた人の気持ちになってみなさい」と説諭し，支援対象者も「そう言われればそうだ」と思ってくれるのなら，おそらくトラブルに対処するわたしの仕事は半減すると思います。

　また，同じ場面で支援者が，「そうですか，そんなことを言いたくなるときもあるのですね。それは苦しいことですね」と受容的に接し，支援対象者も「先生がわたしのことをわ

かってくれた」と思ってくれるなら，やはりわたしの仕事はあまり必要なくなるでしょう。しかし，実際には，なかなか支援者の思い通りにことは運びません。そこでまず，わたしたちが知っておくべき，悪態対応の基本図式を整理しておきましょう。

1 支援者の役割（Ⅰ－考4－2－1）

　既述のように，トラブルとは「いやな出来事」とか「思いがけない事件」と呼ぶのにふさわしい「もめごと」です。この状態に対処すること，それが外ならぬわたしたちの仕事になります。

　トラブル対応に従事する人のことは，指導者と呼んでもかまいませんが，わたしはかねがねトラブル・マネージャー（支配人，管理人，調整役）とか，ディレクター（監督，演出家）とか，ファシリテーター（世話人，補佐人）と呼ぶのがふさわしいように思ってきました。最近では「演出家」という呼び方が気に入っています。「？」ですか？

　というのは，わたしたちの仕事の目的，特にトラブル対応に関して言えば，支援対象者を成長させるとか，変容させるとか，望ましい行動を増やすとか，望ましくない行動を減らすということは，結果的な事象であって，わたしたちが手を付けるべき課題とは，結果に先行する事象を穏やかに操作すること，すなわち支援対象者が成長しやすいように状況や環境を整えるということ，つまり，成長しやすいように，望ましい行動が増えやすいように，望ましくない行動が減りやすいように，状況や環境を整えること，端的に言えば，状況や環境を，望ましい目的と目標に沿って演出することだと思うからです。

　ところで，ここで用いている「演出」という言葉は，「映画や演劇などの芸術表現を演出する」というような使い方をするのが一般的だと思います。そして芸術表現の領域であれば，ポジティブな状況（役割）表現であっても，ネガティブな状況（役割）表現であっても，いずれも立派な表現形態になると思います。

　しかし，わたしたちの仕事に立ち返って考えると，「もめごと」という状況を作り，トラブルメーカーの役割を演じている支援対象者のモードを，肯定的に操作する演出には大きな意味がありますが，さらに苛立たしくするとか，腹立たしくするような演出を行うのは論外。

　おわかりでしょうか。例えば，支援対象者を叱りつけるようなやり方は，たとえ，どのような意図が背景にあったにしても，わたしたちが用いる演出にはなり得ないということです。

　さて，この辺りでまとめましょう。わたしたちの役割はカウンセラーとは異なる。つまり，わたしたちの目前で繰り広げられる課題は，「相談を聞く」とか，支援対象者の言葉に「耳を傾ける」といったものではなく，支援対象者のモードを変えやすくするとか，不快な状況を緩和しやすくするとか，動機づける（その気になりやすくする）といったこと，まさにその場を肯定的に演出することに大きな意味がある。これは本書を貫く主題でもある。

ということなのです。

2 トラブル対応の本質（Ⅰ－考4－2－2）

　トラブルというものは，支援対象者と周囲の人，あるいは支援対象者と支援者，つまり「ある人」と「ある人」の対人関係の中で起こる「もめごと」です。
　したがって，これは「特定の人」と「あなた」との間で起こる「もめごと」の場合もありますが，一般的に多いのは，「特定の人（だれかA）」と「特定の人（だれかB）」との間で起こった「もめごと」に，「あなた」が介入し，「そのもめごと」の緩和を図る働き掛けを行うこと，それが仕事になるのだと思います。
　さて，そこに先ほどお話しした「演出家」という役割を当てはめると，本書でわたしが言おうとしている，トラブル対応の本質がさらに見えてきます。
　それは，「だれが悪い」という失態者を作らないこと。つまりこの事態は「だれかA」のエラーでも，「だれかB」のエラーでも，「あなた」のエラーでもなく，あくまで相互の対人関係，人と人をつなぐ中継点におけるエラー（行き違い）だということです。
　ということは，このエラーは「だれかA」のものでも，「だれかB」のものでも，「あなた」のものでもなく，全員の共有物ということになってきます。
　よろしいでしょうか。わたしたちのやろうとすることは，「支援対象者」を変えることでも，「だれか」を変えることでもありません。もちろん「支援者（あなた）」を変えることでもないわけです。それは，「あなた」と「だれか」あるいは「あなた」と「わたし」の間にあるもの，すなわち対人関係（対象関係）上にある緊張感や不快感を解きほぐし，風通しを良くする作業だということになります。
　ややこしい書き方をしてごめんなさい。でも，これこそがトラブル対応，わたしたちが介入しなければならない本質的な課題になる，これはぜひともおわかりいただきたいところです。

3 コミュニケーション（Ⅰ－考4－2－3）

　前項の末尾で述べたように，トラブル対応における介入の標的は，支援対象者でも，支援者でもなく，「あなた」と「わたし」の間にあるもの，つまり対人関係，もう少し厳密に言えば，「対象関係」上の不調ということになります。
　そこで介入すべき場所は，コミュニケーションそのもの，「あなた」と「わたし」のやり取りの世界，歌の文句ではないですが，「二人の世界」あるいは「何人かの世界」なのです。
　ここまではよいとして，本書に登場する人は，これまで何度も触れてきたように，ともかく配慮が必要な人，つまり，支援を必要としている人という前提があります。実際の支援の組み立ては，第Ⅱ部の課題になりますが，支援が必要な人のコミュニケーションの不

調をどう考えるのか，まさに「考え方」についてまとめておく必要がありそうです。

ア 自己認知（Ⅰ－考4－**2**－③－ア）

まず，支援対象者の認知（ものの考え方や感じ方）のメカニズムから理解しましょう。

多くの支援対象者は，自分の感情に対する自己認知は比較的良好です。なぜなら，状況が自分の思ったように展開したときのウキウキ感や，興味津々領域でのワクワク感は，ウキウキやワクワクという身体感覚として，支援対象者にもよくわかるからです。同じように，状況が自分の思ったように展開しなかったときのイライラ感や，腹立たしい刺激に直面したときのムカムカ感も，やはりイライラとかムカムカする身体感覚としてよくわかります。ところが……。

イ 他者認知（Ⅰ－考4－**2**－③－イ）

これが他者認知になると，相手にも自分と同じようなウキウキ感やイライラ感があるということが急にわからなくなってしまいます。

なぜなら，相手の感情は自分の身体感覚に頼ることができず，相手の立場やその場の状況を通して，推測し，想像，空想しないと把握できないからです（Ⅰ－考1－**3**－①－ア・→29頁参照）。そうするとややこしいことが起こってしまいます。

ウ 他者批判（Ⅰ－考4－**2**－③－ウ）

繰り返しになりますが，自分の感情は身体感覚の窓口を通して理解することができます。しかし，相手のこととなると事情が異なり，イマジネーションの過程をとおさないと理解できません。そして支援対象者には，この部分に制約のある人が多い。そこで起こるのが一方的な他者批判です。

自分をウキウキさせてくれる相手なら問題はないでしょう。しかし，自分の思ったように動いてくれない相手になると，相手の事情には関係なく，自分をイライラさせる変なやつということになってしまう。これは，本書の読者であれば十分ご承知のことで，つまり自分には全く悪いところはなく，悪いのはすべて相手という，極端な他罰的態度がコミュニケーションを牛耳ってしまうのです。

しかも，自分の自己中心性は棚に上げ，相手が自己中心的だと批判する。そりゃあまずいでしょう，そりゃあトラブルよ，という自明の理がわからない。だから第Ⅱ部でお話しする「手続」が必要になる，というわけです。

4 こだわり（Ⅰ－考4－2－4）

　前項で述べたコミュニケーションの不調に起因する「もめごと」は，典型的なトラブルと呼べるものですが，それへの対応がむずかしい理由は，もともとやり取りのうまくいかない人と，「あえて」やり取りをしなくてはならないことにあります。

　それに対応する際の考え方は，次項（Ⅰ－考5・➡47頁）で詳しく述べますし，実際的な支援の組み立て方については第Ⅱ部が控えていますので，必要なところを参照していただければ結構かと思います。しかしわたしは，こうしたコミュニケーションのむずかしさ以外に，支援を阻害する要因がもう1つあると思ってきました。

　つまり，前項で述べた他者の立場や気持ちをイメージできにくい支援対象者の認知特性に加えて，決め付け（こだわり）という認知の特性があり，両者が合併して，さらに支援の展開を阻害しやすくなると考えているわけです。

　そこで，ここでは「こだわり」という現象を整理し，対応に必要な考え方を示します。

ア 「こだわり」の本質（Ⅰ－考4－2－4－ア）

　「こだわり」の本質にあるものは，支援対象者が，特定の行動や観念，考え方などに「しがみ付いて」しまうこと，すなわち，物事を極度にパターン化してしまう現象だと思います。それを具体的に記述してみましょう。

　例えば，わたしたちは支援対象者が何かを頑強に主張しているとき，その自己主張にはそれなりの理由があるはずだと思いがちです。「だから支援対象者はあれだけ頑固な自己主張をするのだ」と。

　その反対の場合も同じです。支援対象者が黙して語らず状態を続ける場合，「さぞ語りにくい事情があるはずだ」と。

　ところが聞けども，聞けども，探れども，探れども，支援対象者からは支援者を「なるほど」と納得させるような理由は語られない。語られたとしても，支援者には「それがどうした」としか思えない理由ばかり。そうしたとき，支援者は支援対象者のことを「自分本位な人だ」と思ってしまいます。わたしはこの支援者を批判しません。なぜならそのとおりだからです。

　これは，支援者が支援対象者の「こだわり」の直撃を受けたときの典型的な状態だと思います。つまりわたしたちは，支援対象者の訴えに納得のいく理由があれば，その訴えに耳を傾けることができるのです。しかし，どう考えても納得のいく理由などなく，にもかかわらず支援対象者の自己主張への執着（エネルギー）だけがやたらに強い場合，わたしたちの支援対象者への思いは，支援対象者を「心配」することより，「困った人だ」というところへ落ち着いてしまいます。

　支援対象者から，「こだわり」の直撃を受けるということは，実際問題そういう状態なのです。そうすると支援者にはイライラが募り，支援対象者へ小言の一つも言いたくなる。

かといって，そんなことをすれば，あなたの小言（正論）は支援対象者の逆鱗に触れ，事態はますます危ういものになっていく。これこそ「こだわり」変じて「もめごと」と化す，典型的な場面展開ではないでしょうか。

イ 本質の背景（Ⅰ－考4－②－④－イ）

そうした場面への対応を「何とかしたい」と思ってわたしはこの本を書いているのですが，意地悪のように何度も申し上げているとおり，実際的な支援の組み立ては第Ⅱ部の課題，その考え方を示すのがここでの課題ですから，しばらくその話にお付き合いください。

繰り返しになりますが，「こだわり」とは，支援対象者が自己主張をする理由より，自己主張に固執・拘泥している状態を意味します。どうしてそんなことが起こるのでしょう。それは支援対象者に，自らの行動や思考をパターン化する傾向（性分）が強すぎるからです。この点をもう少し補足しましょう。

その背景にあるものは，支援対象者の自己没入，あるいは自己完結的な思考の「強さ」，反対に多くの人は，必ずしも支援対象者と同じように考えているわけではないという，他者の思いを空想する力の「弱さ」が関与しています。

そうすると，支援対象者とは異なる考え，異なる興味，異なる常識感覚，これらはすべて，違和感という衣をまとい，「好ましからざる事態」としか認知されなくなってしまう。端的に言えばここにもメタ認知の不調（Ⅰ－考1－②および③・➡27～28頁）が反映されている，ということだと思うのです。

ウ こだわり対応の奥義（Ⅰ－考4－②－④－ウ）

ここで「こだわり」対応の奥義となる考え方を示します。それは，支援者が支援対象者の「こだわり」に「こだわらない」ことなのですが，それを説明するため，支援対象者の困った言動への対処法として，わたしたちがすでに身につけている2つの支援法を取り上げてみたいと思います。その2つとは説諭する方法と受容する方法なのですが，まずはこの2つの状況説明を。

例えば，いま日本の学校には，「クラスの友だちの目が冷たいから教室には入れない」と訴え，登校をしぶる児童生徒がいかに多いことか。実は不登校の背景にも「こだわり」が隠れている場合は非常に多いのですが，この訴えを「こだわり」の側からもう少し正確に記述するとこうなります。

「クラスの友だちの目が冷たいから教室には入れないことに決めました」

違いはおわかりのとおり，「決めました」という部分です。大切なことは「こだわり」とは「決めつける」ということ。この自己規定が周囲との協調を邪魔していることは実に多いのです。

そこへ，わたしたちがすでに身につけてきた支援法が登場，まず説諭の場合なら，例えば「クラスの友だちにあなたを冷たい目で見ている子などいないよ」あるいは「それはあ

なたの考え過ぎと違いますか」こう説諭して，支援対象者も「そう言われればそうだ」と思ってくれるのなら，わたしたちの仕事は楽勝。

次いで受容，「そうですか，みんなの目を冷たく感じてしまうのは苦しいことですね」この受容によって，支援対象者が「支援者にわたしの苦しさをわかってもらえた」と思い，自分の気持ちを整理できるのなら，これまたわたしたちの仕事は楽勝。しかし実際には，なかなかそうは問屋が卸さないでしょう。

説諭には反発が返ってくることがあり，それこそトラブルに発展する場合があります。一方受容の場合には，反発という事態は起こりにくいと思いますが，新しい状況の展開も起こりにくいと思います。この代表的な支援方法が有効にならない理由はどうしてでしょう。そこで，冒頭に示した「こだわり対応」の原則に抵触することが問題になります。

つまり，「みんなの目が冷たいから教室には入れない」という「こだわり」に対して，「それは考え過ぎと違いますか」という説諭も，「それは苦しいですね」という受容も，要は支援対象者の「みんなの目が冷たい」という「言葉（こだわり）」に，支援対象者も「こだわって」いるということです。

これでは，支援対象者も支援者も，「こだわり」に呪縛されてしまうだけで，このやり方では「こだわり」対応の及第点が取れない，というわけです。「こだわり」とは「決めつける」ということ，しかもメタ認知の怪しさも無視できない。そういう支援対象者への支援はどう考えるべきでしょうか。そこで，「対話」という言葉のやり取りが浮かび上がってきます。

支援者の役割とは，なんでしょうか？

支援が必要な人のコミュニケーションの不調には，どのようなものがあるでしょう。

考え方5
支援としての対話
(Ⅰ-考5)

　支援対象者が悪態をつき，反抗的になり，あるいは決めつけています。この支援困難な状態を緩和する方法，ここでは，その基本である「対話」について解説します。まずは言葉の整理から始めましょう。

🔟 会話と対話（Ⅰ-考5-🔟）

　会話と対話は違います。会話は相手と楽しくお話しできれば大丈夫。これに対して，対話は出発点が違います。つまり，違う感じ方や，違う考え方を持っているもの同士が話し合うという前提があるのです。したがって，対話においては，楽しく話し合うというのは，一義的な目的ではなく，お互いの考え方の違いがわかってよかった。これは立派な対話です。もう一歩進んで，お互いの考え方の違いもあるが，共通するところも見つかった。これはさらに高度な対話だと思います。

　ひるがえって，わたしたちのお相手になる支援対象者はどうでしょう。気持ちよく話し合える人ばかりなら，わたしたちの仕事はパラダイスでしょう。しかし残念なことに，あまり気持ちよく話し合えない人が一定不変の数で含まれています。あなたの心配が伝わらない人，拒絶的な人，反抗的な人，虚言のある人，まあいろいろな人がいるものです。

　そうした人と語り合う必要があるとき，会話ではなく対話が必要になってきます。したがって，日常会話とは言いますが，日常対話とは言いません。それは対話が買い物や家族の団らんのように，日常的なやり取りではないからです。

2️⃣ 要配慮（Ⅰ-考5-2️⃣）

　お互いが相手に配慮し，対話を交わすことができれば，それは何と素晴らしいことでしょう。しかし，残念ながらわれわれの仕事では，そうならないことの方が多いと思います。でもそれは，致し方のないことかもしれません。

　なぜなら，われわれは支援者，相手は支援対象者，この立場の違いがあるため，相互の協力という，最も力強いきずなが使いにくくなっているからです。そこで相手に合わせるのは，年齢的にも上で，人生の経験も積んでいる（はずの），われわれということになります。つまり，配慮するのはわたしたち，それが支援者の役割でもあるのです。

3 不心得な言葉（Ⅰ－考5－3）

　「死ね！」と暴言を吐く支援対象者は学校でも施設でも実に多く，最近では保育園や幼稚園からも，この暴言に対する相談を受けるようになりました。まずはこの一言から考えてみましょう。

　「死ね！」。この暴言に対して最も正しい指導の言葉があるとすれば，「そんなことを言ってはいけない」あるいは，「そんなことを言われた人の気持ちになって考えてみなさい」だと思います。

　しかし，この支援者からのアドバイスを聞いて，「そう言われればそうだ」と思ってくれる人ばかりなら，わたしたちの仕事は何と平和なことか。残念ながら実際には，そう説諭しても「うるさい」と反発してしまう支援対象者の方が多いのです。これは何が起こっているのでしょう。

　たしかに，「死ね！」という暴言に対して，「そんなことを言ってはいけない」という支援者の思いは伝えているのですが，それは一方通行の説諭や叱責になっており，支援者と支援対象者との間でやり取りが起こっていないのです。だから支援対象者からの反応は，「うるさい」という反発にしかならなかった。こうした気まずい雰囲気に陥ったとき，あなたならどうされますか。

4 心得のある言葉（Ⅰ－考5－4）

　わたしならこの暴言に，真正面から「それはダメだ」と応じるのではなく，「また心にもないことを」と少し的を外します。

　この言葉は台詞として覚えておき，機会があれば，一度使ってみられることをお勧めします。そうすると支援対象者は「ニヤリ」とする可能性があるのです。ここで初めて，支援者と支援対象者の間で，わずかではあってもコミュニケーションが成立したということです。

　もう一度見直しましょう。この「また心にもないことを」という一言は，支援対象者の「死ね！」という言葉の的を肯定的に外しています。要するに対象者の否定的な言葉に対して，「そんなことを言ってはいけない」と四つ相撲を取っていないところ，そこが「ミソ」なのです。

　たとえ正論ではあっても，否定的な状況を否定的に説諭されるのに比べ，柔らかいクッションを置かれたような状況展開に，支援対象者もついつい「ニヤリ」としてしまう，というわけです。

　こうした，支援対象者の心得のない言葉によって作られた「気まずい雰囲気」を緩和するための一言（言葉のやり取り）は，話のわからない人との対話を支える，言葉の緩衝材（言語的媒介）だとお考えください。

いずれにしても，こうしたやり取りは，正論で対峙して，指導場面がさらに険悪化してしまうことを予防し，少しでも創造的なやり取りへ移行しやすい状況を作るという意味で，その場の安全性を支える介入だということになります。
　わたしは，こうしたやり取りに用いる一言を「心得のある言葉（言語的媒介〜言葉でのやり取り）」と呼んでおり，何かとトラブルを起こすような支援対象者を相手にするときには，必要度のかなり高い状況転回法だと思っています。
　支援対象者との不快なやり取りの中で，支援者の方が腹を立て，不適切な対応を選択してしまう，そうした事態だけは何としても避けるべきなのです。そこで次に，ここで述べたことを「肯定的フィードバック」という言葉に置き換え，もう一度考えてみましょう。

5 肯定的フィードバック（Ⅰ－考5－5）

　繰り返しになりますが，われわれは決して少なくない頻度で，支援対象者の否定的な言動に対処しなくてはならない場面に遭遇します。そうしたとき，「それはダメ」と否定的に働きかけ，支援対象者も「なるほど」とわかってくれるのであれば，われわれの仕事は日々平穏。
　しかし，実際には支援者の否定的な言葉は，支援対象者の否定的な反応を，さらに煽ってしまうことの方が多いことなど，誰でも知っていることでしょう。
　また，「こうしなさい」と指示を与えても，支援対象者はそれに従ってくれず，支援者の側が途方にくれることも少なくないでしょう。
　そこで，不快な状況を作ってしまいやすい支援対象者に，小さな波紋を与えることで，動機づけへと導く可能性を高める肯定的フィードバックの用法を紹介したいと思います。

① おだてる（Ⅰ－考5－5－①）

　例えば，「これはあなたにしか理解できないことだけど」とか，「これを手伝ってくれるのはあなたしかいないので」とか，おだてて動機づけます。
　このやり方は，一部の支援者から「そんな取って付けたような，ごまかすようなやり方は好ましくない」と批判されることがあります。
　しかし，確実に効果のある動機づけ方略なので，わたしは「理にかなった善意につながるやり方」として堂々と用いてきました。
　もちろん，「あなたしか理解できない」という投げかけについて，支援対象者が全く理解していなくてもかまいません。そうした状況で，「あなたはここが理解できていないから聞いていなさい」と指導してうまくいく人は，支援を必要としない人だと思います。支援が必要な人であればあるほど，「あなたは理解できている」という前提を作ってあげた方が，その課題は支援対象者に優しく響くものになるのです。

2 もちあげる（Ⅰ－考5－5－2）

　「おだてる」と「もちあげる」は同義語のような気もしますが，実際に使ってきた印象からすると，「もちあげる」の方が，肯定的フィードバックの初心者には使いやすいように思います。

　例えば，「あなたもよくわかっているように」と一言挿入してから，「学校の勉強は大切だよ」と主文となるメッセージを伝えます。これは動機づけの枕詞として優れた用法の一つだと思います。

　その理由は「あなたもよくわかっているように」は肯定的だからです。唐突に主文を伝え，あるいは「あなたはよくわかっていないから教えてあげます」と，否定的な前置きをして主文となるメッセージを伝えることで，「なるほど」と思ってくれる支援対象者は，本来支援を必要としていない人だと思います。

　もちろん，この用法を使うときは，支援対象者が全然わかっていなくてもかまいません。この一言によって，支援対象者のものわかりが少し良くなる可能性を高めたい。つまり動機づけたい。それを狙っての一言ですから。

　わたしたちは，「あなたはわかっていないから教えてあげる。だから聞いていなさい」と否定的に働きかけねばならない不幸な星の下に生まれたのでしょうか。いいえ違います。再度繰り返しになりますが，否定的な事態に否定的に働きかけ，「そう言われればそうだ」と思ってくれるような人は支援を必要としない人なのです（Ⅰ－考1－1～3・→27～28頁参照）。

　くどいようですが，われわれのお相手は，支援を必要としている人だからこそ，否定的な事態であっても肯定的フィードバックが必要で，それが支援という営みになります。肯定的フィードバックとは，そのための工夫なのです。

3 がまんしていることにする（Ⅰ－考5－5－3）

　反抗挑発的言動の本当の被害者は，支援者や指導者というより，支援対象者の身近にいる仲間です。

　身近にいる仲間だからこそ，支援対象者の情け容赦のない言葉の暴力を浴びる機会も増えやすい。支援者は，大抵そうした場面へ介入することになりますが，そうすると今度は，暴言の矛先が支援者へと転移する。これがお決まりのパターンではないでしょうか。

　しかも，そうした場面へ介入した経験のある支援者ならみんな知っていることですが，支援対象者が暴言を吐くに至ったきっかけは，「それがどうした」という出来事ばかりで，「それは無理からぬこと」と同情できるようなものではないことが圧倒的に多いのです。

　例えば，支援対象者の思ったようにその場が進まなかったとか，目の前の状況が支援対象者の予定と違ったとか，ともかく些細な違和感に支援対象者が反応し，場違いなほどの

暴言を吐き，ときには暴力を振るう。これは典型的なパニックなのですが，あなたならどう対処されますか。

わたしなら支援対象者にこう伝えます。「みんながあなたのことを，あいつは気が短くて，すぐに興奮して暴言を吐くと言っているけど，本当のあなたは，腹が立つとすぐ暴言や暴力に訴えるのではなく，けっこうがまんしているときもあると思うけど違いますか」と。

「よくそんな取って付けたようなことが言えるものだ」とおっしゃらないでください。これはトラブル対応に用いる1つの台詞なのですから。

そうすると，支援対象者は「がまんしている」と答える可能性が非常に高いのです。そこでさらに続けて，「やっぱりあなたはがまんできる人だ（これは支援対象者が全然がまんできていなくてもかまいません）。あなたはせっかくがまんしているのだから，いつもなら興奮してしまったことをがまんできたときは，こっそりわたしに教えてほしい」ともっていきます。

これは，腹を立てたとき大声でわめくのは叱られる行為ですが，大声を出すのをがまんしたと報告するのは褒められる行為になるという，事態の逆転を狙う方法で，「言うこととやることを一致させる練習」という意味で，「言行一致訓練」と呼ぶ専門家もいるほどです。これも理にかなった考え方だと思います。

でも，世の中はそれほど甘くはありません。せっかく動機づけようと思っても，「がまんなどしていない」と反論する支援対象者もいるのです。そうしたときには，「またまた御謙遜を」と的を外しましょう。

この御謙遜をという一言はとてもむずかしい言葉ですが，意外に支援対象者をニッコリさせる効果があります。この言葉を使うのに抵抗のある支援者は，「あなたも思春期（青年期）だなあ。わたしにもそういうときがあったよ」とか，的を外す言葉はいろいろあると思います。

こうしたやり方は，支援者が支援対象者を一言も叱責していない点に意味があり，これも肯定的フィードバックの用法になります。そうするとまた。「そんな取って付けたことを言って，支援対象者が腹を立ててしまったらどうするのか」とおっしゃる支援者が出てきます。ご心配はもっともなので，そういう支援者はⅠ－考5－❺－⑤・➡52頁を参照してください。

④ 伝えるべき否定的な事実は肯定的に伝える（Ⅰ－考5－❺－④）

ここまでは，支援対象者が攻撃的なボールを投げてきたとき，上手に的を外すやり方を紹介してきました。しかし，場合によっては，非は非として，はっきり伝えた方がよいと思うときもあります。例えば，「あいつは腹が立つから半殺しにしてやる」などと放言しているような場合です。

無難な対応としては，すでに紹介した「また心にもないことを」と的を外して「おだて

る」（Ⅰ－考5－⑤－①・→49頁参照），または「あなたもよくわかっているように」とワンクッション置いて「もちあげる」（Ⅰ－考5－⑤－②・→50頁参照）方法がよいでしょう。

　しかし，そうした間接的なやり取りではなく，支援者が支援対象者に，「それは間違っている」とはっきり伝えるべきだと思うときにはどうすべきでしょう。

　こうしたときの，最も正しい指導の言葉を示せば「そんな間違ったことを言ってはいけない」とか，「自分の言っていることの意味がわかっているのか」ということだと思いますが，そうした指導で支援対象者は納得しそうにありません。それどころか，「うるさい」と，さらに反抗挑発的な言辞を吐くのが関の山になるでしょう。そうしたとき，わたしならこう伝えます。

　「そんなにはっきり間違っていることを（自己中心的なことを）みんなの前で堂々と言えるのは，ある意味うらやましいな」と。

　この言い方は，相当皮肉交じりのフィードバックですが，支援対象者は意外に腹を立てず，むしろニヤリ（本当はニッコリしてほしいのですが）とすることがあります。それはこの文脈の末尾が肯定的だからです。

　わたしには長期間非行少年の指導に従事した経歴があるのですが，そのころから，こうした言い回しはときどき用いてきました。

　それは，非行少年には指導者を不快にさせる名人のような子ども，すなわち，反抗挑発的言動の目立つ子どもが高頻度で含まれているからです。それは本当にひどいもので，明らかに間違ったことを放言し，指導者の感情を逆なですることがよく起こるのです。そうしたとき，あの憎まれ口の直撃に指導者が腹を立てれば，ミイラ取りがミイラの寓意そのままの事象が成立してしまうのではないでしょうか。

　そこで，今まで述べてきたような一癖ある言葉のやり取りで対話し，不快な状況を緩和する必要が出てきます。要はあの手この手で働きかけることだと思いますが，この領域は本当に支援者の知恵が試されるのだと，つくづく痛感させられます。

⑤ 支援対象者が怒ってしまったときの対応（Ⅰ－考5－⑤－⑤）

　それでは，肯定的フィードバックのまとめとして，ここで述べてきたやり方を用いた結果，支援対象者が腹を立ててしまったときの対処法を紹介しましょう。

　ここで述べた肯定的フィードバックには，支援対象者を意図的に持ち上げるところがあり，ときには皮肉っぽく思えるところもあるので，一部の支援対象者が「人をバカにしているのかと」怒ってしまうこともないとは言えません。

　そうしたときには，「腹が立ちましたか，もしそうならごめんなさいね」と謝った方がよい支援対象者と，「そうか，腹が立ったか，人間たまには腹を立てた方がよいよ」と応じた方が望ましい支援対象者がいます。ここは見分けて使う必要があるので，このやり方はか

なりな頭脳労働でもあるのです。

したがって，このやり方は朝から晩まで使うものではありません。これは，支援者が「困ったな」と思ったときの危機管理法でもあるわけで，使う場面は限定されると思いますが，支援者を助ける有用性はかなり高いと思っています。

それともう1つ。このやり方には向いている支援者と，向いていない支援者がいることを忘れてはいけません。つまり，このやり方は支援者の心の余裕を前提にしますし，あまりにも真面目というか，四角いものは四角，丸いものは丸という捉え方をする支援者には不向きな場合があるのです。このやり方に向いていない支援者がこのやり方をすると，それこそ支援者のストレスを高めてしまう場合がありますので用心してください。

ただ，わたしは学校や施設の最前線というものは，ある意味戦場のようなところだと思っています。例えば，教師がクラス内の生徒のやる気を高めたいと思い，一生懸命動機づけているのに，ただ一人の生徒のマイナス発言によって，みんなのやる気が失せてしまうこともあるのです。そうしたときに，マイナス発言をした生徒に，「そんなことを言ってはいけない」と指導した場合と，「また心にもないことを」と指導した場合の違いを考えていただければ，その答えはおのずと明らかだと思いますがいかがでしょう。

肯定的フィードバックには，どのようなものがありますか？

支援対象者の次のような言葉に対する肯定的フィードバックを考えてみてください。

- 支援対象者が「死にたい」と言っている場合。

- 支援対象者が「殺してやろうか」と言っている場合。

- 支援対象者が「自分には無理だし」と言っている場合。

手続編

II

第Ⅱ部の緒言（Ⅱ－緒）

　　ここでは，支援手続きに関する基本事項と留意事項を示した後（手続○番ということで手○と表記します），想定されるトラブルへの対処法について，実際場面での支援の組み立て方を紹介します（各論○番ということで各○と表記します）。
　　もちろん，想定されるトラブルは，このほかにもあるでしょう。しかし，まずは本書で紹介するトラブル対応の「コツ」をつかみ取ってください。それは，この本で取り上げなかったトラブルに対処するときにも役に立つと思います。
　　それでも，あなたが実際の支援場面で迷ったときには，もう一度本書の第Ⅰ部を読み返してください。きっとヒントになる事項に出会えると思います。
　　そこで，第Ⅱ部の概要を示すと次のとおりです。

　　　手続1　復習　　　　　　　　（Ⅱ－手1・→57頁）
　　　手続2　頑張り　　　　　　　（Ⅱ－手2・→58頁）
　　　手続3　必然性　　　　　　　（Ⅱ－手3・→61頁）
　　　手続4　補足　　　　　　　　（Ⅱ－手4・→65頁）
　　　手続5　反作用への対応　　　（Ⅱ－手5・→75頁）

　　ここまでが手続編の前半となり，ここから後は，まさに具体的なトラブルへの対応，本書の本書たる各論になります。

　　　1　約束を巡るトラブル　　　（Ⅱ－各1・→79頁）
　　　2　言い聞かせを巡るトラブル（Ⅱ－各2・→90頁）
　　　3　叱責を巡るトラブル　　　（Ⅱ－各3・→101頁）
　　　4　愛着を巡るトラブル　　　（Ⅱ－各4・→113頁）
　　　5　虚言を巡るトラブル　　　（Ⅱ－各5・→122頁）
　　　6　暴言と暴力を巡るトラブル（Ⅱ－各6・→133頁）
　　　7　家庭内暴力を巡るトラブル（Ⅱ－各7・→142頁）
　　　8　いじめと非行を巡るトラブル（Ⅱ－各8・→148頁）
　　　9　性的逸脱行動を巡るトラブ（Ⅱ－各9・→159頁）
　　　10　LGBTを巡るトラブル　　（Ⅱ－各10・→171頁）

　　それでは手続編の扉を開けることにしましょう。

手続1
復習
(Ⅱ-手1)

　今まで述べてきたことをざっと復習しておきましょう。

　困っている人（Ⅰ-考2-❶・➡32頁）と，困っていない人（Ⅰ-考2-❷・➡32頁）とでは，対処の仕方が違います。
　困っている人を相手にするのであれば，説諭・助言・傾聴・受容など，従来の支援法を対象者の状態像に配慮して適宜使い分ければ，大抵のことがあっても大丈夫だと思います。
　なぜなら，そういう人は「現状を何とかしたい」と思っている人，つまりメタ認知（Ⅰ-考1-❷・➡27頁）を形成でき，支援者の立場や気持ちについても理解できる人だからです。そうした人のことを，第Ⅰ部では「特別な支援を必要としない人」と呼んできました。
　これに対して，本書の主役になるような人（Ⅰ-考1-❶・➡27頁，Ⅰ-考1-❸・➡28頁）の相手をするときには，支援の組み立てに通り一遍の対応とは異なる，特別な配慮が必要になります。そのための工夫が，まさに支援という営みだと述べてきました。

　これが，今までのあらましです。それを押さえた上で，ここでは本書における支援の組み立て方の基本デザインを示します。
　トラブル自体はその場の状況次第でいろいろな現れ方をしますが，対処法の根幹には，以下の基本手続が通奏低音の如く，小さな音であっても鳴り響いていることを忘れないでください。

手続2
頑張り
（Ⅱ－手2）

　支援者からの働き掛けに導かれ，支援対象者も頑張る（努力する）。なるほど，それは美しい支援の姿なのかもしれません。

　しかし，実際の支援場面では，頑張りへの期待というより，支援対象者の頑張り（努力）に依存しているような支援者と出会うことがあります。

　おそらく，そうした支援者の人間観は驚くほどシンプルで，世の中には頑張っている人と，頑張っていない人がいるくらいにしか見えていないのかもしれません。

　そうすると，頑張っていないように見える人は切り捨てられかねない。わたしには，そんな危なっかしさを感じながら仕事をしてきたところがあるのです。

　まあしかし，あまりに極端な事例は論外として，この「頑張っている」とか，「頑張っていない」という観念は，意外に強くわたしたちを拘束しているように思えてなりません。そこで，ここでは「頑張り」とか「頑張る」という言葉をキーワードに支援を組み立てると，何が見えてくるのかについて語ろうと思います。

　ここで本当のことを白状しておきますと，わたしはかなり頑固な頑張り推奨論者です。ところが，どうも世の中には頑張り反対論者のような人もいて，「うまくいっていない人を頑張らせてはいけない」とおっしゃることがあります。いわばわたしの論敵です。

　でも，それで本当によいのでしょうか。わたしは，うまくいっていない人だからこそ，頑張ってほしいと思います。もう一言付け足せば，頑張り否定派の人たちの「頑張り観」は，最初に指摘した「頑張りに依存しているようにしか見えない人」と同じように，あまりにも一面的に過ぎるのではないでしょうか。

　わたしは，頑張りを否定する人にも，頑張りに依存する人にも，頑張らせ方はバラエティに富んでいることを知っていただきたいのです。

◼ 頑張らせ方（Ⅱ－手2－◼）

　ここではっきり申し上げます。支援者が支援対象者に目標を提示して頑張らせる。それでうまくいく人は支援のいらない人だと思います。

　それはそうでしょう。支援対象者に頑張ってもらうことで目標を達成する。そんなことのできる人が相手なら，わたしたちの仕事は毎日がパラダイスのはずですから。つまり冒頭に書いた「美しい姿」は，なかなか実現困難な姿でもあるのです。

　要するに，支援対象者のニーズに合わせた動機づけを行わず，支援対象者を頑張らせる。

その結果支援がうまくいかないと言って支援者が嘆く。これほどナンセンスなことがあるでしょうか。

よほどの見通しと，よほどの報酬が得られない限り，あるいはよほどの成功体験の裏付けでもない限り，どんな人でも頑張ろうという気持ちは起きないのです。そんな状態で頑張らせても，それは支援対象者のストレスを高めるだけでしょう。

しかし，ここで頭をかかえないでください。少しも頑張っていない支援対象者に，「もしかすると自分は頑張ったのかも」と思ってもらうことは，それほどむずかしくはないのですから。

そんな魔法のような方法が，などとおっしゃらないでください。さっそく支援対象者に頑張った（ような）気になってもらう支援法を紹介します。このやり方をわたしは，動機づけるための魔法，うがった言い方をすれば，動機づけに用いる言語的媒介（言葉でのやり取り）と呼んできました。

❷ 手伝い（Ⅱ－手２－❷）

支援対象者に簡単な用を頼みましょう。

例えば，「そこのゴミを屑箱へ捨ててください」とか，「部屋の電気を点けて」とか，「この机を運ぶのを手伝って」とか，ごくごく簡単な手伝いを依頼します。

そうすると，支援対象者は「面倒くさいなあ」と言いながらでもやってくれる可能性があるでしょう。そこで「ありがとう」とフィードバック。

さらに，第Ⅰ部の肯定的フィードバック（Ⅰ－考５－❺・→49頁）で紹介した「おだてる（Ⅰ－考５－❺－①）」や「もちあげる（Ⅰ－考５－❺－②）」を用い，「こんなに協力してくれるのはあなたくらいしかいない」と評価し，さらに「あなたのように頑張ってくれる人はいないよ」とフィードバックします。これは頑張ったような気になってもらうための，最も直接的な動機づけになると思います。

もちろん，この支援対象者は少しも頑張っていなくてもかまいません。頑張っていない人でも，頑張ったことにしてしまえば，それは頑張ったことと（この段階での）大差はありません。

ここで支援対象者がニッコリとかニヤリとしてくれれば，あなたの目論見はほぼ目標値へ到達したことになるでしょう。

ただし，世の中はそれほど甘いものではありません。まさに「てぐすね」を引いて支援しているのに，支援対象者はあなたの目論見どおりにはならず，「自分は少しも頑張っていない」と言い出すこともあるのです。何しろわたしたちのお相手には，反抗挑発的言動（Ⅰ－考４－❶・→40頁）の大家が多いですから。

そこで，「自分の言っていることの意味がわからないのか」と腹を立てる支援者がいたとすれば，その人は肯定的フィードバックの意味を全く理解できていません。

そうした反論の直撃を受けたときには,「またまた御謙遜を」とフィードバックしてみましょう。
　「すごい。そういう正直な人は好きだよ」というフィードバックでもよいと思います。
　そうすると,支援対象者の不心得な言葉（Ⅰ－考5－**3**・→48頁）によって形成された不快な状況は少し緩和される可能性が高まります。
　特に,このすでに一度紹介している「御謙遜」という言葉。これはこの言葉の意味をよくわかっていない支援対象者に用いても,支援者に褒められたことが伝わる不思議な言葉です。この言葉は,かなりな皮肉を込めて用いる場合もありますが,意外なほど状況を好転させる力があり,わたしは安全性の高い一言（言語的媒介）として用いてきました（Ⅰ－考5－**5**－③・→50頁）。
　そこで,支援対象者に手伝いを頼むやり方について,もう少し詳しく捉え直してみたいと思います。

「第Ⅰ部 考え方編」の中から,キーワードとなるような言葉があるとしたら何でしょう。いくつか取り上げてみてください。

あなたが思いつく手伝いを書いてみましょう。

手続3
必然性
(Ⅱ-手3)

　支援対象者に簡単な手伝いをしてもらう。これはとても美味しい支援になると思います。
　一石二鳥という言葉があります。石一個で鳥を二羽落とす。これは美味しい。ところが，この簡単な手伝いをしてもらう支援法には一石三鳥の効果がある，と言ったらどう思われますか。
　一羽目の鳥は「指示に従う練習」，二羽目の鳥は「信頼関係の練習」，三羽目の鳥は「コミュニケーションの練習」，これは間違いなく美味しいですよ。

❶ 指示に従う練習（Ⅱ-手3-❶）

　この支援法では，支援対象者に「○○してください」という指示を与えます。そして支援対象者は指示に従って行動する。そこへ支援者からの肯定的フィードバック。これが指示に従う練習になります。
　そもそも，わたしたちのお相手は，おしなべて指示に従う力が弱い。そんなことは読者にはご承知のとおりでしょう。だからみなさんが困っているのです。でも，それはなぜなのでしょうか。
　わたしたちのお相手には性格の悪い（ひねくれた）人が多いのでしょうか。残念ながら，この見方はかなり当たっているように思います。ただ，この視点（性格が悪い）はいかにも否定的ですし，どこか第三者的に突き放した臭いが鼻に付き，わたしたち支援する側からすると，面白くも可笑しくもない表現になってしまいます。
　おそらく，その本当の理由は，支援対象者がひねくれてしまう以前の出来事，つまり学習とか，習得にかかわる課題が絡んでいるのではないかと思うのです。
　要するに，指導者の指示が，あまりよい経験につながらなかった人が多い，ということではないでしょうか。そうすると，ひねくれ者という視点からは見えなかったものが見えてきます。
　例えば，小学校での掃除の時間，先生が「○○くん，教室の隅をほうきで掃いてください」と指示を与えます。教室の隅っこは，たいてい四角い角になっています。そこを四角く掃ける人なら，先生から「ありがとう」が返ってくるでしょう。
　ところが，四角いところを丸くしか掃けない人がけっこういるのです。そうすると，「○○くんに掃いてもらうと，後で先生がやり直さないといけない」と叱られます。
　言い出せば切りがありません。「ほこりをはたくときは」上の方から下の方へ。「掃き掃除は」部屋の真ん中から周囲にではなく，周囲から真ん中へ。「雑巾」は「掃き掃除」が終

わってから。自分の分担箇所の掃除が終わっても，まだみんなが掃除をしている間は休み時間にはならない。などなど，掃除の基本的なルールがわかっていなければ，掃除をしなさいという指示には従えないのです。

　それが，すぐにでも対応可能な指示が与えられることによって，難なく指導者の「ありがとう」へたどり着ける。これ以上の指示に従う練習はあるでしょうか。

❷ 信頼関係の練習（Ⅱ－手3－❷）

　わたしたちの支援対象者には，大きな特徴があります。それは褒められる機会が圧倒的に少ないということです。そのため，支援者の中には些細なことであっても，支援対象者を褒めるように心掛けている人がいます。それは，まさに涙ぐましい支援者の努力だと思います。

　でも，このやり方には落とし穴があることをご存じでしょうか。それは，褒められる必然性に乏しい行為を評価されても，支援対象者には「ありがたみ」が伝わりにくいということです。

　例えば，決められた集合時間に決められた集合場所へ足を運ぶことができたとします。そこで支援者が，「○○さん，頑張って時間どおりに来られたね。すごいですよ」と褒めました。

　たしかに褒めないよりは褒めた方がよいと思います。しかし，褒められた喜びが○○さんへストレートに伝わるのは，○○さんにも頑張ったという自覚がある場合なのです。

　その自覚が伴わないのに，○○さんが喜んでくれたときには，それを○○さんの素直さと受け止めるのか，それとも○○さんの幼児性と受け止めるのか，その判断は支援者にとって微妙なところです。わたしなら，○○さんの反応を「手放しでは喜べないなぁ」と受け止めると思います。

　まあ，ともかく○○さんが喜んでくれれば「よし」とすべきでしょう。しかし，○○さんが天邪鬼（あまのじゃく）だった場合には，支援者からの評価に「何がすごいのですか」と憎まれ口を叩くかもしれません。ことに，他の人なら褒められない当たり前の行動を評価し，まして褒めたりすると，「人をバカにするな」と気分を害してしまう支援対象者もいるのです。

　その点，ここで紹介している「手伝い」と，それに対しての「ありがとう」には，褒められることへの十分な必然性がありますから，ややこしいことはほとんど起こりません。もちろん例外はあります。その場合は手続4のプロンプト（Ⅱ－手4－❹・→69頁）を参照してください。

　支援者が支援対象者に指示を与える。支援対象者がその指示に従う。それを支援者が評価する。これは，特定の支援者と支援対象者との間で，間違いなく起こった出来事，つまり疑いようのない（二人での）肯定的なやり取りです。わたしたちの支援対象者には，このわかりやすさが信頼関係の練習に必要な場合が多いのです。

要するに，わたしたちの支援対象者には，抽象性を取り除き，これくらいシンプルでストレートなやり取りを作らないと，支援者と自分との「評価される望ましい関係性」を実感できにくい人がいるということです。

したがって，そういう支援対象者には，ここで述べているような場面を演出し（作り出し），その中で必要なことを学んでもらう。それが支援という営みだとわたしは思います。これは極めて大切なところなので，次項でも取り上げます。

❸ コミュニケーションの練習（Ⅱ－手3－❸）

この支援手続で得られる三羽目の鳥は「コミュニケーションの練習」です。

考えてもみてください。支援者が支援対象者に手伝いを頼み，支援対象者がそれに答える。これはやり取りそのもの。やり取りにはコミュニケーションが必要。これを練習に活かさない手はありません。

しかもこの練習は，ほぼ確実に支援者の「ありがとう」で終わるように演出されています。つまり，成功のうちに終結するシナリオに則って，支援が展開されているということです。そこでもう一歩踏み込んで，この支援対象者へ用務を頼む手続が，なぜコミュニケーションの練習になるのかを説明しましょう。

あまりにもあたり前のことですが，支援対象者の行動に変化をもたらす刺激は，わたしたちの専有物ではありません。有形・無形を問わず，あらゆる刺激が，支援対象者の行動に影響を与える可能性があるのです。

例えば，わたしたち以外のだれかが，何かを言ったりやったりした。あるいはだれも何も言わず，何もしなかった。そうかと思えば突然の災難が！ 教室へ大きなスズメバチが飛び込んできた。一難去ったと思ったら，どこかで子ネコが鳴いた。そうこうするうちに支援対象者のお腹が空いたなどなど，わたしたちの周りには，支援対象者（とは限りませんが）の行動に変化をもたらす刺激が満ち溢れています。

もともとコミュニケーションというものは，そういう刺激に溢れた状況の中で交わされ，そのときどきの移ろいの中で維持されたり，変化したり，途切れたりするものです。とはいえ，予測できない揺らぎの中での練習はむずかしい。これはだれにでも納得していただけることでしょう。

そこで，コミュニケーションに必要な資質や技術を育てるための練習方法が考案され，いろいろな領域で活用されるようになりました。例えば社会的行動や社会的認知を計画的に育てる練習，ソーシャル・スキルズ・トレーニング（SST）などはその代表でしょう。

それなら，トラブルメイカーには，積極的にSSTを実施すればよい，と簡単に言わないでください。困ったことに，この本で取り上げているような人に，「あなたには社会的な行動を増やす練習が必要だからSSTに取り組んでみましょう」と水を向けても，なかなか「よろしくお願いします」ということにはなりません。むしろ，「なぜそんなことをする必要が

あるのですか」と開き直られるのが関の山だと思います。もちろん素直な人もいて，最初の1〜2回は練習に参加してくれますが，すぐに来なくなってしまう人も多いのです。こうした支援対象者に戸惑い，ときには嫌な思いをされた支援者は多いに違いありません。わたしも，そういう場面にたくさん遭遇してきました。支援者のみなさん本当にお疲れ様です。

ともかく，本書の主役たちは，「練習」という言葉を聞いただけで引いてしまう人が多い。支援者に「違いますか？」と問えば，みなさんが口をそろえて，「そのとおり」とおっしゃいます。そこでわたしがいつも申し上げるのは，「練習という言葉を使わない練習をしましょう」ということです。それも特別な練習場面ではなく，普段の生活場面の中で。これを講演会などでお話しすると，参加者からは「それができれば神業だ」という反応が返ってくるところです。

でもそれは，決して神業のようなものではありません。みなさん自身が，すでに本書の中で疑似体験されているではありませんか。「支援対象者に手伝いを頼む」というやり方を。これは神業でしょうか。この支援手続には，一言も練習という言葉は出てきません。しかしそれは立派な練習手続になっています。

なぜならこのやり方には，必然性の高いやり取りの中で，確実に支援者からの評価につながるフィードバックが得られ，支援対象者が支援者との望ましい関係性を実感できる工夫が挿入されているからです。この支援場面の演出は，十分に練習の条件を満たし，それはコミュニケーション課題でもまったく同じことだと思います。そこでまとめましょう。

実際場面でのコミュニケーションには期待どおりのやり取りが生じないことがいくらでもあります。むしろ反対に裏切られることも。そこで支援対象者が気分を害していては，練習も何もあったものではありません。まして，理由はともあれメタ認知すら形成困難で（Ⅰ－考1－**2**・➡27頁，Ⅰ－考1－**3**），相手の立場や気持ちを思い描く空想力に制約のある人たち（Ⅰ－考1－**3**－①〜③・➡28頁）なのです。

すでに本項の最初の方で述べたように，複雑な刺激に満ちた実際場面ではなく，特定の支援者と支援対象者との間で交わされる揺れの伴わないやり取り，しかも肯定的な推移が約束された課題，それらに支えられた対人相互性，これほどコミュニケーションの練習にふさわしい演出場面はないと思うのですがいかがでしょうか。

「手続3」の3つの練習を説明してください。

手続4
補足
（Ⅱ－手4）

　最初に，肯定的フィードバックの用法（Ⅰ－考5－**5**－①～⑤・→49頁）については，今までの説明だけだと疑問を持たれるところがあると思います。また，それとも関連することですが，本書ではわかりやすい記述を心掛けているため，必要な解説であっても，当該事項の挿入が内容の複雑化を招くと思われたときには，思い切って割愛してきたところがあります。したがって手続4では，そうした不足をもう一度整理し直すことにしました。

　それともう1つ。肯定的フィードバックを実際場面で適用したとき，支援者の予想に反する展開が起こったときの対処例については，Ⅱ－手2－**2**・→59頁やⅡ－手4－**1**・→65頁の中で触れています。しかし本書がワークブックであることを考えると，この適用例の提示はもっと増やした方がよいように思います。そこで台詞集のような一節を設け，今まで紹介していない用法も加えて整理し直すことにしました。

　いずれにしても，この手続4は第Ⅰ部と第Ⅱ部の前半まで，要するに総論部の総まとめになります。これが終われば，後は本書の本書たるところ，実際的なトラブル対応，まさに各論しかありません。

再考：肯定的フィードバック（Ⅱ－手4－再考－肯定的フィードバック）

　肯定的フィードバックに関しては，既述のとおり，いろいろな疑問点が出てくると思います。そうしたことは，本書の主要テーマである実際的なトラブル対応の中でも繰り返し取り上げていきますが，そこはどうしても，各論に対応した取り上げ方になってしまいます。したがって，ここでは総論の立ち位置から想定される疑問点について論考します。

　ここは，わたしが全国で実施している，対話によるワークショップであれば，参加者とのやり取りで盛り上がるところです。しかし残念ながら紙面上でのやり取りではそれが果たせません。

　もし叶うことであれば，みなさんと日本のどこかでお会いして，実際のやり取りを体験していただく機会の訪れを願うばかりです。

1 真摯な対応（Ⅱ－手4－**1**）

　この解説へ入る前に，真摯な対応に関連して，読者が今までの本書の展開の中で，大なり小なり感じてこられたであろう疑問にお答えしておいた方がよいように思います。まずはそこからいきましょう。

例えば，反抗的になっている支援対象者は，説諭しても，受容しても，相手に不快感を与える態度が緩和せず，対応に苦慮することがあります。そうしたとき，仕方なく，あるいは少し後ろめたさを感じながら，本書で述べているような対応を用いてこられた支援者は少なくないでしょう。

　そうした場面で，わたしたちは，どうして後ろめたさを感じるのでしょう。それは，支援対象者の言葉は真摯に受け止めるべしという，言われてみればもっともな考え方が，わたしたちに刷り込まれているからです。

　たしかに，ここで述べている肯定的フィードバックの手法には，支援対象者を小手先であしらっているかのような印象を与えてしまうところがあり，わたしはそれを否定するつもりはありません。

　考えてもみてください。「あいつには恨みがあるから，絶対痛い目に合わせてやる」と言い放っている支援対象者がいたとして，「いかなる理由があろうとも暴力は許されない」と説諭するのでもなく，「そこまで思い詰めていたのですね」と受容するのでもなく，「また心にもないことを」と的を外してしまう。こうしたところが，支援対象者に真摯な対応をしていないかのような印象を与えやすいのです。

　また，まったくわかっていない支援対象者に，本来であれば「あなたは大切なことがわかっていません。だからわたしの話をよく聞きなさい」と説諭すべきところを，「あなたもよくわかっているように」とフィードバックするのも的を外しています。

　まだまだあります。「高校などいつでもやめてやる」と言い放っている生徒に，「自分の言っていることの意味がわかっていますか」と説諭せず，かといって「そこまで自分を追い込んでいたのですね」と寄り添いもせず，「そんな一方的なことを大きな声で堂々と言えるのも，ある意味うらやましいな」とフィードバックする。この応答など，まさに絵に描いたような的外しで，支援者の言葉への真摯な姿勢など微塵もない，と批判されるところかもしれません。

　それを承知の上でもう一度申し上げます。

　わたしも支援対象者の言葉には真摯に耳を傾けるべきだと思っています。しかし，この真摯に対処すべしという言葉は，たしかにそうあるべき姿ではありますが，考えようによっては社会的な標語（スローガン）に近いようにも思えます。皆さん方はいかが思われるでしょうか。

　要するに「早寝，早起き，朝ごはん」なのです。それはまさに正しい。しかし，これは社会的に「こうあるべきだ」という標語であって，それがうまくいっていない人に，この正しいメッセージを伝えても，それは空念仏（ときにはうまくいっていない人を批判する残酷な助言）になってしまうと思いませんか。

　そこで一言ご注意を，「早寝，早起き，朝ごはん」は主に支援対象者へ向けられる言葉，「真摯に耳を傾けるべし」は主に支援者へ向けられる言葉になりますが，双方相手こそ違え，社会的標語というものは，同じように作用しやすい（わたしたちを一定方向へ拘束す

る）ことを知っておいてください。わたしもあなたも人間なのですから。

　さて，話を戻します。繰り返しになりますが，わたしは，「早寝，早起き，朝ごはん」という言葉と同じような印象を，この「真摯に接すべし」という言葉に感じてしまいます。たしかにこの言葉は正しい。しかも常識的ですらあります。だから少し前のところで，「わたしたちは，ごもっともな考え方を刷り込まれている」と書いたのです。

　わたしたちのお相手は，そこがうまくいっていない人たちです。そういう人に，あるべき正しい姿を助言して，その人は「そう言われればそうだ」と思ってくれるのでしょうか。

　そうは問屋が卸さない。そんなことは，ほとんどの支援者が知っていることです。それを承知の上で支援対象者にこの「正しい」助言を与える。その結果として起こること，これも多くの支援者が経験済みだと思います。支援対象者の反発が激しくなり，支援者との人間関係が怪しくなるのです。

　この局面で最も避けねばならないこと，それは，これ以上支援対象者との人間関係を悪化させないことなのに。

　そこで的を外します。例えば「また心にもないことを」と。そうすると，この支援者の言葉には否定語が含まれていないので，型通りの「やめなさい」という説諭によって誘発される感情的な反発は起こりにくくなります。そこで支援対象者にはニッコリ（ニヤリ）と表情を和らげる可能性が出てきます。つまり，正論では起こりにくいやり取り（コミュニケーション）が起ったということ。それが支援の出発点になっていくのではないでしょうか。なぜなら，支援者と支援対象者との人間関係が保たれたからです。しかも，支援者がイニシアチブを取れる人間関係が。

　もちろん，こうした的外しを行っても，支援対象者はニッコリするどころか，「自分は心に一物あってやっているのだ」と，さらに食い下がってくるかもしれません。ご安心ください。そのときの対処法はⅡ－手4－**5**・→71頁にあります。

　おわかりいただけたでしょうか。的を外すということは，決して支援対象者を軽視し，適当にあしらっているわけではありません。むしろその正反対，これは支援者の高度な教育的配慮を反映する応答で，不快状況のマネジメントなのです。

　支援者はこれに後ろめたさなど感じる必要はありません。むしろ支援困難な状況に対応する際の安全性が高い，さらに言うなら，支援者の優しさを反映する工夫（言語的媒介）なのだと思います。すなわち，このやり方は，この窮迫した状況で，わたしたちにできる，支援対象者への精一杯の善意。そして本書はその支援技術を習得するワークブックなのです。

2 毅然とした態度（Ⅱ－手4－**2**）

　「支援対象者の間違った言動には，毅然とした態度で臨むべし」とおっしゃる人がいます。そうした考えの背景には，「甘やかすことは支援対象者のためにならない」とか「道義に反することを許してはいけない」という，ある意味厳しい父親の如き養育姿勢の発露が

あるのだと思います。ときには「支援対象者になめられてはいけない」と，あまりにも怪異なことをおっしゃる支援者と出会い，こちらが仰天することもありますが……。

まあ，後段の「すざましき」お言葉はさておくとして，たしかに，支援対象者の間違った言動に対しては毅然とした態度で臨むべし，これもよく考えてみれば正道でしょう。前項で述べた社会的標語としての「真摯であるべし」にも一脈通じる正しさがある。わたしもそれを否定するものではありません。

しかしながら，それは自分で考え，自分で判断し，自分で行動できる人であることが前提になる，と思うのですがいかがでしょう。なにしろ正道ですから。

そこで少々意地悪なことを申し上げます。わたしには，そういう物わかりのよい人が，明らかに間違ったことを平気で言ったり，やったりするようには思えないのです。

ときどき，「あいつはわざとやっている」とおっしゃる支援者もいます。ここでもわたしは申し上げます。「そんな策を弄することのできるような器用な人ではないですよ」と。思い出してください。メタ認知すら怪しげな人がわたしたちのお相手なのです（Ⅰ－考1－**2**～**3**・→27頁）。そういう人に，支援者を手玉に取るような器用なことができるとは，わたしにはとても思えません。もちろん，ときには支援者の，明らかにまずい支援によって，支援者自身が墓穴を掘り，結果的に支援対象者に陥れられたかの「ように」見える状況を作ってしまうことも，絶対にないとは言えません。この辺りは，後のトラブル対応の中で何度も出てきますので，この段階で一度まとめましょう。

肯定的フィードバックは，決して支援対象者を甘やかす方法ではありません。例えばここに道理のわからない人がいたとします。道理がわからないわけですから，道理に則った指導をしても，「？」となるのが関の山。固まって黙して語らず状態になる人ならまだ平和。大抵は戦争状態への突入を覚悟せねばなりません。

それよりも何よりも，毅然とした態度で臨むべし，と主張する支援者には，とんでもない落とし穴が待っていることがあります。

たしかに，このやり方は，道理のわかる人になら効果があるのかもしれません。しかし多くの場合は「もうやったらだめだぞ」で片付けたとしても，またぶり返します。

そうすると，支援者からよく出てくる反応は，「自分は支援者としてやるべきことはやった。後は一向に改めることのできない支援対象者の問題だ」という奇妙な納得の論理なのです。この後に口を開いて待っているものは，支援放棄という落とし穴でしょう。結論として毅然とした態度で臨むことも，わたしたちのお相手には罪作りなのです。

道理のわからない人への対応で必要なのは，道理を教える支援ではありません。道理を理解する学習に取り掛かる「準備状態（レディネス）」を育てる支援なのです。そこで必要になるものは，毅然とした態度ではなく，わかりやすい動機づけへの配慮です。そもそも，この本で述べていることは，すべてそのための工夫なのですから。

❸ 集団対応と個別対応（Ⅱ－手４－❸）

　今までの解説では，そこで展開される支援について，集団の場面を想定しているのか，個別の場面を想定しているのか，場の特定をしないまま論を進めてきました。それには理由があります。

　というのは，本書では基本的に個別の場面での支援を前提にしていないからです。これを読んで，「？」と思われた方がきっといるでしょう。でも考えてみてください。トラブルはどのような場面で起こりますか？

　これは基本的に対人関係の中で起こる「もめごと」。要するに単独では起こり得ない悶着であり，少なくとも二人，あるいはそれ以上の集団の中で起こる出来事なのです。

　したがって，興奮している支援対象者を，個室で落ち着かせる。これは必要な手当になると思いますが，それは落ち着かせるための手段であって，一段落付けば再び集団の場へ戻さなければなりません。つまり，落ち着かせることは通過点に過ぎず，到達点ではないのです。

　また，集団場面で起こるトラブルに，個別の場面で対応できるのは，せいぜい熱を冷ますくらいのことです。これを続ければ続けるほど，支援対象者は集団から遠ざかり，集団へ戻すときに思いがけないほどのエネルギーを，支援者が割かねばならないことが多いのです。さらに，個別的な環境（特別な場所）で学習したことを，集団場面（自然な場所）へ持ち帰って応用できるような器用な人は，わたしたちの支援対象者には少ないのです。

　もちろん，わたしは個別対応を否定するものではありません。例えば学力補習のための個別学習，個別カウンセリング，特定の課題に対する時間を区切っての個別支援など，必要に応じて実施すべきものはあると思います。しかしながら，集団の中で起こるトラブルは，集団の中で対応するのが望ましい，これはわたしの信念です。

　それの具体的な事例は，後述するトラブル対応の中にたくさん出てきます。例えば，約束（Ⅱ－各１・→79頁）や，言い聞かせ（Ⅱ－各２・→90頁）です。ここで安易な個別対応を行うと，「なぜわたしだけにそんなことをやらせるのか」という抵抗を覚悟しなければいけません。そこで「あなたのためを思ってやっているのだ」などと返答しようものなら，「何もしてほしくない」と新しいトラブルが起こってしまいます。今でさえトラブル対応の渦中なのに，そのような事態は絶対に避けたいところ。そこでプロンプトです。

❹ プロンプト（Ⅱ－手４－❹）

　支援が必要な人に，「ありがとう」とか「すごいね」と褒め言葉を向けても素直に喜ばないときがあります。例えば，ありがとう→「別に」とか，すごいね→「何が」とか。

　さて，特定の働きかけの効果を高めるため，支援者が支援対象者に向ける刺激（教育的サイン）のことを「プロンプト」と言います。

言葉による伝達刺激は言語プロンプト。

見るべき方向を指差すような，動作による刺激はジェスチャープロンプト。

支援者が実演することで支援対象者を教育的に刺激するのはモデルプロンプト。

支援対象者の肩を軽くトントン叩いて気付かせる，あるいは実際に支援者が支援対象者の手をにぎって，竹刀をにぎるときの力の入れ具合を指導するような，直接身体に触れる刺激は身体プロンプト。

この中で，言葉だけに頼る刺激は，一番波及力が弱いのです。特に支援が必要な人を相手にするときには，言語プロンプトだけだと，支援者の意図を理解できず，反抗挑発的な言動を招いてしまうこともあるのです。

そうしたときには，言語プロンプトより波及性の高いプロンプトを加えるとよいでしょう。例えば「げんこつ」をにぎって親指だけを立てる「よくできました」のグッジョブサインを示しながら，言葉でも「ありがとう」とか，親指と人差し指で輪を作るOKのサインを示しながら，言葉でも「すばらしい」とフィードバックすると，支援対象者はニッコリとかニヤリとか，表情を和らげる可能性が高まります。ここで初めて，支援者のメッセージが支援対象者へ伝わったということになるでしょう。

これは，言語プロンプトより強力なジェスチャープロンプトを併用したことで，支援者の意図が伝わりやすくなったからです。ちょうど授業の場面で，言葉だけの説明ではなく，視覚に訴える教材・教具を活用するのと同じような工夫（演出）ですね。

モデルプロンプトはジェスチャープロンプトよりさらに波及性を高めますし，身体プロンプトは最も強力な刺激になります。ただ，体に触れる身体プロンプトは，支援対象者によっては嫌悪感を刺激する場合がありますし，支援者に叩かれたとか，セクシャルハラスメントだとか，それこそ別のトラブルを生む危険もあるので，課題の内容や支援対象者をしっかり見極めたうえで，慎重に使ってください。

なお，プロンプトの活用に際しては，もう1つ注意したいことがあります。それは，使用したプロンプトが，あたかも指示刺激であるかのような伝わり方をさせない配慮が必要だということです。

これは，プロンプトはあくまで補助的な刺激なので，目標となる行動が生起したときには，ただちに取り除かないと，当該行動に対する支援対象者の自発性や持続性を邪魔する場合があるからです。

これはとても大切なところで，支援対象者はプロンプトによって指示されるわけではないということ。そもそも支援というものは，支援対象者が支援されている自分を自覚することではなく，「自分の力でできた」と思える状況を作る工夫（演出）だということ。換言すれば，プロンプトなどなくても，当該行動が自発したかのように持っていくことが大切なのです。

このプロンプトを徐々に減らしていく手続きは，フェイディングと呼ばれるもので，大抵は「プロンプト～フェイディング」とセットにして語られます。

つまり，支援というものは，どうしても足し算（サービス）の部分が強調されがちですが，足し算をして特別な状態を作り，それでうまくいったら，次は引き算をして普通の状態へ戻す工夫をしないと，せっかく獲得の目処が付きかけた課題への支援効果を阻害することがあります。ときには，急にサービスを消去し過ぎてのトラブルも起こります。

　はっきり言えば，踏み台付きの足し算状態でできていることは，まだ一人前だとは言えません。そして最も大切な配慮がこれ。

　ともかく，プロンプトは支援者が隠し技として使うものです。支援対象者には，支援者がわかりやすいサインを与えてくれたと気付いてもらう必要も，それに感謝してもらう必要もなく，支援者は「すご～い」とニッコリしていればよろしい。しかし，その背後には緻密な計算がある。これこそ支援者の優しさなのだと思います。

　いずれにしても，支援は楽しく，さりげなく。支援対象者にはわからなくても，支援者だけが「やったー！」と思える瞬間を作ることもよいものです。そうすると，支援対象者が後でそれに気付き，「うまく乗せたな」と言い出す場合があります。そのとき支援者は，ニッコリして「バレたか！」。これは最高の肯定的フィードバックだと思いませんか？

5 肯定的フィードバック適用例（Ⅱ－手4－5）

　ここでは，Ⅱ－手2－2・➡59頁やⅡ－手4－1・➡65頁にある肯定的フィードバックの用法をさらに拡大し，実際場面での適用例として整理しました。これは，あくまで便覧なので，この用法の依拠する考え方や必要性については，Ⅱ－手4－1・➡65頁を参照してください。

　なお，以下の要覧にある○は支援対象者の言葉や状態，●は支援者の言葉です。中間にある＊は説諭や受容など，従来用いられる的を外していない用法です。

1 支援対象者の否定的な言葉への対応（Ⅱ－手4－5－1）

　　○あいつには恨みがあるから，絶対痛い目に合わせてやる。
　　○殺すぞ。
　　○死ね。
　　○親は信用できない。
　　○教師は信用できない。
　　＊いかなる理由があろうとも暴力は許されないことだ。
　　＊決してそんなことはないと思います。
　　＊そこまで思い詰めていたのですね。
　　●また心にもないことを。

2 理解する気のない支援対象者への対応（Ⅱ－手4－5－2）

○全く理解する気を示さない人へ。

＊あなたは大切なことがわかっていません。それを教えてあげるからわたしの話を聞きなさい。

＊本当にわかっていないのですか。

＊どうしたらよいのかわからないのですね。

＊やる気が湧かないのですね。

● （支援対象者へ）→あなたもよくわかっているように，と一言伝えてから助言する。

● （誤解や理解不足のある家族へ）→お母さんも（お父さんも）よくご存じなように，と一言伝えてから助言する。

● （理解不足の教師へ）→先生もよくご存じなように，と一言伝えてから助言する。

● （理解不足の上司へ）→主任さんもよくご存じなように，と一言伝えてから助言する。

● （理解不足の同僚や部下へ）→あなたもよくわかっているように，と一言伝えてから助言する。

3 興奮しやすい支援対象者への対応（Ⅱ－手4－5－3）

○暴言や粗暴行為のある支援対象者への対処法。

＊あなたは気が短く，すぐに暴言を吐いたり暴れたりする。そんなことではこれからも大変だと思うので，どうしたらよいのかわたしと話し合ってみよう。

＊がまんできなくなってしまうのですね。

● みんながあなたのことを短気なやつだと言っているけれど，わたしが見たところでは，あなたは気に入らないことがあると，すぐに暴言を吐いたり暴れたりするのではなく，けっこうがまんしていることが多いと思うけれど違いますか？――そうすると支援対象者はがまんしていると答える可能性が高いので，それを待って――やっぱりあなたはがまんできる人です。せっかくがまんできるのなら，いままでだったら暴れてしまったことをがまんできたときには，わたしにこっそり，さっきがまんしたよと教えてほしいな。

4 自分本位な支援対象者への対応（Ⅱ－手4－5－4）

○他人のことなどまったく眼中にない支援対象者への対処法。

＊あなたは自分のことしか考えておらず，それがトラブルの原因になっています。どうしたら相手のことも考えて行動できるようになるのか，わたしと話し合ってみま

しょう。
- あなたは他人のことを察するのが得意な人だと思います。せっかくそういうセンスがあるのだから，わたしと話し合ってみませんか。

⑤ その自己主張は間違っているとはっきり伝えた方がよい支援対象者への対応（Ⅱ－手4－**5**－⑤）

○高校なんかいつでもやめてやる。
○自分なんかどうなってもいい。
○中学生が煙草を吸って何が悪い。
＊自分の言っていることの意味がわかっているのか。
＊未成年の喫煙は法律で禁じられている。
＊そんなことを言っていると親が泣くぞ。
＊そこまで自分を追い詰めているのですね。
＊そこまで真剣なのですね。
- そこまではっきり間違っていることを，みんなの前で，大きな声で堂々と言えるのもたいしたものだ（うらやましいな）。

⑥ 的外しをしても，それに乗って来ない支援対象者への対応（Ⅱ－手4－**5**－⑥）

○「心にもないことを」と的を外したが，「自分は心にあって言っているのだ」と，さらに食いついてくる場合。
- あなたもいよいよ思春期（青年期）だね。わたしも若いころにはそういうときがあったよ。

○興奮しやすい人（Ⅱ－手4－**5**－③・→72頁）に「あなたはけっこうがまんしていると思う」と伝えても，支援対象者は，「わたしはがまんなんかしていない」と言い返してくる場合。
- またまた御謙遜を。

○肯定的フィードバックの用法に支援対象者が腹を立ててしまった場合。
- 「腹が立ちましたか。もしそうならごめんなさい」と，「腹が立ちましたか。人間たまには腹を立てた方がよい」を，支援対象者に合わせて使い分ける。

○肯定的フィードバックに伴う皮肉な側面に支援対象者が気付き，支援者を糾弾する

ようなことを言い出した場合は，以下のようなフィードバックを支援対象者によって使い分けます。
- 腹が立ったようですね。もしそうならごめんなさい。
- そうですか，腹が立ったのですか。でも人間たまには腹を立てた方がよいですよ。
- そうですか，皮肉だと受け止めたのですね。そこまで気付く人は少ないのに，あなたはもう大人ですね。
- そうか，そこまで気付けたか。おぬしなかなかできるな。
- バレたか。
- そう来たか。
- ごめんね。でもあなたの感性が思ったより大人なので感心しました。これでわたしも安心してあなたを大人扱いできますよ。

あなたが，特に困ってしまうことの多い場面をメモしてみてください。

このワークブックの中で，あなたが特に困っている状況への対応に役立ちそうなものがあれば，取り出して整理してみましょう。

手続5
反作用への対応
（Ⅱ－手5）

　ここまで述べてきたような支援を続けていると，支援対象者の周囲にいる一部の人から，支援者の活動に対する「反作用」とも思われる苦情が出てくることがあります。実際に支援者は，その苦情に困っていることが多いので，手続編前半の最後に，そうした一部の人が示す反応への対処法を紹介しておきましょう。

　その苦情とは，ここで展開している支援場面の周囲にいる特定の人が，「先生，どうしてあの人だけ特別扱い（ひいき）するのですか」と言い始めることです。

　これにどう対応すべきか。これはわたしの行う研修や講演の質疑応答時間に，教師や施設職員などの支援者から，高頻度に寄せられる質問でもあります。さあ，みなさんなら，この質問にどう答えられるでしょう。ぜひとも聞いてみたいものです。

　この質問に対するわたしの回答は，「この場面で支援者を問い詰めようとする人も支援が必要な人ですよ」のただ一言。

　考えてもみてください。この状況でそんなことを言い出す人には，支援者の心（気持ち）が全く読めていません。なぜなら，例えば支援者は援助を必要とする人に，用務を与える場面を作って，社会的な行動を支える練習をしているのです。支援者の立場や気持ちを少しでも理解できる人であれば，「先生（支援者）も大変だなあ」と思うことはあっても，「先生（支援者）が特定の人をひいきしている」などという受け止め方は，まずしない，とわたしなら思いますが，いかがでしょう。

　要するに，この場面を目の当たりにしながら文句や苦情を言い始めるような人は，支援者の気持ちを想像できないという意味で，コミュニケーション場面における立派なトラブルメイカーだということです。

　したがって，この苦情への望ましい対処法があるとすれば，「あなたもしてほしいのならしてあげるよ」と，不穏当な言葉を平気で吐いている人を，支援の輪の中へ堂々と招き入れることだと思います。

　そうすると，その人（新しい支援対象者）には面白い反応が起こります。つまり「そんなことはしてもらわなくてもよい」と支援を拒絶する場合が多いのです。

　わたしたち支援者からすれば，そんなことを言い出すくらいなら，最初からひいきがどうのこうのと文句などつけるな，と言いたくなるところですが，そこは押さえて「遠慮は無用，一緒にやろうよ」と誘ってほしいのです。しかしそうすると，これもまた判で押したように，「今日は忙しいからいいです」といった言い訳が返ってくることが多くなります。

　これは，わたしが嫌になるほど経験してきた支援対象者とのやり取り，つまり実話です。とはいえ，ここでさらに無理強いをして，支援対象者との人間関係を歪めることは愚策と

いうもの。ここはそれ，「そうですか，忙しいのなら今日はやめておくけど，同じようにしてほしくなったときは，いつでも先生のところへおいで」と，支援の輪を広げる手当をしたうえで，その場を締め括るようにします。

　それにしても，本書で紹介しているような支援を行っていると，どうして同じような傾向を持つ人が，あたかも「ちょっかい」を出すかのように，割り込んでくるのでしょうか。

　わたしはそれを，ここで述べているような支援は，同じような傾向を持っている人に，支援を受けている人のことが，とても気になる（気障りになる）伝わり方をしやすいからだと思っています。つまり「傷病相哀れむ」のパラドックス（逆転）のような，とても素直とはいえない心の動きを刺激しやすいのではないでしょうか。

　まあ，心理学によく出てくるような，防衛機制の解釈（無意識的に心の文脈を書き換えることで自分を守る術。お願いごとが苦情になったり，助けを求めるべき場面で攻撃的になったりする）を云々するまでもなく，羨望変じて気障りとなる心の動き，要するに，ここは「ひがみ」の転移，これで当たらずとも遠からず，ということにしておきましょう。

　というところで，手続編の前半を終え，ここから先はいよいよトラブル対応，本書が本書たるべき各論です。

支援者が「真摯な対応」という言葉に感じてしまう後ろめたさは，なぜ起こるのでしょうか。

毅然とした態度で接すべきだという言葉の何が問題なのでしょうか。

実際場面での
トラブル対応

今まで述べてきたことを総論とするなら，ここから先は各論，あなたの周りで起こっているトラブルへの対応そのものです。もちろん，各論であっても総論の知識が必要になるところは随所に出てきます。そうしたときには，総論として述べた場所を示すようにしました。適宜振り返ってみてください。

緒言（Ⅱ－各・緒）

　さて，各論の冒頭で述べるべきこと，それは「トラブル対応とは，基本的にあなたの目の前で起こった出来事への対応だ」という点です。

　例えば，あなたが中学校の教師（クラス担任）であったとしましょう。ある日，あなたのところへ，同僚のA先生が来て，「さっき先生のクラスのBさんが，Cさんに暴言を吐いたので注意しておきました。先生からも一言Bさんを指導しておいてください」という連絡があったとします。

　このA先生からの連絡に基づき，あなたがBさんに，「A先生から聞いたけど，さっきCさんに乱暴なことを言ったそうだね。もうそういうことはしてはいけませんよ」という指導を行うことは，できれば避けたいのです。

　なぜなら，このトラブルはあなたの目前で起こったものではないからです。どうしてこういう指導は避けた方がよいのでしょう。A先生からの連絡は大切な情報ですが，伝聞による指導は新しいトラブルを生む可能性があるからです。

　例えばBさんから，「それはCさんが自分をバカにするようなことを言ったからだ」という，A先生からの情報にはなかった言い訳が出てきたとき，あなたはどうしますか？

　現場を目撃していないあなたには，細かい事情はつかみきれず，「今はそういう話ではなく，あなたがCさんに暴言を吐いたことを問題にしているのです」という，それこそ苦しい言い訳をしなくてはなりません。

　おわかりでしょうか。もしあなたが，A先生の報告に基づいてBさんの暴言を指導しようとするのなら，A先生にも同席してもらうのが筋なのです。

　ただし，BさんとCさんがトラブルを起こし，A先生が担任であるあなたを呼びに来た。そこであなたが，BさんとCさんのところへ駆け付け，トラブルの仲裁をする。この場合は，前段とはまるで条件が異なるので，あなたはこのトラブルへ積極的に介入しなければなりません。なぜなら，このトラブルはあなたの目前で展開しているからです。

　これが，以下に述べるさまざまなトラブル対応全般に対する緒言です。

　面倒臭そうですね。たしかに面倒臭いです。でも，そもそもトラブル対応というものは面倒臭いものです。ですから，多少面倒臭くとも，状況をこれ以上面倒臭くするような条件は最初から持ち込まず，できるだけ身軽でいたい。それがトラブル対応なのです（何回面倒臭いを繰り返したことでしょう）。

　その一方，現実は厳しい。後の方で出てくる非行対応のように，あなたのあずかり知ら

ぬところでトラブルが発生し，あなたは否応なしの事後対応を強いられる場合もあるでしょう。詳細は後に述べますが，そうしたときにこそ，指導の必要性より必然性を高める工夫（Ⅱ－手3・➡61頁）を施してください。

❶ 約束を巡るトラブル（Ⅱ－各1）

　個々のトラブル対応の冒頭を飾るもの，それは約束です。
　なぜなら，わたしたちの目前で発生するトラブルには，高い頻度で約束が絡んでいるからです。具体的な数は把握していませんが，経験的に言わせていただければ，わたしが処理してきたトラブルの半数以上に，約束対応の失敗が絡んでいます。このことだけは，いくら強調しても強調のし過ぎはないと思いますが，いかがでしょう。
　それでは，トラブルの火付け役，約束の世界をご案内しましょう。

1 約束ワンダーランド（Ⅱ－各1－1）

　約束はとても不思議な「やり取り」だと思います。
　考えてもみてください。社会生活においてこれほど重要な意味を持つ「やり取り」でありながら，約束にはリハーサル（予行練習）の機会が設けられていません。
　そのため，子どもたちは，この世で出会う最初の約束から，「守れた」とか「守れなかった」という，本番対応が求められることになってしまいます。そうだとは思いませんか？ 遊びの世界ですら，「指切り拳万，嘘ついたら，針千本飲～ます」という厳しさなのです。この不思議さゆえに，わたしは約束のことを「約束ワンダーランド」と呼んできました。
　もちろん，最初の約束で失敗したときは，多少多めに見てもらえ，「次からは気をつけようね」と優しげな言葉を掛けられるでしょう。でもその心は，明らかな約束不履行者への優しさを装う叱責。これではとてもリハーサルとは言えません。
　その後に待っているのは，仏の顔も三度まで。当事者が約束を守らなければ，あからさまな叱責が牙をむく。これほど過酷な指導と称するやり取りを，わたしは約束以外には知らないのです。
　この状況をもう一度見直してみましょう。約束とは，約束を求める人と約束履行者との対人関係そのものです。換言すれば約束とは，対人関係の中で守られたり，守られなかったりするやり取りなのです。
　ところが，約束を求める人が「それでは約束したよ」と言った瞬間，約束履行者との約束を通した対人交流は希薄化してしまいます。次に相互交流が再会されるのは，約束が履行されたときか，約束が履行されなかったとき。前者であれば，約束を求めた人から「ありがとう」という言葉が返される。後者の場合は，約束を求めた人から「だめじゃない」という叱責が返される。

この「驚くべき一方通行」としか言いようのない対人交流のスタイル，こうしたことも約束以外の対人交流においては，ほとんど見られないものではないでしょうか。しかも「だめじゃない」の方は必ず耳にしますが，約束が履行されたときの「ありがとう」は，ときには返されないこともあるのです。

　百歩譲って，「約束」より高次な社会的なやり取りである「契約」の場合には，逆に「ありがとう」という言葉が添えられないことがあるのかもしれません。しかし，契約レベルのやり取りであれば，「ありがとう」という言葉を超えた報酬が支払われるでしょう。ここではそんな話をしているわけではありません。約束ビギナーへの練習を問題にしているのです。いかがでしょうか。約束という不思議な世界を，少しはおわかりいただけたでしょうか。約束とはまさにワンダーランドなのです。

　そこで，これまであまりにも取り上げられる機会に恵まれなかった約束の練習へ，大真面目のスポットライトを当てることにしました。

② 練習（Ⅱ－各１－②）

　約束の練習では以下に述べる3つの事項を満たすことが望ましいと思います。
　手伝いを通したウオーミングアップ，集団対応による予備練習，そして個別対応としての模擬練習の3点です。

ア 手伝い（ウオーミングアップ：Ⅱ－各１－②－ア）

　ウオーミングアップとは，一般的にはスポーツなどでの準備運動を意味する言葉ですが，これは運動以外の領域でも，大切な過程として挿入されてきました。

　ここで言うウオーミングアップはまさにそれ。つまり約束の練習を行うための準備運動を意味しています。

　その準備運動とは，支援対象者に簡単な手伝いをしてもらうこと。つまり，指示に従う練習，信頼関係の練習，コミュニケーションの練習，これは一石三鳥だと述べたところ（Ⅱ－手2・→58頁，Ⅱ－手3・→61頁，Ⅱ－手4・→65頁），概要は既述のとおりなので，重複を避け，項目のみを再録します。必要に応じて振り返りましょう。

　　手続2　頑張り　　　　　　　　（Ⅱ－手2・→58頁）
　　1　頑張らせ方　　　　　　　　（Ⅱ－手2－❶・→58頁）
　　2　手伝い　　　　　　　　　　（Ⅱ－手2－❷・→59頁）

　　手続3　必然性　　　　　　　　（Ⅱ－手3・→61頁）
　　1　指示に従う練習　　　　　　（Ⅱ－手3－❶・→61頁）
　　2　信頼関係の練習　　　　　　（Ⅱ－手3－❷・→62頁）

3　コミュニケーションの練習　　（Ⅱ－手3－❸・➡63頁）

手続4　補足　　　　　　　　　　（Ⅱ－手4・➡65頁）
再考：肯定的フィードバック　　　（Ⅱ－手4－再考－肯定的フィードバック・➡65頁）
　1　真摯な対応　　　　　　　　（Ⅱ－手4－❶・➡65頁）
　2　毅然とした態度　　　　　　（Ⅱ－手4－❷・➡67頁）
　3　集団対応と個別対応　　　　（Ⅱ－手4－❸・➡69頁）
　4　プロンプト　　　　　　　　（Ⅱ－手4－❹・➡69頁）
　5　肯定的フィードバック適用例（Ⅱ－手4－❺・➡71頁）

イ 集団対応（Ⅱ－各1－②－イ）
ア 事前練習（Ⅱ－各1－②－イ－ア）

　支援において大切なことは何かと問われたら，わたしなら「いつも集団対応への移行を意識していることです」と答えます。

　なぜなら，わたしたちの支援対象者は，集団の中で生きていく人だからです。

　もちろん，集団には大小という条件の違いがあります。また，もう少し細かく見れば，見知らぬ人（その他大勢）の中なのか，特定の目的を持った人たち（組織）の中なのかという条件の違いもあるでしょう。

　これはいずれも，集団を構成する大切な属性なので，支援対象者のニーズに合わせて練習するのは当然なのですが，ともかく「集団」という条件がキーワードになることは間違いないと思います。考えてもみてください。支援対象者が離れ小島でただ一人，ロビンソン・クルーソーのような生活を送れるように支援することなど，通常はあり得ないことなのですから。

　そこで話を約束に戻しましょう。約束の練習という課題は，まず集団対応を前提にするのが正しい手順だと思います。

　その理由は集団対応の方が，「○○さんとの約束」という個別対応に出てくる，特定個人への圧迫が穏やかになるため，やり取りの作り方が容易になるからです。そのことはⅡ－手4－❹・➡69頁に整理してあります。つまり，集団対応は事前練習，これに続く個別対応は，まさに模擬練習，この位置付けを忘れないようにしましょう。

イ 集団対応の手順（Ⅱ－各1－②－イ－イ）

　集団対応による約束の練習は，ホームルーム等の時間に，指導者からの投げ掛けから始めます。その役目は，学校であれば学級担任，施設であれば寮主任のような立場の人が適役でしょう。提案は次のようなものです。

　「自分たちの学級（あるいは寮や作業場）を少しでも居心地のよい環境にするため，毎月第1週を約束履行週間にしたいと思っています。ぜひみなさんから，この1週間に守るべ

き約束を提案してください」。

- ○約束事項は複数提案してもらいます。例えば，廊下を走らない，授業中（作業中）の私語は慎む，人の嫌がることはしないなどなどです。
- ○この約束履行週間の適用を，例えば月曜日から金曜日までの5日間だとすれば，約束事項は5つ程度が望ましいのですが，それ以上出てきてもかまいません。
- ○いくつかの約束事項が出てくると思いますので，それぞれの約束事項には提案者の名前（複数の提案者がいれば複数の名前）を記入します。
- ○履行対象となる約束は毎日1つずつが望ましいと思います（何曜日の約束はどれにするかもみんなで話し合って決めます）。
- ○もし約束事項が5つ以上あるときは，今月採用分と来月採用分を話し合って決めます。

- ◎この約束履行週間の間，帰りの会など1日の締めくくりになる時間に，各自が「よく守れた」「だいたい守れた」「守れなかった」の自己採点を行います。
- ◎約束不履行になる行為が起こらなかった（あるいは自分が起こさなかった）ときは「よく守れた」と評定します。
- ◎誰かが（あるいは自分が）約束不履行の行為を犯しても，周囲への迷惑はさほどのものではなかったと採点者が思ったときは「だいたい守れた」と評定します。
- ◎誰かが（あるいは自分が）約束不履行の行為を犯し，周囲に大きな迷惑を及ぼしたと採点者が思ったときには「守れなかった」と評定します。
- ◎毎日の採点結果は集計し，グラフ化して掲示するようにしましょう。

さて，これは何をやっているのでしょう。

まず，最初の投げ掛けは指導者が行っていますが，その後の展開はすべて参加者に一任しています。また，提案された約束事項には，提案者の名前を記入するようにしています。これらはいずれも自己関与を促すもの。その心は，自己関与した約束は守りやすくなるからです。

次に，毎日の約束事項は1つ，しかも毎日約束事項を変えています。これは何をさておき，今取り組んでいることが練習だからです。1つに絞っているのは，集中力をサポートするため，毎日約束事項を変えているのは，新鮮さを保持するため。練習において大切なことは，特定の約束を長く守り続けることではなく，約束事項は変わっても，日々何らかの約束を守っている経験なのです。その経験をサポートすることが，集中力を高め，新鮮さを維持する工夫，これが支援という営みにつながっています。

さて，月曜日から金曜日までの日程を終了したら，次は来月の第1週までお休みです。これも練習における起承転結のつけ方として大切なもの。なぜなら，長々続けることは，支

援者も支援を受ける者も疲れるからです。

　新鮮さを失わせて形骸化を促す，その上疲労感が，これはやる気を無くさせる方法。われわれには，あえてその事実を確かめる必要など，どこにもないのです。

　練習には，まだまだ工夫を重ねます。翌月の第1週が巡ってきたとき，新たな約束事項を提案してもらうところで，前回の事項の中でもう一度取り上げたいものがあれば再度履行の機会を与えます。

　これは何をやっているのでしょう。約束が必要な事項というものは，千変万化ではないからです。わたしの経験からすると，十指に満たないくらい少ない。実は新しい約束事項を探す必要はさほどなく，むしろ無理をして探すことはやる気を削ぐ。そちらの方こそご用心ご用心なのです。

　工夫はまだまだあります。例えばこのやり方を3カ月続けたときは，「一休みする？」の提案を。参加者が続けたいと言えば，もちろん継続しても大丈夫です。でも，約束において何よりも避けたいことは形骸化。もし，参加者が一休みを選択したときは，「ひと月休んで，もう一度意見を聞くことにしましょう」で納めていただけばよいでしょう。

　ここまでやって，初めて約束の事前練習が終わりました。どうですか，けっこう徹底していると思いませんか。そうです，徹底的にやるのが練習，でも参加者には徹底性のメッセージは伝えないように工夫し，あたかもゲームを楽しんでいるかのような気分になってもらう。そして，ここで述べたことは，すべて次項，つまり本番に近い約束の練習（模擬練習）で生かされることになるのです。

ウ 個別対応：模擬練習（Ⅱ－各1－②－ウ）

　いよいよ個別対応の運用，本番の練習に最も近い模擬練習に入ります。そこでもう一度振り返りましょう。

　そもそも約束というものは，約束を求める人と，求められた人との，対人関係の中で履行されるものです。対人関係とは相互の「やり取り」があるということです。

　これも繰り返しになりますが，約束においては，往々にして約束を求めた人の「約束したよ」という言葉の後，なぜかその約束事項を巡るやり取りが交わされません。やり取りが再開されるのは，約束が履行されたときか，履行されなかったとき。つまり褒められるか，叱られるか，これでは，約束という名のやり取りを練習することなどできないのです（Ⅱ－各1－❶・→79頁）。そこで模擬練習が必要になってきます。

⑦ 模擬練習の出発点（Ⅱ－各1－②－ウ－⑦）

　さて，練習では失敗を経験してもらうことも必要です（Ⅱ－各1－②－ウ－①・→84頁）。とはいえ，ビギナーを相手にするときには，まず「うまくいった経験」を十分積んでもらうことから始めるのが原則。それは約束の練習においても例外ではありません。

　そこで，約束の練習ですが，まずやり取りにゲーム性を取り入れる工夫を施します。つ

まり，本番の約束では，約束破りはご法度，約束を破ればそれでおしまい，あるいは叱責が大口を開けて待っている，というわけです。

一方，約束の練習では，約束破りが起こることも最初から計算に入れておき，約束が守られたときにも，守られなかったときにも，約束を求めた人と，約束を求められた人とのやり取りの機会を設けます。

要するに，約束をスリリングな遊びとして展開させる工夫が意味をなします。今からその手順を紹介しましょう。

イ 模擬練習ルールの組み立て（Ⅱ－各１－②－ウ－イ）

約束の練習にはゲーム性を取り入れる工夫を。つまりゲーム化するわけですから，必ずご褒美と罰則を設けます。ここでのポイントは，ご褒美も罰則も，支援対象者と話し合って決めること。すでに述べたように，自己関与を通して，支援対象者の自発性を高めます。

ご褒美としては，何らかの特典，例えば掃除当番の免除とか，やりたい活動の時間を増やすとか。罰則の方は反対に特別な掃除当番や掃除場所の追加とか，やりたい活動の時間を減らすとか。

ただ，こうしたやり取りを始めると，「なぜあの人ばかりにそんなことをするのか」と言い始める人が出てきます。そうしたときは，「あなたも一緒にどうぞ」と，約束活動への参加を促しましょう。もちろん，参加するも，参加しないも，ご本人の意思次第ですが，大抵は「やめておきます」という答えが返ってきます。そのときは「残念だなあ。やりたくなったらいつでもおいで」とフィードバックします。

さあ，ここからがぜん面白く（？）なってきます。まず約束には褒美と罰則を設けていますが，単に約束の履行や，不履行によって，褒美や罰則を持ち出すのではなく，一ひねりしたルールを設けます。

つまり，褒美の方は約束が守られれば簡単に手に入りますが，罰則には一筋縄では辿り着けないルールを張り巡らせます。これぞ約束の練習，その真骨頂たるものだとお考えください。

ウ 模擬練習ルールの運用（Ⅱ－各１－②－ウ－ウ）

すでに述べたことですが，約束が履行されたときには，即時的に褒美の適用を。これに対して，約束が履行されなかったときには，一ひねり加えた罰則ルールの運用を。今からそれ（後者）について説明します。

さて，約束が守られたら定められた報酬が与えられる。これはたいへん刺激的な対応になると思います。一方，約束が破られたとき，すぐに罰則を適用することは止めましょう。なぜなら，それは千載一遇の学習機会を見逃すことになってしまうからです。

そこで一言お断りしておきます。約束破りが起こったときに何もせず，しばらく様子を見るような対応を選択すること，これは禁忌と呼んでも差し支えないものです。なぜなら，

約束が守られたときも，守られなかったときも，ただちに適用可能なルールが準備されていること，それが約束を守る練習につながっているからです。

エ 模擬練習の実際（Ⅱ－各１－②－ウ－エ）

約束が守られたときの対応は説明不要だと思います。それは，型通りにご褒美を与えれば済むことだからです。

約束の練習らしいやり取りが可能になるのはその対極，すなわち約束破りが起ったときなのです。おそらく「？」と思う読者もおみえかと思うので，もう少し説明しましょう。

ここで型どおりの罰則が出てくれば，それは通常の約束指導と同じ対応となり，約束の練習としての展開にほとんど期待できなくなってしまいます。また，すでに述べたことですが，約束破りが起こったとき，即時対応をせず，うやむやのまま終わらせてしまえば，これも練習機会を逃すことになってしまいます。それでは，実際に約束破りが起こったときの対応について説明します。

例えば，当面する約束事項は「授業中の私語を慎むこと」だとしましょう。そして支援対象者が約束に反して授業中に私語を交わしてしまったとしましょう。

そうしたことが起こったとき，最初から罰則が出てくるのではなく，スポーツの警告カード（イエローカード）に当たるようなルールをあらかじめ決めておきます。例えば警告カードが3枚溜まったら罰則カード（レッドカード）が出てくるという仕組みです。

さらに，警告カードが発行された後，その授業時間中に私語の再発がなかった場合は，一度発行した警告カードを回収するというルールを決めておきます。

仮に私語が再発した場合でも，警告カードが3枚にならなければ罰則カードは適用されません。

また，2枚目の警告カードが発行されても，続けて授業中に私語の再発がなければ，警告カードの1枚を回収する。

次の授業時間に私語がなければ残りの1枚も回収されるというわけです。

これは実際にやってみると，従来の味気ない約束指導の場面が，少し面白くなることを経験していただきたいと思います。それは，支援者と支援対象者との間でやり取りが起こっているからです。

もっとも，研修などでこのお話をすると，そんな面倒臭いことをやっている暇はないというような顔をする人もいるものです。また，すでに触れたことですが，約束破りにはもっと毅然とした対応が必要だとおっしゃる方も。

そういう方がいても，わたしは一切揺れません。なぜなら，この程度のやり取りすら作れない対人関係の中で約束を守ってくれるのは，支援を必要としていない人だからです。わたしたちのお相手は支援を必要とする人だということを忘れてはいけません。

約束の模擬練習について述べてきました。このやり方は練習に限ったものではなく，支援対象者さえ納得すれば，実際の約束に使ってもまったく支障はありません。約束だから

こそ，支援者と支援対象者とのやり取りは増やしたいし，それがお互いの対人関係，ひいては相互の信頼関係を育てることにつながれば，とても嬉しいことだからです。

とはいえ，実際にはこうした「やり取り遊び」のような手法ではなく，通常の対話の中で約束の練習を進めることもあるものです。実際問題として，他ならぬわたくしなど，けっこうな無精者ですから，あらかじめのルール作成や，支援対象者の同意など，練習への特別な準備を必要としない，対話形式のやり取りを用いることの方が多いのです。

ただ，そのやり方は，この後述べる「言い聞かせ（Ⅱ－各2・➡90頁）」や「叱責（Ⅱ－各3・➡101頁）」の内容とかなりな部分が重なっています。したがって，詳細はそちらで改めて取り上げるのが望ましいと考えました。約束にしても，言い聞かせにしても，支援者と支援対象者との間でやり取りを作るという配慮は，寸分変わらぬものになるからです。それよりも，ここでは言い聞かせを用いる支援より約束色が格段に強い「小遣い指導」について，「約束の練習の応用」として取り上げておくべきだと思いました。

3 約束指導の応用（小遣い管理：Ⅱ－各1－3）

ア 小遣い指導の留意点（Ⅱ－各1－3－ア）

約束の指導には，いろいろな応用領域があります。その代表格に君臨するのが小遣い指導。考えてもみてください。「お小遣いをもらったら，パッと使わず，計画的に使うようにしましょう」これほど約束らしい約束は，そうそうあるものではないのです。

でも，残念なことに，小遣いの使い方には注意しましょうとか，小遣い帳を付けましょうとか，この指導で事がうまく進むのであれば，だれも苦労しないのです。

この小遣い指導がうまく進みにくい理由，それを1つ選ぶとしたら，おそらく前項で述べた約束と同じ，練習という発想が伴いにくいからではないでしょうか。

どうして練習という発想が伴いにくいのでしょう。わたしはそれを，お金という媒体が，そもそも練習に似合わないからだと思ってきました。その点を説明します。

実は，わたしも子どもの小遣い指導には苦労したものの一人です。いろいろやってみてわかったことは，小遣い指導には模擬貨幣での練習がうまく機能しないということでした。

もちろん，模擬貨幣を使った練習は工夫次第で可能だと思います。ところが，そこでの練習効果を，現金対応へ応用（般化）させることが極めてむずかしいのです。もちろん，さしたる支援を必要としない人が相手なら，模擬貨幣から現金への移行は比較的容易でしょう。というより，そういう人はおそらく小遣い管理への特別な練習など必要としていない人だと思います。

わたしは，ここでお金の魔力を思い知らされたわけですが，やはり現金の刺激価は模擬貨幣より強すぎ，まったく別物になってしまいます。そこから得た教訓，やはり小遣い指導は最初から「現ナマ」，つまり現金を用いないとうまくいかないのです。

ところがここで，大きな問題が立ちはだかってきます。つまり，練習に現金を用い，現

金を媒介として，支援者と支援対象者とのやり取りを作ること。しかも，それを学校や施設という場で行うことの危うさという隔壁です。
　というより，わたしにはこの点に関して強固な信念があります。それは，支援とか教育の場において，特定の行動を増やしたり減らしたり，特定の観念を育てたり消去したりする刺激に，現金を用いることは禁忌だというものです。
　つまり，お金の力はあまりにも強大なので，その力を支援や教育に用いるのは不適当だというものですが，それは当たり前のことではないでしょうか。
　これは，極めて重要な問題提起だと思います。なぜなら，小遣い指導が可能な場所は，学校や施設ではなく，現金を取り扱える家庭に限定される，と言っているわけですから。でも，これもよく考えてみれば（いえいえ，よく考えてみなくても）当たり前のことではないでしょうか。
　それだけではありません。家庭で行う小遣い指導であっても，安易にご褒美として現金を渡すようにすると，金額の査定を巡って，その後の指導がむずかしくなる場合があります。そもそも課題の難易度に応じて報酬を高めることは家庭内ではむずかしく，仮にそのような対応をすれば，あたかも釣り上げ天井のようなことになって，支援体制自体が早晩崩壊する危険性を高めてしまいます。
　それに加えて，まかり間違うと守銭奴のような人を作ってしまう可能性すら出てきますので，やはり現金による状況操作はご用心なさるにこしたことはありません。
　それではどうするのか，わたしの手の内を紹介しましょう。

■イ 小遣い指導の実際（Ⅱ－各１－③－イ）

　さて，小遣い指導の練習は唐突に始めるものではありません。支援者が支援対象者に対して，この人には小遣い指導が必要だと思ったとしても，それだけでは支援対象者への動機づけが不十分だからです。お忘れですか？　大切なのは「必要性」より「必然性」だということを（Ⅱ－手３・➡61頁）。
　そこで，練習への最初のきっかけ作りですが，例えばこれまで必要なときに，必要な小遣いを不定期にもらってきた人が，定期的に一定額の小遣いをもらう固定給制へ切り替えるとき，それに支援者も支援対象者も納得しているのなら導入は比較的容易でしょう。
　「これから固定給に切り替えるから，それに慣れるまで少し練習してみよう」。だいたいこれでうまくいくと思います。
　むずかしいのは，すでに固定給制でやっている人に，改めて練習させる場合でしょうが，一般的には何かトラブルが起こったときの取り組みとして導入するのがよいと思います。例えば，小遣いを使い過ぎ，前借りが必要になったようなときに練習してもらうという方法です。
　よくあるのは，友だちと遊びに行って，つい使い過ぎたというトラブルですが，ここで少々ご注意を。この友だち云々というエピソードに惑わされてはいけません。仮にこの突

発的なエピソードが使い過ぎの原因であれば,「以後気を付けようね」で終わるはずです。しかし,実際には別の課題が潜んでいる場合の方が多いのです。

　つまり,固定給の支払い期間が,支援対象者の意思によって制御可能な期間を上回っている。要するに,毎月1回小遣いをもらっている人だとすれば,1カ月が長すぎるということです。

　練習の期間として支援者が提案すべきは,まず日給制への大転換だと思います。もちろん,1カ月分の小遣いを日数に換算して,支援対象者を納得させてからの話です。そして最初の練習期間は1週間が適当でしょう。

　その日の小遣いで,ジュースやお弁当など必要なものを買い,消費税等が絡んで生じる端数,つまりおつりを毎日1円でも残すことができれば合格。

　実際のやり方は2つあります。まずは前記のように,その日の小遣いを必要経費も含めて全額渡すやり方。もう1つはお弁当代などの必要経費を別に計上して渡すやり方。どちらがよいかは,対象者に合わせて話し合いの中で決めましょう。

　これの答えもだいたい見えていて,前者の場合には弁当などで使い過ぎが起こりがち。後者の場合には別会計の弁当代を少しケチって,自分のお小遣いに回す行動が起こりがち。当然ですが,後者の方が社会性のレベルは高くなります。

　理想を言えば,前者のやり方の中で,弁当代等支援対象者の裁量がきく買い物を少しケチって,自分の小遣いに流用できるようになること。これができたら日給制スキルに関してほぼ及第点に達したと考えてよいでしょう。

　この日給制を続ける目処は,既述のとおりほぼ1週間。その間にトラブルがなければ,日給制から週給制への移行について話し合います。小遣い期間延長後,もしトラブルが起これば,再度日給制の練習を1週間継続し,週給制への移行を検討します。

　これでなかなか週給制への移行が定着しない人は,やはり当分日給制で鍛えないといけない人だと思います。

　この方法を実際使ってみると,支援対象者の方から,日給制の方が楽だと言い出す場合があります。支援対象者も,小遣い管理には苦労してきたのだなと思わされることは,決して少なくないのです。

　おわかりでしょうか。毎月1回の小遣い管理を一つの完成状態とみなして,小遣い管理の練習を行う。その過程において支援者と支援対象者との間でやり取りを作る。これによって初めて練習の要件を満たしたと考えるわけです。しかも,立派に現ナマ（現金）を使っての練習を。

　ところで,なぜ毎月1回の小遣い管理なのかはおわかりのとおり,これは就労を意識してのものだからです。日給制,週給制,月給制,これも就労による給料の管理を視野に置いての組み立てで,小遣い指導は,支援が必要な人への,就労支援も絡めた,とても大切な働き掛けの一つになると考えています。

さて，ここまで書いたのですから，思春期以前の子どもへの小遣い指導にも少し触れておきましょう。基本的には日給制の練習は，小学校へ入学したころから始めるのが望ましいと思います。週給制への移行は小学校高学年くらいで十分。月給制への移行は中学生になってからでも十分。実際には，高校生になっても日給制を続けている人をわたしは何人も知っています。

　もちろん，その移行途中でトラブルが起こったときはすでに述べたとおり，日給制に戻しての支援となります。

　ぜひおわかりください。支援が必要な子どもの場合に，小学生になって初めて小遣いをもらう段階から，毎月1回の小遣い管理を求める。無謀な沙汰とはまさにこのことだと思います。

　蛇足ながら，小遣い帳指導にも一言。

　子どもが自発的に小遣い帳を付けると言っているときは嬉しいのですが，できるだけ失敗させたくないので，最初の小遣い帳指導は，お年玉とか，進級・進学祝いとか，お盆とか，クリスマスとか，臨時収入が得られたときに，その機会を活かして練習してもらうのがよいでしょう。小遣い帳を巡るトラブルは一定不変の数でお受けするものの一つです。これは老婆心ながらの一言で，無理をせず，比較的短い期間でピリオドが付くやり方でないと，練習にはなりにくいことを，おわかりいただきたく思います。

4 約束指導の禁忌（Ⅱ－各1－4）

　今まで約束には練習が必要なことを強調してきました。それは約束が社会的に極めて重要なやり取りになるため，約束を巡るトラブルはできるだけ減らしたいからです。ところが，それだけ大切なやり取りでありながら，世の中には約束の対象にしてはいけない事項があることをご存じでしょうか。そこで最後にそのことに触れて，約束を巡るトラブルの項を終わりたいと思います。

　さて，この約束を用いてはいけない事項とは，非行や犯罪，つまり法に触れる行為のことを指しています。非行や犯罪に約束を用いてはいけない。それはどうしてでしょうか。その理由は2つあります。

　最初の理由，非行とか犯罪というものは，そもそも約束によって守るものではないからです。つまり，非行とか犯罪は，やってしまえばアウトの行為であって，約束によって守るとか，守らないという行為ではないのです。

　2番目の理由も，そのことと関連するものです。今まで，約束の練習は約束破りを計算に入れることで面白くなると書いてきました。ところが，非行や犯罪への対応では，約束破りを計算に入れること自体がナンセンス。繰り返しになりますが，それはやったらアウト，それ以上でもそれ以下でもない行為なのです。

したがって，非行や犯罪への対応は，ここで述べてきたような，約束が守られたときも，守られなかったときも，やり取りを作るやり方とは，似ても似つかないものになるのです。詳細は「いじめと非行を巡るトラブル（Ⅱ－各8・→148頁）」のところで述べますが，例えば万引きをした人に，「もう万引きはしないよう約束しましょう」この指導は意味をなさないのです。

❷ 言い聞かせを巡るトラブル（Ⅱ－各2）

ここでは，「約束」に始まって「LGBT」に至るまで，さまざまな条件下で発生するトラブルへの対処法を述べているわけですが，わたしはその中で前項の「約束」，本項の「言い聞かせ」，そして次項の「叱責」を，トラブル対応の「かなめ」であると同時に，「危うい関所」のような場所だと考えてきました。

なぜならこの3つは，いずれもトラブル対応で通らねばならない関門でありながら，通行（運用）の仕方を間違えると，たちまち新たなトラブルが起こってしまう危険な場所でもあるからです。

ともかく，約束，言い聞かせ，叱責，この関所を無事に通過することは，その後のトラブルをかなりな程度予防することにつながります。ここはしっかり押さえておきましょう。

そこで，はっきり言えば，「言い聞かせ」に関しては，今まで述べてきたことすべてが大切になると思うのです。しかし，それではあまりに大きな物言いになってしまうので，まずは今まで解説してきたことの中から，この課題に反映されやすい事項を整理しました。

① 復習（Ⅱ－各2－①）

第Ⅰ部　考え方編
考え方1　本書の対象　　　　　　　　（Ⅰ－考1・→27頁）
　1　要支援　　　　　　　　　　　　（Ⅰ－考1－❶・→27頁）
　2　メタ認知　　　　　　　　　　　（Ⅰ－考1－❷・→27頁）
　3　メタ認知の不調　　　　　　　　（Ⅰ－考1－❸・→28頁）

考え方2　「困っている人」と「困っていない人」
　　　　　　　　　　　　　　　　　　（Ⅰ－考2・→32頁）
　1　困っている人　　　　　　　　　（Ⅰ－考2－❶・→32頁）
　2　困っていない人　　　　　　　　（Ⅰ－考2－❷・→32頁）

考え方3　「きっかけ」と「原因」　（Ⅰ－考3・→35頁）
　1　見立て　　　　　　　　　　　　（Ⅰ－考3－❶・→35頁）

2 トラブルの原因になりやすい課題　　（Ⅰ－考3－**2**・➡36頁）
　　（1）仲良し課題　　　　　　　　　（Ⅰ－考3－**2**－①・➡36頁）
　　（2）勝ち負け課題　　　　　　　　（Ⅰ－考3－**2**－②・➡36頁）
　　（3）恋愛課題　　　　　　　　　　（Ⅰ－考3－**2**－③・➡38頁）

考え方4　トラブル対応の出発点　　　　（Ⅰ－考4・➡40頁）
1　反抗挑発的言動　　　　　　　　　　（Ⅰ－考4－**1**・➡40頁）
2　悪態対応の基本図式　　　　　　　　（Ⅰ－考4－**2**・➡40頁）
　　（1）支援者の役割　　　　　　　　（Ⅰ－考4－**2**－①・➡41頁）
　　（2）トラブル対応の本質　　　　　（Ⅰ－考4－**2**－②・➡42頁）
　　（3）コミュニケーション　　　　　（Ⅰ－考4－**2**－③・➡42頁）
　　　　ア　自己認知　　　　　　　　（Ⅰ－考4－**2**－③－**ア**）
　　　　イ　他者認知　　　　　　　　（Ⅰ－考4－**2**－③－**イ**）
　　　　ウ　他者批判　　　　　　　　（Ⅰ－考4－**2**－③－**ウ**）
　　（4）こだわり　　　　　　　　　　（Ⅰ－考4－**2**－④・➡44頁）
　　　　ア　「こだわり」の本質　　　（Ⅰ－考4－**2**－④－**ア**）
　　　　イ　本質の背景　　　　　　　（Ⅰ－考4－**2**－④－**イ**）
　　　　ウ　こだわり対応の奥義　　　（Ⅰ－考4－**2**－④－**ウ**）

考え方5　支援としての対話　　　　　　（Ⅰ－考5・➡47頁）
1　会話と対話　　　　　　　　　　　　（Ⅰ－考5－**1**・➡47頁）
2　要配慮　　　　　　　　　　　　　　（Ⅰ－考5－**2**・➡47頁）
3　不心得な言葉　　　　　　　　　　　（Ⅰ－考5－**3**・➡48頁）
4　心得のある言葉　　　　　　　　　　（Ⅰ－考5－**4**・➡48頁）
5　肯定的フィードバック　　　　　　　（Ⅰ－考5－**5**・➡49頁）
　　（1）おだてる　　　　　　　　　　（Ⅰ－考5－**5**－①・➡49頁）
　　（2）もちあげる　　　　　　　　　（Ⅰ－考5－**5**－②・➡50頁）
　　（3）がまんしていることにする　　（Ⅰ－考5－**5**－③・➡50頁）
　　（4）伝えるべき否定的な事実は肯定的に伝える
　　　　　　　　　　　　　　　　　　（Ⅰ－考5－**5**－④・➡51頁）
　　（5）支援対象者が怒ってしまったときの対応
　　　　　　　　　　　　　　　　　　（Ⅰ－考5－**5**－⑤・➡52頁）

第Ⅱ部　手続編
手続3　必然性　　　　　　　　　　　　（Ⅱ－手3・➡61頁）
1　指示に従う練習　　　　　　　　　　（Ⅱ－手3－**1**・➡61頁）

手続4　補足　　　　　　　　　　　（Ⅱ－手4・→65頁）
　　　5　肯定的フィードバック適用例　　（Ⅱ－手4-**5**・→71頁）

2 言い聞かせ論考（Ⅱ－各2－2）

　それでは，今まで述べてきた事項（特に前記したもの）を踏まえ，それに新しい工夫を加え，トラブルを避けるための言い聞かせ方を解説しますが，その前に「言い聞かせ」の介入方略について，この時点でもう一度整理します。
　すなわち，言い聞かせ論考。わたしはなぜにここまで「言い聞かせ」を重視するのか，それにはどのような意味があるのか，ということです。

ア 言い聞かせの復権（Ⅱ－各2－2－ア）

　よく本書をご覧ください。すでに気付かれた方も多いと思いますが，そもそも本書はトラブル対応のワークブックであると同時に，「言い聞かせ方ハンドブック」と称しても差し支えない内容になっていると思われませんか。
　ずばり書きましょう。わたしは本書に「言い聞かせの復権」という願いを込めています。何からの復権でしょうか。それは，現在主流になっている「傾聴・受容」という介入法がうまく機能しない場面での，「言い聞かせ」の復権を企図しているということです。
　さて，唐突にこう切り出すと，「？」と思われる方も多いでしょう。ここは順を追って説明します。

　そうなのです。このワークブックは，あなたの本棚を，ひょっこり訪れた異邦人であるに違いありません。なぜなら，この種の支援本の世界では，支援対象者の言葉への「耳の傾け方」に焦点を当てた書物は多いのに，その逆，つまりこの本のような「言い聞かせ」を主題にしたものは，明らかに希少本だからです。
　その理由はわからないでもありません。そもそも，支援対象者の言葉に「耳を傾ける」ことを大切にする考え方は，長年にわたり「言い聞かせ」を無反省のまま濫用し続けてきた，過去の指導法への反省から導かれたものだったからです。
　しかもその反省は，特に1950年代から60年代における来談者中心療法（非指示的カウンセリング）の世界的なムーブメントの後押しを受けたものだったからです。
　そしてそのムーブメントは，その後半世紀以上にわたり，支援における人間性尊重を体現する考え方として，現在に至るまで引き継がれています。わたしはこのこと自体を批判しているのではありません。
　これは，あえて言うまでもないことですが，支援対象者の言葉に耳を傾け，受容と共感をもって接すれば，支援者があれこれ言い聞かさなくとも，支援対象者自身が自分の力で課題を乗り越えていける。

むしろ支援者からの「言い聞かせ」は，支援者の思いの押し付けという，有害性をおびる可能性すらある。それは支援対象者の自己洞察を邪魔するノイズにしかならない。というのが来談者中心療法の基本的な考え方です。

　この考えにのっとれば，支援・指導の方法は傾聴受容が基本になる，それは当然のことと言えるでしょう。また，それは人間的な観点からしても，かくあるべき姿であり，1つの正しい在り様として，世の中に受け入れられたのです。

　しかしながら，「それなら，それでいいじゃないか」と割り切ってしまえない支援者もいるのです（かく言うわたしもその一人でした）。

　そこで，わたしの出発点になったものは，傾聴・受容だけではうまく育たない（育てない）支援対象者がいるというまぎれもない事実でした（この点は，メタ認知の不調，困っている人，困っていない人など，本書の前半で繰り返し述べています）。

　やはり，どう考えても支援としての「言い聞かせ」が必要な支援対象者がいるのです。かといって，過去に濫用された錆び付いた鎧を持ち出す，こんなことは全くもってナンセンス！

　というわけで，わたしが今まで実践してきた，支援対象者の心に響く言い聞かせ方をご披露している，それが本書というわけです。少しは筋が通ってきましたか？

■ 言い聞かせ復権の意味（Ⅱ－各2－②－■）

　一般的に「言い聞かせ」というやり方は，支援者が支援対象者に理解してほしい事柄を「伝えよう」とするときに用いるものですが，それが過去において濫用されてきた歴史にはそれなりの理由があります。

　それは，このやり方（伝え方）には汎用性（いろいろな場面への広い適用性）があると信じられてきたからです。しかし，言い聞かせには，世間の人が思っているほどの汎用性は備わっていません。

　その点への洞察を欠いた，言い聞かせの濫用が，アンチテーゼとしての傾聴・受容の尊重につながった。これは十分納得できる展開なのですが，少し辛口に評論すれば，今度は傾聴・受容という考え方が，かつての「言い聞かせ」に内在した「汎用性がある」という言説（信念）と同様の根を張り，それが半世紀以上一人歩きしてきたのではないでしょうか。

　これは，懐疑の念を忘れた命題の展開は，弁証法を構成しないという事実の論証だと思うのですが，いかがでしょう。そこで言い聞かせです。

■ 新たな言い聞かせの所在（Ⅱ－各2－②－■）

　まず，みなさんが支援対象者に何かを「言い聞かせたい」と思う場面を想像してみてください。支援者と支援対象者との意思疎通が自然に保たれている場面であれば，みなさんには支援対象者に何かを「言い聞かせたい」という思いなど起こらないのではないでしょうか。

そうなのです。支援者が支援対象者に何かを「言い聞かせたい」と思うとき，そこには次項で述べる叱責ほどではないにせよ，あなたの中に「支援対象者の意見や主張には疑問の余地がある」という思いがよぎっているのではないでしょうか。

そういうとき，わたしたちは「ちょっと待ってね」と一言挟むかどうかは別にして，「それは少し違うのではないか」とか，「そうだとすれば，こういうときはどうですか」とか，お決まりの文脈を作って，支援対象者に言い聞かせをしたくなるのではないでしょうか。

このやり取りは，あなたのお相手がメタ認知を構成できる人であれば，さらに深い対話による洞察へとあなたがたを誘うでしょう。しかし，残念ながらそうでない場合，このやり取りではあなたが目指すところへ，支援対象者を導くことなど，できるのでしょうか。

早い話が，支援対象者は黙して語らずに陥るか，逆に「うるさい」と反発の花を咲かせるか，さらなる自己主張へ凝り固まるか，そのいずれかになってしまう公算が高まるのではないでしょうか。

不幸にしてそうした展開になってしまったとき，あなたは同じような「言い聞かせ方」にしがみ付くのではなく，言葉のやり取りの中にちょっとした工夫を挿入してみたらどうでしょうか。それが「言い聞かせを巡るトラブルへの対処法」ということになっていくのではないでしょうか。

一連の記述をすべて仮定法の文体で書いてきましたが，それがわたしの主張です。そこでもう一歩進めますよ。

あなたと支援対象者とのやり取りがうまくいかなくなったとき，あなたは支援対象者との間に，以下に紹介するようなやり取りを作ってはいないでしょうか。

お待たせしました。ここからが「言い聞かせを巡るトラブル」の実務的展開です。

3 言い聞かせ方の実際（Ⅱ－各2－3）

まず，支援者が支援対象者に言い聞かせようとしても，かえって支援対象者が態度を硬化させ，ひいてはトラブルを引き起こしやすくなる「やり取り」をいくつか例示し，次にそうした「まずい」推移を避けるための工夫を示します。

ここで取り上げるのは以下の4点（ア・イ・ウ・エ）です。この分類はわたしの経験的な例示に過ぎませんが，言い聞かせが失敗する経緯と，それによって起こるトラブルの様相はほぼこんなところだと思います。

　　ア　支援対象者が引いてしまいやすい言い聞かせ　　（Ⅱ－各2－3－ア）
　　イ　支援対象者が聞く耳を閉ざしやすい言い聞かせ　（Ⅱ－各2－3－イ）
　　ウ　支援対象者の反発を招きやすい言い聞かせ　　　（Ⅱ－各2－3－ウ）
　　エ　支援対象者を意固地にさせやすい言い聞かせ　　（Ⅱ－各2－3－エ）

この分類では，アからエへ進むに従い，トラブル状況はむずかしくなります。ウとエはほぼ同格だと思いますが，ウのように反発してくれた方が，エのような意固地になられるより，刺激〜反応の中で対処しやすいことが多いので，ウそしてエの順序にしました。

なお，論理展開はいずれも，トラブルに結びつきやすい「言い聞かせ」を例示し，次にそうした状況を避ける工夫を述べています。ただ一点「ア」のみがそうした展開になっていません。それは，そもそも「ア」で示したような言い聞かせは用いない方がよい，それが最高の工夫だからです。

ア 支援対象者が引いてしまいやすい言い聞かせ（Ⅱ－各2－③－ア）

本当のことだからはっきり指摘しておきましょう。

社会的標語のニュアンスを少しでも支援対象者とのやり取りに反映させると，それは見事なほどに対話を阻害する要因になってしまいます。

社会的標語，いろいろありますね。

　　例えば
　　「会話の多い楽しい家庭」
　　「親が変われば子も変わる」
　　「早寝，早起き，朝ごはん」

など。

わたしは決して社会的標語を批判しているのではありません。むしろ反対に，社会的標語というものは正しい社会的通念だと思っています。

しかも，社会的標語とは，「だれが考えても正しく，望ましいことである反面，それの実現はけっこうむずかしい。だからみなさん，心して，そうなれるように頑張りましょう」という大切なメッセージによって構成されているのですから。

だから，逆にだれにでもできる簡単なことなら，あえて社会的標語にする必要などありません。例えば「帽子は頭に被りましょう」これを標語にしたら，「そんなこと当たり前だろう」と言われてしまいます。

期待可能性（できるかどうか）の難易度を少し高めて，「真夏日，長時間の外出には帽子を忘れずに」とすれば，これは社会的標語らしくなりますね。

まあ，社会的標語の説明は，そんなところでよろしいかと思います。

ところが！　こうした社会的標語のニュアンスを，少しでも支援場面へ反映させると，支援者の期待に反して，支援対象者は引いてしまう（乗り出してこなくなる），というのが，ここでの問題提起です。

ともかく，社会的標語そのものを取り上げなくとも，それに近いニュアンスの言葉を，対話の中へにじませるだけで，そうなってしまいやすいのですから。

つまり，「こうあるべき」とか「望ましい」というメッセージが，支援対象者の，意外な程の抵抗になってしまうことがある，ということです。これには，後述する「反発」のような強烈さはないかもしれませんが，消極的抵抗とでもいうのでしょうか，対話の流れを阻害し，息苦しさを高めやすいことは確かだと思います。

考えてもみてください。社会的標語というものは，誰のためにある言葉なのでしょう。それがうまくいっている人のための言葉なのでしょうか。うまくいっていない人のための言葉なのでしょうか。

これは言うまでもないことです。それは，うまくいっている人のためにある言葉，あるいはうまくいくよう努力できる人のためにある言葉なのですから。

早い話が，「早寝，早起き，朝ごはん」これがうまくいっていない人に，「大切なことだから実行しましょう」と助言して，支援対象者は「そう言われればそうだ」と行動を改めてくれるでしょうか。残念ながら，わたしはそれで課題を乗り越えた支援対象者に出会ったことがありません。

そうなのです。仮に特定の社会的標語の意味を実感できている支援対象者であれば，それはあえて支援者からそんな指摘を受けるまでもなく，早寝，早起き，朝ごはんを実行している（あるいは少なくとも実行しようと思っている）人なのではないでしょうか。そこでまとめます。

そもそも，社会的標語（スローガン）というものは，標語にある行動を実現できている人が，標語と自分との一致（自己同一性）を確認し，「自分は正しい」という，安心感を得るための言葉ではないでしょうか。もちろん，標語通りの行動は実行できていなくても，標語を唱えることで，手短に安心感を担保しているような人もその範囲内に入るでしょう（かく言うわたしもその一人ですから）。

そこでお忘れなきよう。この本の主役は，そうした正しい行動の実現に明らかな困難がある人。あるいは，まだ標語のイメージを，自分らしさ（自己同一性）に取り入れる準備すら整っていない人。そういう人に，社会的標語にあるような観念や行動の大切さを伝えること，それは支援対象者を一見柔らかい言葉で責め，ご当人の社会生活の在り様を，真綿で首を絞めるような形で，非難することにしかならないのではないでしょうか。

これは，支援や指導の根幹的な事項だと思います。少々長広舌になることを承知のうえで，この「ア」を設けた意図はここにあります。かくありたいという観念，かくあるべしという理念など，社会通念につながる言葉を言い聞かせにまぶしても，それは支援対象者に受け止められるものにはなりません。それこそ前の方で述べた，過去の言い聞かせで用いられた「錆び付いた鎧」の正体がこれなのですから。

どうしてもこれを用いたいと思われる支援者は，次項以降の工夫の中で紹介する十分な配慮を。もっとも，わたしなら，こんな危ない言い聞かせを支援に反映させることは絶対にしませんが……。

❹ 支援対象者が聞く耳を閉ざしやすい言い聞かせ（Ⅱ－各2－③－❹）

　社会的標語に該当する事項であれば，たとえ支援対象者がそれを満たしていなかったとしても，わたしたちに多少の静観は許されると思います。

　しかし，支援対象者に間違った言動，周囲の迷惑になる行動，まして犯罪に該当するような行為があるとき，わたしたちには静観など許されないはずです。

　そうしたときには，ただちに制止の指示を出すか，その指示を伝えるための言い聞かせが求められるでしょう。ただし，制止を伴う「言い聞かせ」は「叱責」との境界があいまいになりがちです。したがって，ここでは両者の違いを意識しながら話を進めるようにします。

　例えば周囲との協調を欠いた行動には指導的介入が必要です。なすべき課題への無気力があるときにも放置してはおけません。こうした場面で出てくるのは，叱責というより，まずは「言い聞かせ」でしょう。ここでいきなり叱責を持ち出す人は，すでに触れた「錆び付いた鎧」を身に着けている人かもしれません。

　まあ，それほどではないにしても，支援対象者に，指導的な介入を必要とする課題があるとき，以下のような（ほとんど叱責に近い）ダメ押しを行ったうえで，言い聞かせに入る人はかなり多いと思いますがいかがでしょう。

　「いいですか，これは大切なことですから，よく聞いていなさい」と。

　しかし，そうした伝え方をして，支援対象者も「そう言われればそうだ」と思ってくれるのなら万々歳ですが，実際にはどうでしょう。そうです，実際にはそうそううまくはいかないのです。

　ここで支援対象者から返ってくるものは，「うるさい」「放っておいてくれ」「どうせ意味ないし」など，あまり気分の良くない言葉ではないでしょうか。

　この場面で起こっていることは，すでに（Ⅰ－考2・➡32頁）や（Ⅰ－考5・➡47頁）などで繰り返し述べてきたこと。つまり，支援対象者へ支援者の思いは伝えていても，それによって支援対象者と支援者との間で，肯定的な「やり取り」が起こっていないということです。

　特に「必要なことだから」とか「教えてあげる」という支援者からの叱責に近いメッセージが加わると，その言葉は支援対象者に不快な印象を与えてしまい，「余計なお世話だ」と抵抗が返ってくるのが関の山，というわけです。その結果支援対象者は，支援者の言葉に聞く耳を閉ざしてしまう。これでは支援になりません。

　その理由は，支援対象者の否定的な言動に，支援者の方も「それはダメ」という否定で対しているから。つまり，否定の否定は支援にならないのです。大切なことだから繰り返しますよ。支援者が錆び付いた鎧から出てくる旧態依然とした叱責のニュアンスを含ませると，支援が必要な人の思考活動はそこで停止してしまう（しやすくなる）ということなのです。

　ここまで見えてくれば，聞く耳を閉ざさせない「言い聞かせ」を行うこと，それが支援

だという着地点が見えてきます。それでは支援に移りましょう。

　言い聞かせが必要になる場面で，支援者が支援対象者の聞く耳を保持させたいと思うときには，叱責でも言い聞かせでも，支援者は否定的な言葉で対応してはいけないということです。

　仮に「それはダメ」とか「それは止めなさい」というメッセージを伝える必要があるときでも，メッセージの前に「あなたもよくわかっているように」という，肯定的な前提を作る一言を挿入する。もちろん支援対象者がわかっていなくてもわかっていることにしてしまう。これが動機づけへつながります。

　つまり，肯定的な前提で対話すれば，支援対象者も肯定的になりやすくなる。その結果，支援対象者は支援者の言葉に耳を傾けやすくなる。

　反対に，たとえ支援者の助言が正しいことであっても，否定的な伝わり方をすれば，それを言われた人は自分の耳を閉ざしやすくなる。この関係を十分理解しておく必要があるのです。

　もう少し積極的に聞く耳を持ってもらいたいときには，「こうしたことをわかってくれる（理解してくれる）のは，あなたくらいしかいない」と持ち上げましょう。

　この働き掛けに対して，「わたしにはそんなことは理解できない」と抵抗が出てくるときには，「またまた御謙遜を」とフィードバックしてみましょう。これによって，支援対象者の表情が和む可能性はかなり高まると思います（詳細はⅠ－考5・→47頁，特にⅠ－考5－**5**・→49頁を参照）。

　ともかく，支援対象者に「支援者の言うことを聞いてもいいかも」という気持ちが出てくるまで，聞く耳を保持しやすいように支援すること，これこそ「言い聞かせ」の本領ではないでしょうか。

ウ 支援対象者の反発を招きやすい言い聞かせ（Ⅱ－各2－③－**ウ**）

　支援者は支援対象者に，正しいことを伝えたいのです。しかしすでに述べた聞く耳を閉ざす言葉を用い，さらに「それはダメ」という否定，特に批判のメッセージが加えられると，その支援者の言葉は，支援対象者の反発心を刺激しやすくなります。

　これは，わたしの経験としても，ここで述べている経緯，つまり社会的標語のニュアンスを言い聞かせに含ませ，支援対象者が聞く耳を閉ざしたくなるような否定語を投げかけ，さらに批判を加えた結果，反発を招いている事例が圧倒的に多いのです。これは当然の成り行きだとしか思われません。この点に対して無反省だったのが，従来の言い聞かせ（錆び付いた鎧）だった，ということでしょう。

　ともかく，この段階に至ると，言い聞かせには今までの工夫を総動員させる必要が出てきますが，本書にはこの後に「暴言と暴力を巡るトラブル」の項が控えています。強度な反発への対応は，むしろそちらを参照していただいた方がよいと思います。したがって，ここではもっと「言い聞かせ」の守備領域にある反発への対応を紹介しましょう。

要するにご機嫌を損ねている人への対応の仕方です。ここでよくやってしまう失敗は，ご機嫌を損ねている支援対象者に，支援者が正論で立ち向かってしまうこと。これをやると，反発はさらに勢いを強め，暴言（言葉の暴力）へ発展する可能性が高まります。厳しい言い方をすれば，支援者がそんなことをするのは愚の骨頂。ここで何度も出てくる「錆び付いた鎧」の登場を許すような愚かな言い聞かせをしてはいけません。
　つまり，ここでの対応の主軸は，機嫌を損ねている人への介入ということになります。そうすると，ここでも次項の「叱責を巡るトラブル」や，さらに後方にある「暴言や暴力を巡るトラブル」のところとの重複が出てきますので，ここはできるだけ，「言い聞かせ」に焦点を当てて述べるようにします。
　機嫌を損ねている人に，「そういう口のきき方はやめなさい」とか，「その態度は何ですか」と言い聞かせる。これは支援者が支援対象者へケンカを売っているようなもの。わたしはそうした支援者の言葉に端を発するトラブルを嫌になるほど見てきました。
　支援者からの一声，「毅然とした態度で接すべき」これはまだ標準偏差内。ときには「生徒になめられてはいけない」という奇怪な論理でケンカを売っている支援者すらいるわけで，それはもう支援者とは言えません。
　不快な状況に立っている支援者の気持ちはわかります。しかし，支援対象者もあなたと同じくらい，あるいはそれ以上に不機嫌になっているのです。このやり取りの中では，支援の場は決闘の場と化してしまいませんか？
　ここで支援のイニシアチブを取るのは支援者，つまりあなたです。「そうかぁ，頭に来たかぁ。皆がきみのことを，あいつは短気でがまんのきかないやつだ，と言っている。でも，わたしから見ていると，きみはけっこうがまんしているときもあると思うけど違いますか」と声を掛けてみましょう。そうするとかなり高い確率で，「がまんしている」という答えが返ってくる場合が多いと思います。そこで「そうか，やっぱりきみはがまんできる人なのだ（本当はがまんできていなくても全くかまいません）」とフィードバック，すべてはここから始まります。
　ここで述べていることは，究極の言い聞かせだと思いますが，こうした対話の詳細はⅠ－考5・→47頁，ここに再録した部分の詳細はⅠ－考5－⑤－③・→50頁を参照してください。

■ 支援対象者を意固地にさせやすい言い聞かせ（Ⅱ－各2－③－■）

　まず言葉の整理を。
　意固地とは，かたくなに意地を張るということです。この意固地にもいろいろありますが，その中で言い聞かせを阻害する最たる意固地は，自分の非を認めない頑迷さではないでしょうか。
　そして，意固地のメカニズム，これまで解釈の主流になってきたのは自己防衛仮説（不安防御仮説）です。

つまり，自分の非を追及される状況を避けるため，問題の所在（矛先）を他者批判へ転嫁するというもの。

要するに自己存在に関する不安を持つ人は，自分が批判される不安に耐えられず，自分が批判されそうな状況を察知すると，責任を他者へ転嫁し，主客転倒の中で自己防衛を図るという考え方。すなわち，攻撃は最大の防御なり，そういう人は結構いるものです。

しかし，わたしがここで問題にしているのは，もう少し違うタイプの意固地です。

例えば相手（周囲）がどうして自分を批判するのか理解できない。相手（周囲）の気持ちが察知できない。自分の言っていることの相手（周囲）への伝わり方が理解できない。自他の立ち位置を客観視できない。つまりメタ認知の形成が不十分なため，相互的な対人関係の構築すらままならず，嫌なことを言われた不快感への「反応」として，他者批判を繰り返すような人を念頭にしています。

つまり，深層にある不安に課題を持つ人の自己防衛的な責任転嫁なのか，表層的なやり取り（コミュニケーション）に不調のある人の不適切な言葉なのか，わたしが問題にしているのは後者なのです。

それではどうしたらよいのか，ここで取り上げているような意固地がある人への言い聞かせ方を示しましょう。

一般的に他者批判の強い人に用いられる言い聞かせは，「あなた自身には問題はないのですか？」とか，「あなたは他人のことを批判できる立場ですか？」というものが多いと思います。しかし，残念ながらこの言い聞かせによって，「そう言われればそうだ」という自己洞察に至った人を，わたしは見たことがありません。

その理由は，すでに何度も述べてきたとおり，たとえ支援対象者の間違った主張であったとしても，支援対象者の否定的な言動に対して，支援者が「それはダメ」という否定を繰り返しているだけでは（否定の否定），支援対象者の視点の転換は図りにくいのです。

そこで用いる言い聞かせの方法は，例えば自己中心的な人が他者の自己中心性を批判しているとすれば，「自己中心的な行動が，皆の迷惑になっていることを，よくわかっているあなたはすごい」というフィードバックです。もちろん，支援対象者がそのことを全くわかっていなくてもかまいません。これが支援の第一歩だということです。

この言い聞かせ方は，他者批判，すなわち他者認知を，自己認知すなわち自己理解へ切り替える大転換を動機づける支援を行っていることになります。つまり，否定的な言い聞かせは発展的なやり取りを阻害し，肯定的な言い聞かせは，発展的なやり取りを広げるということ。これが錆び付いた鎧のような，古い「言い聞かせ」と，いまここで復権を宣言した，新しい「言い聞かせ」の違いだと思います。

さて，言い聞かせに関しては，この後もたびたびお目にかかる機会があると思うのでこの辺りにして，次項の「叱責」へ移ることにしましょう。

3 叱責を巡るトラブル（Ⅱ－各3）

　わたしは，叱責の効果を極めて限定的に捉えています。それはわたしが叱責の効果を過信していないからですが，それと同時に，ここでは高い確率で効果に結びつく叱責の仕方も提示します。これは約束のところ（Ⅱ－各1－①・●79頁）でも使った表現ですが，叱責の世界は約束の世界に優るとも劣らぬワンダーランドなのです。

　さて，わたしは前項（Ⅱ－各2・●90頁）の冒頭で，「約束」と「言い聞かせ」，そして「叱責」を，トラブル対応の「かなめ」だと宣言しています。そのこと自体は間違っていないと思うのですが，今から述べる「叱責」，これは前二者とは意味の異なる「かなめ」である点にご注意ください。

　つまり，「約束」や「言い聞かせ」のところでは，それを用いたときに起こりやすくなるトラブルへの対処法は紹介しましたが，約束や言い聞かせという指導手続自体を否定することはありませんでした。

　それが本項においては，従来から行われている叱責という指導手続を否定するところから話を始めなければなりません。

　もちろん，叱責そのものを全否定するものではありませんが，今までの叱責の仕方には批判的な立場を貫いていきます。また，今後「実際的なトラブル対応」として出てくる虚言・暴言・暴力・いじめ・非行など，より具体的なトラブル状況を描くときにも，従来の叱責は用いない（用いる必要はない）ことを強調したいと思っています。

　もっとも，こんな書き方をすると，叱責がトラブル対応の「かなめ」だとする主張は，従来の叱責を否定した時点で意味が無くなるのではないか，という反論が聞こえてきそうな気がします。

　またまたややこしい書き方をして申し訳ないのですが，実はわたしもその反論は正しいと思っているのです。なぜなら，最初から「従来の叱責の仕方ではダメだ」と書き出したいのは山々なのですから。

　しかし，今までの叱責が支援や指導の場面で担ってきた役割があまりにも大きいので，持論を展開するにも，それなりの準備が必要になる。というより，こうした迂遠を余儀なくされるところに，叱責という手続に触れることへの「むずかしさ」がある，という事情をご理解願いたいのです。

　さて，ここまで言うのですから，その「事情」とやらを説明する必要がありそうです。わたしはそれを，叱責という手続が，あまりにも当たり前のこととして必要視され，大手を振ってまかり通ってきた歴史があるからだと思っています。

　ここで，「おっ，歴史否定か，面白くなってきたな」とエキサイトされないように。わたしはこの歴史に，真っ向から戦いを挑むつもりはないのです。なぜなら，ともかく人間の所業，行動エラーの中には，叱責が必要な場面もある。この点については認めざるを得な

い。わたし自身がそう思っているのですから。

　ここはむずかしいところです。従来の叱責に対する否定的な思いがある一方で，叱責自体は指導上必要な手続だという思いもある。この二律背反があるからこそ，わたしは叱責をトラブル対応の「かなめ」から外すことは（逆に）できないのです。

　ということで，さらに話を進めましょう。ともかく本書では，一貫してわたしに見えている叱責の姿を遠慮なく語ります。それが「叱責を巡るトラブル」の出発点になるからです。

1 叱責と言い聞かせ（Ⅱ－各3－1）

　「叱責」は，すでに起こっているトラブルの渦中で用いられるもの。なぜなら，叱責を用いること自体が，すでに立派なトラブル状況だからです。

　もっとも，この点については，前項の「言い聞かせ」も似たり寄ったりのところがあります。なぜなら，支援者が支援対象者の言動に不適切さを感じ，そこで「言い聞かせたい」と思っているのですから（詳細は後述します）。

　もちろん，「叱責」と「言い聞かせ」には相違点もあります。例えば「言い聞かせ」は，目前の事態が本格的なトラブルへと移行する前に，「もめごと」を解消させる役割を担います。また，すでにトラブルが起こっているとすれば，言い聞かせにはトラブルを緩和する役割も期待されるからです。

　これに対して叱責は，すでにそうした余裕のある状態ではなく，急迫した事態（本当は「急迫」ではなく，支援者の「窮迫」と言いたいところ）の中で，支援者が支援対象者を叱ることによって，本人の自覚を促そうとするものです。

　わたしとしては，言い聞かせすらできない状態で，支援対象者の自覚を促すことなどできるのかと思うのですが，この段階での私議はさて置き，さきほど「叱責」にも「言い聞かせ」にも同じところがある，とした点を説明しましょう。

　さて，叱責と言い聞かせの関係，これについては，すでに前項「言い聞かせ」のところでも触れました。それは支援対象者が聞く耳を閉ざしてしまう言い聞かせ（Ⅱ－各2－3－イ・→97頁）のところ。そこでは，叱責のニュアンスを言い聞かせに含ませると，支援対象者は耳を閉ざしやすくなることを，かなり詳しく述べてあります。

　ただし，前項の説明は言い聞かせの側から叱責について語ったものです。そこで今度は，叱責の側から言い聞かせについて語ってみましょう。そうすると，前項で述べたものとは少し違う両者の関係が見えてきます。わたしは，叱責と言い聞かせの関係を本気で考えるときには，この双方からの見通しを持つことが大切だと思います。そもそも，問答とか議論というものは，そういうものではないでしょうか。

　そうすると，要するに叱責も，言い聞かせも，支援者が支援対象者の現状を，あるいは将来を，心配している，その支援者の憂いから発する働き掛けであることは確かだと思い

ます。そしてその憂いには，戸惑い，焦燥，苛立ち，ときには怒りなど，さまざまな感情が交錯しているはず。そうした感情の傾向というか，傾きというか，いわゆる感情のバイアスは，後者へ移行するほど叱責に近付きますね。

　ここで1つ注意喚起を。叱責することと，怒って叱りつけることは意味が違います。たしかに，叱責することも，怒って叱りつけることも，支援者が支援対象者の言動に違和感をいだき，それに刺激されて感情を高ぶらせているということ。そうした感情の様相を図式化すれば，「言い聞かせ」→「叱責」→「怒って叱りつける」と進むに従い，言語表出より感情表出の度合いは強まっていく。

　その過程で，言い聞かせと叱責の関係はどんどん叱責色が強まり，「怒って叱りつける」に至っては，言い聞かせ色はほぼ消滅する，と言えそうです。ここまで話が進むと，叱責と言い聞かせの違いは整理しやすくなります。

　例えば「断言と助言」，「叱責と言説」，そして「叱責の必要性」，そこでわたしが推奨する「叱責の方法」といった具合に。

2 断言と助言（Ⅱ－各3－2）

　「叱責」と「言い聞かせ」の違い，それをわたしは，叱責は「それは止めなさい」あるいは「それは間違いだ」という支援者からの断言。言い聞かせは「そのやり方はまずいと思うよ」あるいは「こうした方がよいと思うよ」という支援者からの助言。つまり，支援者から支援対象者への意思伝達スタイルの違いにあると思っています。

　そして，この「断言」や「助言」は，いずれも支援者が支援対象者の言動を，不適切だと思い，それを修正させたいがため，「その考え方（あるいは言動）は間違っている」または「その考え方（あるいは言動）を改めなさい」と指示を与えている，ということだと思います。

　その違いの本質は指示の強弱。つまり，叱責の方は断言なので相当強烈な指示。これに対して言い聞かせの方は，助言なので「一見穏やか」な指示。しかし，指示は指示であって，それ以上でも，それ以下でもない。特に言い聞かせについては，ここで「一見穏やか」としたところが非常に意味深長だと捉えてきました。

　それで，まず叱責の方は，「これは断言だろう」と，ほとんどの方が納得されると思います。ところが，ここでの言い聞かせについては，支援者からの指示に従うかどうかを，支援対象者の意思に任せる「助言」であるかのように誤解する人が，ときどき出てくるのです。

　よく両者を見比べてください。支援者からの指示は，たしかに「言い聞かせ」の方が「叱責」より穏やかです。しかし，それは決して言い聞かせた内容に「従っても，従わなくても，どちらでもよい，それはあなたが決めることです」とは言っていない。これは本質的な指摘だと思いませんか。

　要するに，「断言」であるのか，「助言」であるのかは別にして，ここでの指示の主体は，

あくまで「叱責」あるいは「言い聞かせ」を行った支援者なのです。それに対する支援対象者の選択の余地は，もちろん，従うか，従わないか，この二極になります。わたしも，この二極面への選択可能性を否定するものではありません。しかし，しかしながら，なのです。

　例えば，叱責を受けた支援対象者が支援者の指示に従った場合には，叱責に用いられた支援者の断言が多少緩み，もしかすると言い聞かせにおける助言へと移行するかもしれません。

　逆に，支援者の指示に支援対象者が従わなければ，支援者からの，さらに強い叱責（断言）が待っている。それが重なって，支援者の怒りが爆発する，あるいは支援者が支援対象者への支援を諦める。前者にせよ，後者にせよ，そんな事態は考えたくありません。なぜなら，前者も後者も結果は同じ，支援対象者が支援を受ける場から，追い出されることになるからです。

　そして，もう1つ大切なことがあります。支援者が支援対象者の考え方や言動にいだいた不適切さへの違和感は，こう言っては何ですが，正しい見方，つまり間違っていないことが多いのです。ということは，ここでの支援者は正しい認識を持ちながら，それをあえて放棄し，支援の場から撤退（あるいは退却）しているのです。

　してみると，叱責を重ねた場合には，支援者と支援対象者との人間関係は，支援者の主張の正しさにもかかわらず，悪化の一途をたどる。支援者が感情を爆発させれば，支援対象者との人間関係はさらに悪化，ときには崩壊する。支援者が支援対象者への支援を諦めれば，それは支援者が支援対象者への必要な支援を放棄したことになる。

　いかがでしょう。要するに，支援対象者には指示に従うことでしか，自分の不適切な言動を修正するための，支援を受ける機会が与えられなくなってしまう，ということなのです。

　これはとても厳しい言い方であることを承知の上で申し上げます。指導放棄，その原因を作っているのは，どう考えても支援対象者ではなく，支援者の方だ，としかわたしには思えないのです。

　実は，この考えたくもない事態に陥っている支援者にわたしはたくさん出会ってきました（今も出会っています）。そのたびに，この事態は何としても避けるべきだと思い続けてきたのです。その思いの中で，わたしにできることを探し求め，それをまとめたのが本書なのですが……。

　それでは，叱責ではなく，言い聞かせの場合はどうでしょう。言い聞かせにおいても，最初の段階では指示の主体は「助言」を行った支援者の側にある，これは間違いのない事実だと思います。

　しかし次の瞬間，支援を与える側の主体性と，支援を受ける側の主体性との間で，「叱責」による断言とは異なる，微妙なやり取りが生まれる，それが「言い聞かせ」による助言になっているのだと思います。

このやり取りについて，わたしは「支援者が支援対象者に，あたかも魔法をかけるような操作を行うことだ」と考えてきましたが，その点に焦点を当てた本を出しています（『支援・指導のむずかしい子を支える魔法の言葉』講談社，2017年，健康ライブラリー，イラスト版）。
　この本のタイトルを，もう少し本書に似合う形で書き直せば「指導困難な状況を緩和する言語的媒介（言葉でのやり取り）の用い方」ということなのですが，わたしがみなさんへお伝えしたいのは，まさにこの「言語的媒介の用い方」なのです。
　ところで，「言い聞かせ」を用いた場合でも，支援対象者が指示に従わないことはあると思います。そうすると，支援対象者は強めの言い聞かせを，それでも指示を聞かなければ，さらに強い言い聞かせ，つまり叱責を，それでも指示を聞かなければ……，この先を書く必要はないでしょう。それではここで一旦まとめましょう。

　　断言か助言かは別にして，この場面で叱責や言い聞かせを用いる支援者は，支援対象者に，その考え方や言動の誤りを改めるよう指示を与えています。
　　もちろん，支援対象者は，この指示に従わないこともあるでしょう。
　　しかし，この指示には「指示に従っても，従わなくても，あなたの自由です」という選択肢の提示はありません。
　　したがって，この指示に従わない方を選んだ支援対象者は，支援の場から弾き出されてしまう可能性が高くなるのです。それは，叱責の場合でも，言い聞かせの場合でも，同じことだと思います。
　　ただし，「ダメ」と強く指示するより，「と思うよ」と穏やかに指示した方が，支援対象者が自らの言動を再考しやすくなる。換言すれば，支援対象者が支援者の指示に従う可能性が高くなるということ。この事実をわたしたちは知っておくべきだと思うのです。これが，わたしたちの行う支援，つまり本書の立ち位置なのですから。

　このゴシック体のところ，どこかで出会った表現のように思いませんか。そうです，これは本書の根幹になっている考え方，「心得のある言葉（Ⅰ－考5－**4**・➡48頁）」や「肯定的フィードバック（Ⅰ－考5－**5**・➡49頁）」のところでお話ししたことそのままなのです。

　繰り返しになりますが，要するに支援対象者に指示を与える，それは支援者の仕事です。しかし，それと同時に，叱責を用いようと，言い聞かせを用いようと，指示に従いやすくするのも，指示に従いにくくするのも，行き着くところ支援者次第だということです。
　ときには，すでにトラブル化している状況で叱責や言い聞かせを行う場面もあると思いますが，その場合でも（その場合だからこそ），事態をさらに悪化させるか，平穏な状態を回復させるか，これも支援者のやり方いかんにかかっているところが大きい，ということ

です。

　にもかかわらず，わたしたちはなぜに，かくも効果と結び付きにくい叱責を用いたくなるのでしょう。実は，これこそ叱責最大の謎だと思うのですが，わたしはこの現象を，叱責の呪縛と考えてきました。もしそれが事実であるのなら，わたしたちは叱責の呪縛から解放される必要があります。そのために，わたしたちは叱責に内在する呪縛の本態を直視しなくてはいけません。

　お待たせしました。いよいよ叱責を成り立たせている本態，すなわち「言説」の登場です。

3 言説（Ⅱ－各3－3）

　次の言葉を耳にした方は少なくないと思います。「できれば叱責などしたくない。本当は叱られる前に気付いてほしいのだ。しかし，なかなかわかってくれない支援対象者がいる。だから，やむを得ず，叱責が必要になってくる」。いかがでしょう。わたしなど耳にタコができるくらい聞かされた言葉です。

　この言葉をもう少し噛み砕き，相当遠慮気味に言い換えると，次のような言い方になると思います。「支援や指導など受けなくても，自らの課題に自分で気付いてくれるのなら，それに越したことはない。仮に自分で気付けなくても，言い聞かせてもらうことでわかってくれるのなら，それはそれで大丈夫。しかし，世の中にはそれでもわかってくれない支援対象者がいる。そういうとき，支援対象者の課題によっては，叱責が必要になってくる」。

　うーん。たしかに叱責とはそんなものなのかもしれません。しかし面白いことに，それで納得したような気になると，わたしには，この言葉から，いろいろなメッセージが伝わってくるようになります。みなさんはいかがでしょう。

　つまり，叱責というものは，おそらくいくつかの「言説」から構成されているということ，そしてその言説とは，多分次に示す①から④ではないかと思われること。そして，わたしたちの叱責を巡る論考も，おそらく，ここから出発するのが，解題への近道なのではないかと思われるのです。それでは解題を始めましょう。

　　①支援の場においては叱責が必要になる場合もある。
　　②支援対象者に，言い聞かせが通用しなくなり，かといって特定の誤った考え方，あるいはすでに表出している言動を制止ないしは修正させる必要があるとき，叱責の必要性は嫌が上にも高くなる。
　　③特に制止や修正が必要になる事項は，支援対象者個人の健全な成長を阻害し，あるいは周囲への多大な迷惑や危険につながる観念や言動だと考えられる。
　　④そして叱責には，単に「必要性」のみではなく，「効果がある」という期待が内在している。

いかがでしょうか。仮に叱責の背景にある言説がこのようなものだとすれば，その大要は「叱責は必要だ」という言説と，「叱責には効果がある」という言説に集約できそうです。そこで，この2点を中心に「叱責」から見えてくるものを整理したいと思います。それは，言い換えれば本書の視点を示すことでもあるのです。

4 必要性（Ⅱ－各3－4）

　わたしは，支援の道筋によっては，叱責が必要な場面もあると考えています。ただし，それは従来の叱責の仕方は用いないという前提においてですが……。

　したがってここでは，従来のやり方とは違う叱責の方法（戦略）を示そうとしているわけですが，物事には順序というものがあります。物語の佳境へ入る前の下準備として，まずは従来の叱責を用いている支援者に，わたしがずっと投げ掛けてきた質問から出発しましょう。

　それは「あなたは何のために支援対象者を叱責するのですか」という問いなのですが，みなさんなら，この問いにどう答えられるでしょうか。

　わたしがここからお話を始めたいと思うことには理由があります。それは，わたしからの問いに，多くの支援者が，あたかも口裏を合わせたかの如く，同じような答えを返されるからです。

　もちろん，表現に多少の違いはあります。しかし基本的なトーンは，「支援対象者の誤った言動を止めさせたい。そしてもう二度と同じことをしないように反省させたいから」というものですが，みなさんのお答えはいかがでしょう。

　そこでこの答えですが，「誤った言動を止めさせたい」という前段はしごくごもっとも。なぜなら，わたし自身が「叱責は必要だ」と主張している理由も，実にこの一点にあるからです。しかし，後段についてはいかがなものかと。

　もちろん，支援対象者に反省してもらう方法はあります。これは，ここであえて言うまでもないことですが，そもそも本書はそれを示すためのテキストでもあるのです。したがって，本書には「反省のさせ方」のヒントが散りばめられています。この本はワークブックですから，特に大切なところを要約しましょう。

　例えば，Ⅰ－考1・➡27頁，中でもⅠ－考1－❷・➡27頁の辺り，またはⅠ－考4・➡40頁やⅠ－考5・➡47頁の辺り，次いでⅡ－手4・➡65頁の辺り，いまから出てくるところでは，特にⅡ－各6・➡133頁，Ⅱ－各7・➡142頁，Ⅱ－各8・➡148頁は重要だと思います。

　さて，肝心なことはここからです。こうした本書のやり方で，たとえ反省させたとしても，わたしには「反省させることで，叱責の対象になるような言動の再発は本当に止められるのか」という疑念があります。

　ともかく，どう考えてみても，ここで語ろうとしていることは，本書の中でも最重要な

ところの一つだと思われるので，この「止めること」と，「反省させること」の関係については，さらに深く考えてみる必要がありそうです。そこで，まずは止めることからお話を進めましょう。

ア 止める（Ⅱ－各3－④－ア）

　この，「叱責によって，支援対象者の不適切な言動を止める」という目標ですが，その背景になっている支援対象者の不適切な考え方（思考スタイル）の修正はともかくとして，叱責によって誤った言動を止める方法はあると思います。

　それを「本書における叱責（Ⅱ－各3－⑤・→110頁）」として紹介するわけですが，その前に少し回り道をしていますので，とりあえず⑤の簡単な予告を一言で。

　これはすでに繰り返し述べてきたことですが，要するに「従来から行われている叱責の仕方は用いない」ということです。そしてここでは，「本書における叱責の仕方」を紹介する前に，どうしても押さえておくことがあるのです。

　　　支援対象者を叱責しようとする支援者は，従来の叱責が使える（有効な）支援対象者か，それとも従来の叱責が使えない（有効ではない）支援対象者かを，見分ける必要があります。

　本書では，今までその弁別ポイントを詳述してきたと言っても過言ではありません。特に，「第Ⅰ部　考え方編」の全般，「第Ⅱ部　手続編」の前半，「Ⅱ－緒」から「Ⅱ－手4」にかけては重要です。とはいえ，「上記の箇所をもう一度読み返してほしい」で済ませてはワークブックらしくないので，もう一度概要を整理しておきます。その際以下の記述では，従来の叱責が使えそうな人を「前者」と呼び，従来の叱責が使えない可能性の高い人を「後者」と呼びます。

①そもそも本書に登場するような支援対象者はたいてい後者です。
②そうした支援対象者に従来の叱責を用いると，それは支援者からの威嚇としてしか，支援対象者には響かない可能性があります。
③それは，結果的に支援者と支援対象者の人間関係を歪めるか，崩壊させることにしかなりません。
④前者はメタ認知を構成できる支援対象者，後者はメタ認知を構成できない支援対象者だということになると思います。
⑤本書の主役たちへの本書における叱責の方法は，Ⅱ－各3－⑤・→110頁を参照してください。

　要するに，叱責されることで不適切な行動を止めることのできる人は，自分のものの考

え方を自分以外の視点でも見詰め直すことのできる人（メタ認知が構成できる）。これに対して，叱責されても不適切な行動を止めることのできない人は，自分と他人の考え方の違いを理解できにくい人（メタ認知を構成できにくい），ということになります。

　もっとも，わたしなら，前者のような人であれば，そもそも周囲を心配させたり，困らせたりする行動などしないのではないかと思います。また何か「やらかした」としても，言い聞かせの段階で抑制できるのでは，と思うのですが……。それでは次に，不適切な言動を止めるための反省について考えてみましょう。

イ 反省（Ⅱ－各３－4－イ）

　わたしには，「叱責」に対して決定的なジレンマがあります。ジレンマとは，一口で言えば板挟みになることですが，わたしたちが叱責に求めがちな指導効果，すなわち「不適切な言動を止め（1枚目の板），反省を求める（2枚目の板）」。そんな二兎を追うような虫のよいことができるものでしょうか。そして，そもそも反省には，不適切な考えや言動を変える力があるのでしょうか。という疑問をわたしは叱責に感じてしまう。これがわたしの叱責に対するジレンマなのです。

　要するにわたしは，不適切な考え方や言動を止めることと，それについて反省させることは別の課題だと思っているので，同時に2つの課題に手を出し，何とかしたいと思うこと自体に虫のよさを感じるのです。また，「反省させたい」という支援者の気持ちはよくわかるのですが，叱責の対象になっている誤った考えや言動は，いろいろな理由が積み重なって形成されるものです。これに対して従来の反省指導は，支援対象者の「心構え」という，ただ一つの切り口に焦点を当てている場合が多いのです。これで複数の要因から構成され，多層的と呼んでも差し支えない課題への太刀打ちなどできるのでしょうか。

　いかがでしょう。叱責の必要性については，不適切な行動を止めるという側面でも，反省によって不適切な行動の再発を抑制するという側面でも，従来のやり方は旗色が悪いのです。ここで，これに追い打ちをかけるつもりはありませんが，従来の叱責には，さらなる決定的な痛打を浴びせなくてはなりません。

ウ 受益者（Ⅱ－各３－4－ウ）

　従来の叱責は，おそらく支援対象者のために必要なものではなく，支援者のために，もっとはっきり言えば，叱責する者の納得のために必要ではなかったのでしょうか。

　叱責する者と叱責を受ける者，叱責の必要性やその効果に関し，双方の享受にあやかれる人はだれでしょう。わたしは，自分が受けた叱責の意味を，叱責する者の立場に立って考えることのできる人であれば，おそらく叱責の対象になった言動を繰り返すようなことはないと思います。というより，そこまでわかっている人であれば，おそらく叱責の対象になるようなことを，言ったりやったりはしないだろうと思うのです。

　それに対して，ここで取り上げているような人は，先述したような相手の立場にまで意

を配る，要するにメタ認知の形成が怪しい人ということになり，おそらくどう逆立ちしても，従来の叱責がうまく機能するはずがないと思うのです。

おそらく，従来の叱責の効果を享受できた支援対象者がいたとすれば，それはメタ認知を構成できる人，しつこいようですが，そしてそういう人は，おそらく叱責の対象になるようなことを言ったりやったりしない人。ここにも叱責のジレンマがある，とわたしは考えてきたのです。

してみると，叱責はだれのためにあるのでしょうか。大胆なことを言わせていただきます。それは特定のだれかというより，社会通念を満たすために叱責は存在してきた。そして叱責を行う支援者は，社会通念を満たした自分に納得する。

いかがでしょう。ここまで思い切って書けば，読者から批判が出てきても不思議ではないでしょう。しかし，ここまで書かないと，なかなか従来の叱責に代わる方法に耳を傾けてもらえない。それが歴史の重みだと思っています。ということで，ようやく「叱責を巡るトラブル」の終着駅が見えてきました。

5 本書における叱責（Ⅱ－各3－5）

それでは，わたしが学校や施設の支援者に伝えてきた「叱責の仕方」を紹介します。

まず何をおいても濫用防止を。叱責は多くの人が思っているほどの汎用性，つまり広い適用範囲を持った指導方法ではありません。叱責の効果に期待できるのは，極めて限定された状況であり，そこにおいて始めて適用可能な用法，それが叱責です。

ア 叱責の手に余るもの（Ⅱ－各3－5－ア）

まず，叱責はこの後登場する虚言，いじめ，非行など，一癖も二癖もあるトラブル（行動エラー）への対応には用いません。

なぜなら，叱責は後述するように，周囲を困らせている支援対象者の行動を，一時的に停止させる即時対応の基本形に過ぎず，複雑な逸脱行動への適用は叱責の手に余るからです。

ところが，実際には複雑な背景（複数の要因）から生起している逸脱行動に叱責を用いてしまう支援者は後を絶ちません。それが証拠に，わたしのところへ寄せられる相談には，「叱っても，叱っても，反省せず，同じことを繰り返す，どうしたらよいものか」という，支援者の声で溢れ返っています。ここではっきり申し上げますが，叱責で対応できるものは，次に示すような，ごくシンプルな困った行動に限定されているのです。

イ 叱責の対象（Ⅱ－各3－5－イ）

叱責の対象となるものは，例えば私語を慎むべき場面でのおしゃべり，集中すべき場面でのよそごと，静かにすべき場面で机をがたがたさせるような行為を「止める」ことくらいだと思います。

叱責の標的をこの程度に絞り込めば，叱責は確実に指導場面へヒットし，即時的に観察可能な行動変化を誘発させる優れた指導方法になりますが，残念ながら今までのやり方（静かにしなさいとか，課題に集中しなさいという指示）は用いません。

　一方，例えば提出物絡みの課題になると，それはすでに叱責の限界を超えていて，提出物が宿題のような勉強の課題であれば，課題達成に必要な学力の有無，宿題に対処する学力がなければ，宿題内容の変更や与え方への工夫，学力があるとすれば，支援者が横についていればできるが，横についていないとできないといった，能動性とか自律性の達成度，支援者と保護者との提出物に対する意思疎通と協力体制はあるか，そして約束の練習（Ⅱ－各1・●79頁）は実施しているかなど，複数の不可避な課題があるわけで，これらはいずれも，叱責の手に余ることを，知っておく必要があるのです。

　それでは，実際の叱責に用いる方法を紹介しましょう。

ウ 叱責の手続（Ⅱ－各3－⑤－ウ）

　最も典型的な叱責は，支援対象者の不適切な行為を「止める」ということです。それも，複雑な手続は用いず，一瞬のやり取りで止めなければ意味がありません。

　こういう書き方をすると，だれでもその場面を想像できます。それは何度も触れた「錆び付いた鎧」のような旧態依然とした従来の叱責です。つまり，支援者が支援対象者を少し大きな声で，あるいはとても大きな声で，「それは止めなさい」と叱ります。例えばおしゃべりをしている支援対象者に，「やかましい」とか。

　おそらく，それによっておしゃべりはピタリと止まるでしょう。ただし後に残るのは，無気味な静寂と沈黙，そして不安，程度の差はあるとしても恐怖の念。これは教育の場面と言えるでしょうか。わたしはこのやり方は使いません。

　例えばこれが学校の授業中であったとします。わたしが教師であれば，「止めなさい」という言葉を用いた叱責はしません。数学でも，英語でも，国語でも，社会でも，理科でも，わたしなら，自分が担当する授業を展開しながら，おしゃべりをしている生徒の席にそっと近づき，叱責の対象になる生徒の机の上に，そっと手を添えます。

　そうすると，その生徒はかなり高い確率でおしゃべりをやめ，わたしを見上げ，そこでわたしと目線が合います。その瞬間，わたしはニッコリし，右手の親指を立てるグッジョブサインを生徒へ送ります。すると生徒は，かなり高い確率でニヤリとしますから，今度は右手のグッジョブサインをOKサインに変えます。すると生徒は再度ニヤリとします。

　これがわたしの叱責です。そもそも生徒はわたしが机の上に手を添えたとき，どうしておしゃべりを止め，わたしの方を見たのでしょう。おしゃべりをしていたことに，わたしが介入したと思ったからです。そこでわたしからニッコリしてグッジョブサイン。これが何のグッジョブなのかは全然わかりませんが，生徒は勝手におしゃべりへの介入だと思っているのでニヤリ。それに何のOKなのか全然わかりませんが，わたしからOKサイン。そこで生徒からは再びニヤリが返されます。このやり方は，授業中の不適切行動に対して用

いると，ボンヤリしてにいる生徒へも，不必要なボールペンの分解・組立作業をしている生徒へも有効だと思います。

　これが不適切な行動を止めたい場面で，わたしがよく用いるやり取りです。言い聞かせにしても，約束の練習にしても，こうしたやり取りの延長線上にあるものだと思っています。そこで，最後のステップへと進みましょう。

Ⅰ 叱責とは何か（Ⅱ－各３－⑤－Ⅰ）

　わたしの叱責法を聞いて，何がでてくるのかと思ったが，「ずいぶんあっ気ない」という印象を持っていただけたら嬉しいです。それは，あなたが，わたしの考えている叱責の本質に気付いていただけたと思うからです。

　叱責は本来，それほど複雑な背景に働き掛ける指導法ではありません。叱責はせいぜい，「それはダメ」とか「止めなさい」という程度のことなのですから。そこで本論中の本論を。

　叱責は長い歴史の中で繰り返されてきました。そこでうまくいった人は，多分叱責者の心が読める人だったのでしょう。つまり，叱責は悪意からではなく，善意から発する介入だということがわかる人。そういう人だったから，叱責されたことが，指導効果として示された，というわけです。

　しかし，本書の主役はそんな器用な人たちではありません。だから，相当に（あっ気なくなるくらい）叱責の標的を絞り込まないと，叱責の効果に辿り着けなくなってしまいます。しかも叱責の仕方は，従来のそれとは大違い。多分今までの叱責からすると，「これのどこが叱責だ」と言われそうな「やり方（やり取り）」なのです。なぜそんな工夫が必要なのでしょう。

　つまり，叱責が悪意ではなく，指導者の善意から発する介入だとわかる人が相手なら，叱責されたこと自体が，指導者とのやり取り（人間関係）を構成することになります。例えば「たしかに言われてみればそのとおりだ」と。ここでのやり取り，これはもちろんコミュニケーションのことです。

　ところが，ここで叱責者の気持ちというか，立場というか，そこに込められた「心」を察知できない人には，叱責はクリエイティブな刺激にならず，「嫌なことを言われた」とか「自分が攻撃された」という受け止め方になりやすい。これは，まさにメタ認知の不調のなせる業，という以外に適当な言葉がありません。ですから，次に起こることは，ときには反発，ときには自己卑下，ときにはシャットダウンになってしまうのです。

　おわかりでしょうか。叱責は，叱責者と支援対象者との間で，クリエイティブなやり取り（コミュニケーション）が構成されない限り，意味をなさないのです。そこで，前項でわたしが提示した叱責のスタイルをご覧ください。机の上にそっと手を添える，ここですでにコミュニケーションが開始されています。それがあるから，支援対象者には，わたしが自分たちの不適切な行動に介入してきたことがわかる。

ところがわたしからはネガティブな言葉ではなく，グッジョブサインが返される。このポジティブなやり取りに対して，支援対象者はニヤリとする。すると次にわたしからのOKサインが示される。そこで再びニヤリが起こる。しかも，このやり取りによって，不適切な行為（おしゃべり等）は即時停止する。これは疑う余地のない叱責の効果だと言えるでしょう。

この支援対象者には，今後も不適切な行動は繰り返し再発すると思います。一方，おしゃべりの抑制に持続的な効果を与えるのは叱責の役割ではありません。

ここから先は約束の練習や，社会性を育てるアプローチ，もっと言うなら，私語禁止の場で，支援対象者に求められる学習課題への対処力の向上など，満たすべきスキルの獲得が支援の目標になるわけです。そこまでの役割を，叱責に求めるのはお門違いですし，叱責に対しても気の毒としか言いようがありません。

これは，おしゃべりへの対応だけではなく，授業中のよそごと，よそ見，机をガタガタさせる行為，そして居眠りなどにも適用可能な配慮だと思います。

本項の締め括りに大切な一言を。ともかく叱責の濫用防止。それと叱責に過剰な要求を課さないこと。トップヘビーの船（喫水線上が重すぎる船）は転覆しやすいのです。それだけの配慮で，叱責は効果のある即時対処法として蘇ります。

わたしは，錆び付いた鎧を脱ぎ捨てた叱責にエールを送りたい。トラブル対応の手段であるはずの叱責によって，新たなトラブルを引き起こさないためにも。

4 愛着を巡るトラブル（Ⅱ－各4）

トラブル対応の仕事をしていると，稀ならず「愛着」という言葉に出会います。英語ではアタッチメント，日本語では愛着，これが本項のテーマです。

1 愛着という言葉（Ⅱ－各4－1）

「愛着」という言葉は，少々説明を要します。というのは，本書の第Ⅱ部で取り上げている愛着以外の事項，約束（Ⅱ－各1・→79頁），言い聞かせ（Ⅱ－各2・→90頁），叱責（Ⅱ－各3・→101頁），虚言（Ⅱ－各5・→122頁），暴言と暴力（Ⅱ－各6・→133頁），家庭内暴力（Ⅱ－各7・→142頁），いじめと非行（Ⅱ－各8・→148頁），性的逸脱行動（Ⅱ－各9・→159頁），LGBT（Ⅱ－各10・→171頁）は，日常用語とは言えないまでも，人の在り様を示す言葉であって，少し用法を広げれば，ほぼ一般的な言葉の範囲で通用するものばかりです。

これに対して「愛着」は，もちろん一般的な人の在り様（慣れ親しんでいる特定の人や物に，心を引かれ，離れがたく感じること）を意味する言葉でもありますが，発達領域では，ジョン・ボウルビィ（1907～1990）という人が唱えた学術用語として使われることが

多く，本書でもそれに倣った用い方をしているからです。まずはその辺りの解説から始めましょう。

② ボウルビィ（Ⅱ－各4－②）

　ボウルビィは，イギリス出身の医学者で，精神科医，児童精神科医，精神分析学を専門にした人です。そして，本書で用いる「愛着」は，彼が唱えた心理学的な概念です。
　「ボウルビィは，愛着について「人間（動物）が，特定の個体に対してもつ情愛的きずな」だと考えました。したがって，彼は愛着という概念に愛情の概念を絡ませています。
　それに関連してエインズワースは，一般的な意味での愛情に対して，愛着は特異的・弁別的で，外的行動として観察可能である。主体的な過程であって受動的ではない。しかも相手の感動を喚起する二面的な過程だと捉えました」。
　一方ボウルビィは，愛着の形成に明確な段階を設けます。つまり，「第1段階『対人識別を伴わない生後3カ月ころまで』，第2段階『特定の愛着対象に愛着行動を示す生後6カ月ころまで』，第3段階『特定の愛着対象に対する近接・接触を維持する2〜3歳ころまで』，第4段階『愛着対象の意図を察し，行動目標の修正と協調性が形成される就学前ころまで』」というものです。
　この解説の「前段」は，『発達心理学辞典』（ミネルヴァ書房，p.23，1995年）から。「後段」は，わたしも刊行に協力させていただいた，一般社団法人日本LD学会編『LD・ADHD等関連用語集　第4版』（日本文化科学社，p.5，2017年），いずれも「愛着」の頁の記載内容から引用させていただきました。
　まずはここを押さえておいてください。そうすると，次に述べる愛着障害とそれに関連する事項の解説がわかりやすくなります。

③ 愛着障害（Ⅱ－各4－③）

　冒頭でも触れたとおり，トラブル対応の領域では，稀ならず「愛着」という言葉に出会います。しかもその多くは，「愛着障害」という状態を介しての出会いです。
　そこで，愛着を巡るトラブルへの対処法を紹介する前に，まずは愛着障害とそれに関連する事項を整理しましょう。

⑦ 特異性（Ⅱ－各4－③－⑦）

　乳幼児期は，人の育ちと，その後の人生を支える，極めて重要な礎石の形成期でもあります。ここでは，愛着障害に関連して，この大切な時期で起こってしまう制約と，そこから生じる後々への悪影響についてお話しします。
　赤ちゃんは，出産によってお母さんのお腹の中から外界へ出て，そこで初めて外気（空

気）に触れます。それが脳への大きな刺激となり，人の飛躍的な発達が促されます。

　しかし，乳幼児の健やかな発達には，安心感・安全感を保障する養育者との相互関係が不可欠で，ここに不調があると，愛着の機能は未形成となり，障害を受けることになります。

　つまり，愛着形成が歪むということで，愛着障害とは，この歪みの表れにほかなりません。そして，最も深刻な歪みは，不適切な養育（虐待など）によってもたらされ，特に乳幼児期の子どもに加えられる不適切な養育は，その後の心理的・社会的な発達，ひいては対象者の人生全般に，大きな影響を及ぼすことが知られています。

　ここでいう大きな影響とは，対人関係に極度の無関心を示したり，特定の相手にのみ執着したり，反対に誰かれなしに無抑制な関係を求めたり，べたべたするかと思えば冷たくなったり，相手の嫌がることを平気で言ったり，やったり，そうしたことの表れとして，虚言，暴言，暴力，いじめや非行，そして恋愛関係のもつれに至るまで，本書の守備領域を網羅するトラブルが発生しやすくなる，ということです。

　ここで一点ご注意を。わたしは，本書で取り上げるトラブルには，愛着障害が不可避的に絡んでいる，などと申し上げるつもりはありません。しかしながら，本書で取り上げているトラブル対応は，愛着障害のある人にも優しく浸透することをお伝えしたいと思います。

　もちろん，愛着障害のある人には多面的な支援が必要で，治療的な対応が必要な場合も多いと思います。それを承知の上で申し上げるのですが，ともかく愛着障害のある人は，いろいろなトラブルを引き起こします。そこで生起したトラブルへの対応は，前項の「叱責を巡るトラブル（Ⅱ－各3・→101頁）」で示したように，支援対象者の深層へは働き掛けず，時間を掛けず，複雑な手続を用いず，トラブルを引き起こした人と，肯定的なやり取りを作る，というやり方で進めていくものです。

　おそらく，このやり方が，愛着障害のある人を支える役割を担っているのだと思います。これはユニバーサルデザインの理念に則ったもので，本書を貫く方法論でもあるのですが，詳細は本項の末尾（Ⅱ－各4－資料・→121頁）の解説を参照してください。

❹ 三つ子の魂（Ⅱ－各4－③－❹）

　ここで出てくるのが，「三つ子の魂百まで」ということわざです。このことわざは，おそらく江戸時代からあったものですが（もしかするともっと古いかも），要は幼少時にすり込まれた性分は，年齢を経てもなかなか変わらないよ，という意味ですね。

　このことわざ，三つ子の魂の重要性が，将来脳科学によって証明されることを予言していたのでしょうか。ともかく，そのご見識お見事の一言に尽きると，感心する以外ありません。

　ただ，このことわざを決定論的に捉えてしまう人が出てきますが，わたしはその考え方には反対です。三つ子の魂は変わるのか，変わらないのか，それはともかくとして，「変わったような気になってもらう」ことは比較的容易です。実はそれが，変わることへの出発点になる，それをお伝えしたいので頑張っているのが本書ですから。

さて，三つ子の魂，それは愛着形成の理論にも当てはまります。Ⅱ－各4－①・⇒113頁で述べたとおり，愛着形成は2～3歳までの第3段階（特定の愛着対象に対する近接・接触を維持する段階）でほぼ完成され，それに続く就学前までの第4段階（愛着対象の意図を察し行動目標の修正と協調性が形成される段階）は，獲得した愛着機能の定着と，応用力が紡がれる最終段階になるからです。

　このうち，完成一歩手前の第3段階は，まさに三つ子の魂，その段階で愛着形成が歪んでいると，それは当事者の人生に大きな禍根を残します。愛着の土台が揺らいでいては，周囲との持続的な信頼関係を維持できない。これは，ついさっきまでお話ししていたとおりです。例えば虚言のように他者を裏切る言動があれば，それは確実に信頼関係を損ねてしまうのですから。

　要するに，愛着障害というものは，信頼関係の病理でもあるわけで，ここは当事者を一番苦しめているところなのに，ご本人はそれを実感できない。これはお釈迦さまがおっしゃった地獄そのものです。

　どうしてこんなことが起こるのでしょう。それは「信頼する」という感覚形成の不調に根差す現象なのです。

ウ 信頼という感覚（Ⅱ－各4－③－ウ）

　前項（Ⅱ－各4－③－イ）で，信頼関係という言葉を何度も使いましたが，信頼関係とはそもそもどういう関係なのでしょう。

　これを型通りに捉えれば，「相互に相手のことを信頼し合っている関係」のことでしょうが，これでは面白くも可笑しくもありません。それでは，信頼関係の中心にある「信頼」とは，どのような意味なのでしょうか。そこで調べてみました。

　そうすると信頼とは，「信じてたよること」（『広辞苑 第2版 補訂版』1976年）とありました。要するに，「特定の物や人を信用し，すべて任せてもよい」という「気持ち」や「感情」のことのようです。

　この数行，わたしはなにをごちゃごちゃ書いているのでしょう。それは，信頼というものは，言葉で説明されてもピンとこないところがある。つまり，信頼関係とか信頼感というものは，言葉を通して文脈的に理解することも，ある程度はできると思いますが，本質的なところには，気持ちとか，感情とか，感覚の問題があり，知識として「わかる」というより，感覚として「感じる」ということなのだと思います。

　ここは非常に大切なところ。つまり「愛着」とは「わかる」というより「感じる」ことであり，愛着形成とは，知識の課題ではなく，感覚の課題だということ。これが見えてくれば，愛着の絡んだトラブルへの対応について，ようやく語る機は熟した，ということだと思います。

　なぜなら，愛着とは，養育者との安心・安全な関係の中で習得される，信頼の感覚であり，それを三つ子の魂の時期，要するに乳幼児期に獲得できなかった人のことを，「愛着障

害」と呼ぶ専門家がいる，とくくっても，大きな間違いはないからです。

　つまり，愛着障害のある人は，対人関係の基盤になる，他者信頼の感覚的な素地が形成されないまま成長してしまった。したがってこの障害を背負っている人は，安定した人間関係の維持がむずかしくなる。適度な対人距離の感覚が保てないので，ベタベタしたり冷たくなったり，ともかく揺れ動く。それがトラブルを呼び込む要因になる，というわけです。

　さあ，それでは愛着絡みのトラブル対応についてお話ししましょう。でもご安心を。わたしには，先にも宣言したように運命決定論者ではありません。反対に，無い物ねだりの発想も持ちません。ここで無い物（例えば信頼感）をねだってしまうのが，錆び付いた鎧を着たやり方だと，先ほどまで叱責のところ（Ⅱ－各3・➡101頁）で申し上げてきたところではありませんか。

4 トラブルから愛着へ（Ⅱ－各4－4）

　それでは愛着を背景にしたトラブルへの対処法についてお話ししますが，それには2つの視点が必要です。1つはトラブルから愛着を見通す視点，もう1つは愛着からトラブルを見通す視点です。まずは前者から始めまましょう。

　愛着に大きな課題をかかえている人，つまり愛着障害のある人は，トラブル多発症候群と呼んでも差し支えないグループだと思います。ともかく，広範な領域で「もめごと」を引き起こすリスクが高いからです。しかし，本書はそうした広範囲のトラブルに対処するためのワークブックです。実際の対応はここで取り上げている諸領域，すなわち約束（Ⅱ－各1・➡79頁），言い聞かせ（Ⅱ－各2・➡90頁），叱責（Ⅱ－各3・➡101頁），虚言（Ⅱ－各5・➡122頁），暴言と暴力（Ⅱ－各6・➡133頁），家庭内暴力（Ⅱ－各7・➡142頁），いじめと非行（Ⅱ－各8・➡148頁），性的逸脱行動（Ⅱ－各9・➡159頁），LGBT（Ⅱ－各10・➡171頁）について，本書で取り上げているトラブル対応の仕方を参考にしていただくのが一番の近道だと思います。

　えっ，それでは愛着障害はどこへ行ってしまったの，ですか？

　ちょっと待ってください，わたしたちは愛着障害のある人，ない人，関係なしにトラブルという事態と出会っているのです。まずは目前にあるトラブルのお相手をするのが礼儀だと思います。

　こうあっさり話を「かわされる」と，相撲でいう肩透かしを食ったような感じを覚えられる方が出てくるかもしれません。そういう方は，次の「愛着からトラブルへ」を先にお読みになってもかまいません。でも必ず，個々の具体的なトラブルの場面へ帰って来てくださいね。あなたも，わたしも，トラブルを論じる学者ではなく，トラブルに対応する実務家ですから。

　そこで一言，「相撲でいう肩透かしを食ったような『感じを覚えられた』方」次の「愛着

からトラブルへ」で語ることは，まさにこの「感じを覚える」，つまり感覚のお話になります。

5 愛着からトラブルへ（Ⅱ－各4－5）

　それでは次に，愛着の側からトラブルの方を見通してみましょう。もちろん，愛着形成に課題のある人，つまり，愛着障害があると言われるような人の側から，トラブルを見通すということです。そうすると，今まで気付いていなかった世界が見えてきます。対人関係，特に情緒的接触の親密度とか，感覚形成不全の取り扱い方とか。

ア 親密度（Ⅱ－各4－5－ア）

　ここで少々大風呂敷を。わたしたちは，人類誕生の昔から，多少の例外はあるにしても，海面近くの高さから，海抜1,000メートルくらいまでのところで暮らしてきました。そのため，この大気圧に順応し，この空気密度の環境を過ごしやすく感じています。

　ところが，わたしたちにとって住みやすい空気の密度に，息苦しさ（生き苦しさ）を感じる人がいたとしたらどうでしょう。

　ここでわたしがお伝えしたいことは，大気圧にたとえた，対人関係の親密度の問題。つまり，どの程度の対人接触の密度に心地よさを感じるか，これにはけっこう個人差があります。そして，わたしたちには快適に思われる対人関係の密度が，特定の人には濃すぎる場合があること，この現実を，わたしたちはもっと知るべきだと思うのです。

　もちろん対人的（情緒的）親密度の問題ですから，身体的な意味での呼吸しづらさではなく，情緒的に混乱する（冷静さを維持できない）ということです。

　しかし，中には対人関係密度の不調和から起こる不安（情緒的混乱）を，心身症的な症状に置き換え，過呼吸発作など，本当の呼吸困難に陥る人も珍しくありませんから，人間とは複雑怪奇です。

　そして，そういう人の中にも，愛着の課題を抱えている人が，これまた決して少なくない頻度で含まれています。ここからわたしたちが学ぶべきことは何でしょう。

イ 情に竿させば（Ⅱ－各4－5－イ）

　わたしのような仕事をしていると，里親をしておられる方々への研修を頼まれることがあります。

　というのは，里親の援助が必要になるような子どもは，保護者がいないとか，いろいろな理由で難しい養育環境の課題が背景にあり，都道府県知事に委託された里親のご家庭で育てていただくことになるからです。ただ，そうした子どもだからこそ，というべきか，どうしても愛着に課題をかかえた子が多くなり，里親の方々も，その対応に苦慮される。だから，そうした子どもとの接し方を研修してほしい，という依頼になるわけです。そこで，里親さんへの研修を担当してきた者としての感想を一言。

最近はだいぶ解消される方向にありますが，そうした養育領域には，まだまだ誤解されている養育論があります。その一例が，「恵まれない子どもだから，そうした子どもには愛情を注ぐべし」というものだと思うのですが，いかがでしょう。

　おっしゃりたいことは，ごもっともですし，そうありたいとも思うのですが，問題は愛情供給の中身が支援者任せになってきたところ。

　そうすると，里親を引き受けるような方には人道家が多いので，どうしても傾聴・受容・共感という養育論が一人歩きしてしまうこと。

　ここはとても微妙なことを申し上げているので，慎重にお読みいただきたいのですが，里親をなさるような方には，高邁な理念をお持ちの方が多いだけに，どうしても人間性に関する社会的理念（社会的標語）につながるような「寄り添い」を道標にされやすいのです。

　決してそのこと自体を批判するわけではありませんが，すでに繰り返し申し上げてきたように，社会的標語で表現される世界は，その世界内存在を実現できていない人にとっては，自分を否定せざるを得ない，厳しい状況の体現にしかならないことがあるのです。

　たしかに言われてみればそのとおりですし，わたしも野暮なことは言いたくないのですが，愛情を注ぐということは，情緒的接触を増やすということ。これはここでお話ししている情緒的親密度を高めることにつながり，それによって混乱してしまう子もいるのです。

　要するに，情に竿をさせば，竿をさした支援者も，竿をさされた支援対象者も，情の刺激を受ける。その刺激を消化し，クリエイティブな栄養にできるのは，愛着形成の時期に，安心で安全な情を享受できた人で，ここに登場している人は，そこが障害されているわけです。

　ぜひともおわかりいただきたい。愛着形成に課題のある人は，信頼関係の基盤になる「信頼」という感覚が揺らいでいる，あるいは歪んでいる人でもあるのです。そういう人を情緒的（情愛）密度の高い環境へ招き入れる，それはそういう人を満たすことにはならず，混乱させる（苦しめる）。これでは「罪作り」にしかなりません。

　さて，いろいろと八方塞がりのようなことばかり書いてきました。でもご安心ください。この本は読者を混乱させることを目的にした本ではありません。その真逆，つまり読者にすっきりしてもらうことを目標にする本です。そういう意味ではここが「どん底」，ここから先は上り調子しかありません。

ウ　愛は歌の中に（Ⅱ－各4－⑤－ウ）

　わたしは，支援対象者と人生を語るのが好きです。ここでちょっとご注意を。人生を語ることは，人生相談ではありません。お互いが知っている（と思っている）人生観を披露することです。

　そこでは，お互いが評論家ですから，自分の人生を語ることはあっても，それは告白ではなく，お互いがそれぞれの人生観を，相手の参考にしてもらうため，伝え合っているに過ぎません。そうした場では，お互いに談笑が起こります。支援は湿っぽくしない。これ

はわたしの信条です。

　愛着に課題のある人は，語彙の多少はあるにしても，概しておしゃべりが好きです。ここでおしゃべりを湿っぽくすると，どうしても情の部分が動き始めます。わたしは，よほどの意図でもない限り，おしゃべりに情を絡ませません。

　情を絡ませたおしゃべりをすると，他者批判が出てきたり，自己批判が出てきたり，話題がネガティブになりがちです。世の中には，対話によってネガティブな思いを吐き出すことで，当事者はすっきりした気分になれる（カタルシス・自己浄化・抑圧からの解放が起こる）とおっしゃる方がいます。しかし，わたしはこの考え方について，はっきり言えば都市伝説だと思っています。特に愛着絡みの課題がある人には，ほぼ禁忌だと。

　これがカタルシスになるのは，「あいつ腹立つ！」とぶちまけて，「ああすっきりした」と自覚できる人の話で，普通はネガティブなことを語れば語るほど，気分が悪くなるものです。まして，愛着絡みの人にそんなことをさせたら，嫌悪体験のフラッシュバックが起こって，さらに収集がつかなくなるのが関の山です。

　そこで，冒頭の人生談議。これは，たいてい他人モードで話が進むので，相当際どい話題を交わしても，相互の安全性の揺らぎが起こりません。

　例えば愛着絡みの人とよく交わす際どい話題に，歌の文句ではありませんが，「本当の愛なんて，いつだって歌の中だけのこと」（愛は歌の中に，作詞・作曲：長谷川きよし）というのがあります。

　これは，かなり際どい内容ですし，どことなく，倦怠感や虚無感が漂う歌なのですが，愛着絡みの人への受けはかなりよいです。ときには「そうだそうだ」と肯定してくれるときもあります。そこで「これを理解できるきみは，きっと人生の達人になるね」というところへ落とし処を作ります。

　一度騙されたと思ってやってごらんなさい。歌を通して語り合うと，意外にテーマの深刻さが薄れ，挫折や絶望のテーマですら，勇気や希望，ワクワク感（ロマン）へと転化します。

　これは，歌は抒情的，ときには情緒的な表現の「固まり」なのですが，それはイメージであって，現実ではないので，現実の場で起こりがちな，侵襲性の高い密着感にはならないからだと思います。

　しかも，ここで語っているような「ひととき」は，目的を持った話し合いではなく，いわば無駄話です。

　わたしたちは，無駄話の威力を思い知るべきだと思います。そこで交わされたことは，相当深刻な話題がワクワクできるものになったり，何を話したのかはよくわからないけれど，退屈な時間ではなかったという終わり方ができたりするからです。

Ⅳ まとめ（Ⅱ－各4－5－Ⅳ）

　愛着の形成に課題のある人は，トラブルメイカーになりやすい。こんなことはみなさんご存じのとおりです。

　すでに述べてきたように，このグループに属する人は，広範な領域でトラブルを引き起こすリスクが高いので，ここから先は，具体的なトラブル状況での対応を参照してください。

　また，ここでは愛着障害にもかなり触れたのですが，愛着という日本語表記より，アタッチメント障害という英語名を好む専門家もいることを付記しておきます。

　それと，愛着障害という言い方は医療的な診断名です。愛着障害への医療的な対応を知りたい方は，医療領域での参考書にも当たられることをお勧めします。

参考資料：ユニバーサルデザイン（Ⅱ－各4－資料）

　本書でわたしが紹介しているトラブル対応の方法は，基本的にユニバーサルデザイン（Universal Design，以下UDと略称します）の考え方から組み立てられています。

　UDは，アメリカ人の建築家で，大学教授でもあったドナルド・メイスによって，1980年代から提唱されたもので，現在では世界中で用いられている教育の理念としても取り上げられています。

　みなさんは，障害者の権利に関する国際条約はご存じでしょうか。この条約は，2007年9月28日，我が国の外務大臣が条約に署名し，2014年1月20日に批准書を寄託，同年2月19日，同条約は我が国について効力を発生しました。

　その条約の第2条の中に，「『ユニバーサルデザイン』とは，調整又は特別な設計を必要とすることなく，最大限可能な範囲ですべての人が使用することのできる製品，環境，計画およびサービスの設計をいう」という文言が明示されています。

　わたしは，1990年代から少年非行の領域で，発達障害を中心にした，特別な支援を必要とする非行少年への，鑑別業務や矯正教育に取り組んできましたが，そこでの実践を通して，UDの理念の重要性を認識し，それを現在のトラブル対応領域でも尊重しています。

　UDの理念に則った，実際場面での支援の在り方は，本書の中に十分盛り込んであり，その方が型通りの解説より，よほど重要だと思うので，ここではこれ以上の立ち入った説明はしませんが，提唱者であるロナルド・メイスが定めた，UDの7原則を提示しておきましょう。

　　UD7原則
　　①誰でも公平に利用できる。
　　②使用の自由度が高い。
　　③使い方が簡単ですぐにわかる。
　　④必要な情報がすぐにわかる。

⑤操作ミスや危険につながらない。
⑥無理のない姿勢で楽に使える。
⑦使いやすい空間が確保されている。

5 虚言を巡るトラブル（Ⅱ－各5）

　ここで取り上げるのは，まさしく人間の本性でありながら，かくも忌み嫌われるもの，すなわち虚言です。

1 虚言のタイプ（Ⅱ－各5－1）

　虚言には，後に詳述する3つのタイプ（Ⅱ－各5－3，4，5）があります。
　1つ目は。どうしてそんなウソをつかねばならないのか，理解に苦しむような取り留めのないウソ。
　2つ目は，自作自演を含め，ともかく意地悪としか言いようのないウソ。
　3つ目は，明らかに支援対象者がやったと思われる行為（例えば非行など）を，「自分ではない」と否認するような，追及をかわすためのウソ。
　この3つ，虚言が出てくるメカニズムはそれぞれ違います。しかし，虚言対応としてやるべきこと，というより，「やらない方がよいこと」は，3つとも共通しています。それは「虚言を暴こうとしない」こと。
　なぜだかわかりますか？
　ここは，本格的な虚言対応へ入る前に押さえておいた方がよいところなので，今から解説します。

2 虚言対応事始め（Ⅱ－各5－2）

　ここでお話しすることは，まずどうしてこのような解説が必要なのかということです。そして，どうして虚言を暴こうとしてはいけないのかということ。またそれを承知したとしても，なおかつ虚言を暴き，真実を明らかにする必要があるときには，どうしたらよいのかという3点です。
　さて，まずはこの解説がどうして必要なのか。それは「虚言は暴こうとしない方がよい」というわたしのやり方に，抵抗を覚える支援者がとても多いからです。
　つまり，「真実を質さなければ教育にも指導にもならないのではないか」という支援者の疑念，これにわたしは答えねばならないからです。
　真実を質す必要はないのか。たしかに，虚言対応において，これは真っ当な意見だと思います。しかし，それをやると，支援対象者はさらに虚言を重ねなくてはなりません。そ

こで，さらに真実を質す。そうなると，支援者と支援対象者の人間関係は，歪んだり，崩れたりするリスクが高まります。どう考えても，虚言の真実を質す，これ一本鎗で進むのは得策とは言えないのです。

それでは，虚言の真実を質すことと，虚言への教育的介入，この両者の均衡をどのように保つべきなのでしょう。

そこでわたしの考えを申し上げます。それは，虚言には真実を質す必要性があるウソと，その必要性がないウソがある，と考えるのです。そこで最初に指摘した虚言の3タイプ，あれをもう一度思い出してください（Ⅱ－各5－①）。

まず「取り留めのない虚言」，詳しいことはⅡ－各5－③・→124頁で述べますが，これに関してわたしは，真実を明らかにする必要性など，ほとんどないと思っています。だから，このタイプのウソであれば，教育的介入を中心に対応を組み立てます。

次に「意地悪な虚言」，これは真実を明らかにする必要性が多少出てきます。しかし，これもⅡ－各5－④・→127頁で詳述するように，事実を明るみに出しても，あまりよいことは起こらないので，探偵するときは慎重に行ってください。

探偵とは，本人に自白を迫るような（あからさまな）ことはせず，秘かな調査を通して真実に到達する方法です。わたしの場合には，探偵して，たとえ真実が明らかになったとしても，その結果を虚言の当事者に伝えることはありません。支援者が知っていればよい。これがこの虚言に対する探偵だと思います。詳しくは後ほど。

最後の「非行を否認するための虚言」，これは他の虚言に比べて，真実を明らかにする必要性が高くなり，虚言対応の中では最も高度な対処技術が必要になります。

この，一番やっかいな虚言への教育的介入については，Ⅱ－各5－⑤・→130頁で詳述しますので，ここでは真実を明らかにすべきだと，学校や施設が判断したときの，組織的な取り組み方について，モデルを示します。

ご安心ください。これはそれほどむずかしいことではありません。学校や施設としてなすべきことは，事情を明らかにする役割を担う人と，虚言への教育的介入を担う人を別にする。つまり役割分担で対処するということです。

なぜ，このような手間が必要なのでしょう。それはこの場面で真実を質すことは，犯罪捜査の手続（事情聴取）と同じことをしなくてはならなくなるからです。当たり前のことですが，犯罪捜査の場合，事情聴取は刑事司法の手続であって，教育的支援を目的にしたものではありません。

教育や福祉の領域で，「虚言対応には事実（真実）を明らかにする必要がある」と主張される方々は，「それが教育上必要だからだ」と，口をそろえておっしゃいます。

確かに，教育を行うために実態把握が必要なこと，それはもっともだと思います。しかし，その必要性を認めたとしても，事情聴取は事情聴取であって，教育的な手続ではありません。強いて言えば，それは教育の前段階の手続（教育環境の整備）に過ぎないのです。

つまり，この後に本来の教育が待っている。したがって，事情聴取がその後の教育にど

のような影響を与えるのか，そのことを，わたしたちは知っておく必要があるのです。

　その影響は，すでに申し上げたとおり。どう考えても，支援者と支援対象者との人間関係に，よい影響は与えそうにない，ということでしょう。

　ここで唐突な脱線をお許しください。テレビドラマなどで，人情のある刑事が，対人不信に凝り固まっている容疑者の真心へ働きかけ，容疑者も次第に人情刑事へ心を開く。そして容疑者は涙を流して真実を語り，人情刑事に感謝しながら刑に服す。

　そんな，古びた刑事ドラマに出てきそうな場面展開を図ることは，わたしにはむずかしい。というより，わたしは浪花節が苦手なので，そんな芸当はとっても打てそうにありません。

　ここで話を元に戻し，そもそも教育というものは，予想されるリスクをできるだけ整理した上で実践するものだと思います。この程度の役割分担，この程度の整理整頓なら，どこの組織でもできそうなことではないでしょうか。

　もし，諸般の事情によって，事情聴取担当と教育担当を兼任せざるを得ない場合，そのときは人情刑事並みの十分なアフターケアを。

　でも，この整理整頓って，前項で述べたUD7原則（Ⅱ－各4－資料・→121頁）そのものではないでしょうか。ロナルド・メイス先生も，「まあそんなところだよ」，と言ってくれそうな気がします，が，いかが？

　さあ，ここまでやっておけば，後は虚言への教育的介入へ邁進するのみ。まずは「取り留めのない虚言」から始めましょう。

③ 取り留めのない虚言（Ⅱ－各5－③）

㋐ 取り留めのない虚言の概要（Ⅱ－各5－③－㋐）

　さて，第1のタイプ，それは取り留めのない虚言。どうしてそんなウソが出てくるのか，理解に苦しむというやつです。

　例えば，学校の夏休みに家族で沖縄旅行を楽しむ。支援対象者がそれを，「沖縄へ行くよ」と周囲に伝えれば，「いいなあ」という羨望で終わる話です。

　ところが，支援対象者の中には，ときどき「ハワイへ行ってくる」と言い出す人がいる。そして夏休みが終わって，お土産持参の日，そこでトラブル勃発。友だちが「どうしてハワイに『ちんすこうショコラ』があるのだ」と騒ぎ出す。まあ憎めないけれど，人騒がせなのがこのタイプの虚言です。

　さて，この種の虚言には，これまた3つのタイプがあります。

　1番目は事件・事故の目撃情報のようなウソ。2番目は家族や友だち自慢のウソ。3番目は自己自慢のウソ。

　1番目のウソは事件・事故，例えば家の前のコンビニエンスストアで交通事故があって

救急車が来た！　というたぐい。この程度なら虚言だと思わない人が多いのですが，わたしたちの支援対象者には，この種の事件・事故を毎月のように目撃する人がいて，ついつい「おいおい，本当の話かよ」と，問い詰めたくなってしまいます。

　まして，男の人が血まみれになって倒れていて，足が1本ちぎれてコンビニの駐車場に転がっていた，などの壮大な尾ひれが付くことがあり，支援者は黙っていられなくなってしまうのです。

　ともかく，わたしたちが一生の間に一度遭遇するかしないかの事件や事故にたびたび遭遇し，UFOは夜空を飛び回っていますし，あちこちの鉄道の踏切には幽霊が立っています。AKBの○○ちゃんに新幹線で会ったというのもそのたぐい（ときどき実話が含まれているのでご用心を）。

　長くなるので，後は簡単に，家族自慢のウソなら，僕の父ちゃんは元F1レーサーだとか，芸能人の○○ちゃんはうちの親戚筋とか，母ちゃんには霊能力があるといったウソ（これも本当の場合があるのでご用心を）。自己自慢のウソなら，それこそオリンピック選手並みの跳躍力がときどき発現する話から，自分の霊能力，身体に残る小さな傷跡に至るまで，とんでもない自慢話と融合して語られます。

❹ 取り留めのない虚言のメカニズム（Ⅱ－各5－③－❹）

　わたしは，この種の虚言について，おしゃべり（多弁）であることや，だまっていることに耐えるスキルの乏しさが絡む，行動のエラー（失敗）だと思っています。

　そもそも，このタイプの虚言が目立つ人には多弁な人が多い。そして，多弁の人は，黙っていることが苦手な人でもあります。静かにしているように指示されると，それがストレスになって，ソワソワしたり，イライラしたりしやすく，叱ってくださいと言わんばかりのおしゃべりを繰り返しやすいのです。そこで，こういう多弁のことを，「口の多動」と呼ぶ専門家がいます（実はわたしもその一人）。

　さて，「多動」という言葉が出てきたので，少し多動の説明を。これは元気が良いという意味ではなく，じっとしていようと思っても，「体が勝手に動いてしまう」ということです。

　口の多動についても同じことで，ついつい口が動いてしまいます。ちょうど動き回る多動が，「なにをしたい」とか「これをしたい」という目的よりも，ともかく身体が勝手に動くのと同じで，口の多動も，「何を話したい」とか「これを話したい」という目的ではなく，ともかく話したい衝動を抑えられなくなるのです。

　要するに，何かを話したいのだけれど話すことはない。しかし「話したい」という衝動に負け，自分の興味や関心のみに彩られた話が飛び出してきます。その一方で，話を聞かされる相手のことは眼中にありません。それが取り留めのない虚言になるのですが，そのメカニズムについては，さらに説明を要します。

　つまり，「取り留めのない虚言」を吐くような人には，自分が語っていることについて，「ウソをついている」という自覚はほとんどないのです。

なぜなら，そこにいる人たちを騙してやろうなどとは思っていないからです。騙すどころか，この虚言には「楽しませてあげる」という，サービス精神に近い思いすら見え隠れしています。ただ，相手への共感的な配慮がほとんどありませんから，このサービス精神は成就せず，結果的に「はた迷惑」なものになる，というわけです。

　さあ，ここからが「取り留めのない虚言」の最深部です。この種の虚言は，自分が「こうありたい」と願っていることとか，自分が過去に経験したこととか，誰かから聞いたこととか，何かで読んだこととか，ともかくここでの虚言者が，内界あるいは外界から収集した情報によって構成されており，虚言者からすれば，それは他者を欺く意図ではなく，他者への情報提供の意図をもって語られるのです。

　しかし，聞かされる側からすると，話し手の実体験ではないことを，実体験のように語られ，実体験ではあっても，例えば5年前の出来事を昨日のこととして語られ，他人から聞いたことを自分のことのように語られるので，談話の不自然さに少しでも気付くと，「えっ？」という疑惑を持ってしまうのです。やはり虚言には実体を伴わない寂しさが漂います。

　それでは「取り留めのない虚言」のメカニズムはこの辺りにして，このトラブルへの対処法に移りましょう。

ウ 取り留めのない虚言への教育的介入（Ⅱ－各5－③－ウ）

　さて，ここまで取り留めのない虚言のメカニズムを理解すれば，対処法は明瞭です。

　この虚言は，支援対象者の興味・関心を反映しているのですから，例えばⅡ－各5－③－ア・➡124頁の事例から対処法を示せば，「ハワイへ行ってくる」なら，「それは本当か」と問い詰める（ウソを暴こうとする）のではなく，ハワイへの興味に関する話題（風景，歴史，映画，サーフィン，音楽，ダンス，何でもけっこう）の話題で盛り上げる。「コンビニの交通事故」であれば，救急車とかレスキューなどの話題で盛り上げる。「UFO」の目撃談であれば，宇宙や宇宙人の話題で盛り上げる。「鉄道の踏切」であればオカルトの話題で盛り上げる。「AKBの〇〇ちゃん」であればアイドルの話題で盛り上げる。「F1レーサー」であれば，F1の話題で盛り上げる。「オリンピック」であれば，競技の話題で盛り上げる。

　おわかりでしょうか。虚言を暴くことにはほとんど意味がない。むしろ虚言は，支援対象者の目がキラキラする興味・関心領域の自己開示だと捉え，その虚言を通して，支援対象者との人間関係を深めるやり取りの工夫を展開する。これが虚言対応の基本だとわたしは思っています。

　それでは2番目のタイプ，「意地悪な虚言」の場合はどうでしょう。これも基本的には同じ対応（虚言を暴こうとしない）を用いますが，やり方は「取り留めのない虚言」のように素直なものではありません。何しろ相手は意地悪ですから。

④ 意地悪な虚言（Ⅱ－各5－④）

　これは，どこの学校でも施設でも，一定不変の数で出てくる虚言相談です。早い話が，このトラブルには当事者の自作自演が疑われる。しかし証拠がない。かといって放置することもできない。支援者は対応しても達成感が得られず，対応すれば対応するほど疲弊する。これは支援対象者への支援もさることながら，支援者への支援の必要性を最も痛感する虚言です。

ア 意地悪な虚言の概要（Ⅱ－各5－④－ア）

　この虚言の大きな特徴は，あたかも判で押したかのように，同じパターンの虚言が発現することです。

　例えば，特定の人が「誰かに上履きを隠された」と訴えてきます。関係者が総出で探していると，訴えた本人が，「トイレの中に隠してありました」と，自分で見つけて持ってきます。

　そうかと思うと，「自分のことを誹謗中傷するメモが机の中に入っていた」と訴え，紙切れを持ってきます。それを見ると，確かに「死ね」とか「不要」とか書いてありますが，筆跡が不自然で，右利きの人がわざと左手に筆記具を持って書いたような，たどたどしい文字で書かれています。

　そんなことがときどき起こるわけですが，書かれたものをよく見ると，筆圧とか，文字の大きさとか，とてもよく似ていて，同一の人が書いたもののようにも思えます。

　と，この比較的短い説明でほぼ言い尽くされてしまうほど，ワンパターンの虚言が支援者を困らせているのです。それも日本全国津々浦々で。

イ 意地悪な虚言のメカニズム（Ⅱ－各5－④－イ）

　最初に紹介した「取り留めのない虚言」と，この「意地悪な虚言」，両者の違いは誰にでもわかることです。あえて言うまでもないでしょうが，要するに後者の方が「歪んでいる」ということです。

　まあ，こんなことをする人は，支援者に，あるいは周りに，何かを訴え掛けたいと思っているのでしょう。しかし，それを言語化できる人であれば，「わたし，こんなことで困っているから，力を貸してほしい」と相談するわけで，こんなに非効率的で，ややこしく，それなりのリスクもある虚言に訴えるようなことはしないでしょう。

　どう考えても，「意地悪な虚言」の本質は，この「歪み」にあると考えるのが妥当だと思われます。とはいえ，意地が悪いとか，たちがよくないとか，やっかいだ，と言っているだけでは，支援にも教育にもなりません。ここは，この虚言者を，わたしたちの土俵に招き入れ，その中で働きかけることを考えるべきだと思います。

　ただ，抜本的な解決を考えるなら，相当時間を掛けた教育が（ときには治療が）必要に

なると思います。それというのも，この「歪み」は，昨日や今日起こったことではないからです。

　この虚言で周囲を困らせている人は，成育歴の中に，いろいろな意地悪のエピソードが散りばめられていることが珍しくありません。例えばAさんには，Bさんがあなたの悪口を言っていたと伝え，Bさんには，Aさんがあなたの悪口を言っていたと伝え，両者が対立する原因を作ったとか。

　まあ，その背景にあるものは，わかるような気がします。例えば，Ⅰ－考1－**2**・➡27頁で紹介したメタ認知と，Ⅰ－考1－**3**・➡28頁のメタ認知の不調，そしてⅠ－考4－**2**－③・➡42頁のコミュニケーション，さらにⅡ－各4・➡113頁で示した愛着の課題の辺りで述べたこと。

　つまり，自分の感じ方や考え方と，他者の感じ方や考え方の違いを認識する力が弱い。また自分の言動によって他者が蒙る不快や迷惑をイメージする力が弱い。さらに安定した信頼関係を維持する力にも制約がある，というところです。

　こうした課題を解決するためには，本来は時間を掛けた教育的・治療的アプローチが必要だと思います。例えば認知行動療法とか，ソーシャル・スキルズ・トレーニング（SST）とか。

　しかし，本書はトラブル対応を取り扱うワークブックであり，時間を掛ける対応のテキストではありません。したがって，ここでは本書の守備領域であるトラブル対応の範囲からの逸脱を避け，この虚言への対処法を紹介することにします。

　ただ，今からここで述べるような，トラブル対応の「のれん」を潜らないと，時間を掛けたアプローチの中門に辿り着けないことも事実です。ぜひ，いまここでの人間関係を大切にして，トラブル状態からの離脱を図りましょう。

　その前に一言。この虚言へ対処するときには，いろいろ留意すべきことがあります。まずは，くどいようですが，「虚言を暴こうとしないこと」，この言葉の意味が最も鋭く問われる虚言，それがこれなのですから。

　例えば，3つの虚言のタイプ，その中で最も実害（周囲への迷惑度）が小さいと思われるのは，先に述べた「取り留めのない虚言」だと思います。

　それでは，実害が一番大きなものは，この次に取り上げる「非行を否認する虚言」でしょうか。さに，あらず。実はここで取り上げている「意地悪な虚言」なのです。

　その理由は少し考えればわかること。この虚言の被害（迷惑）は，支援者を含めた不特定多数に及びます。なにしろ。失せ物探しに多くの人が巻き込まれているのですから。それに加え，犯人の特定ができていない。いや，支援対象者の自作自演は見えているのですが，物証がなく，疑わしきは罰せず，そこから先には踏み込めないのです。

　これは大変なストレスになるため，すでに触れたように，支援者の疲弊は著しいのです。そこでわたしが呼ばれます。

ウ 意地悪な虚言への教育的介入（Ⅱ－各5－④－ウ）

　せっかく呼んでいただいても，わたしのやり方は，犯人を特定するための物証探しではありません。基本的に虚言を暴こうとはしないからです。

　むしろ，支援者にも，自作自演劇が疑われている支援対象者にも，肩の力を抜いていただく，そして次なる支援，時間を掛けた本来のアプローチへの準備性（レディネス）を高めること，そのために行う支援者への支援，これがわたしの仕事です。その際，支援者へ特にお伝えすることは，49頁～53頁で述べている肯定的フィードバック（Ⅰ－考5－⑤）の実践法についてです。

　その一方で，わたしから唐突に支援対象者と対談することはまずありません。その理由は2つあります。

　1番目の理由，それは支援対象者にとって，わたしは赤の他人だからです。さっきまで顔も名前も知らなかった人から，「少しお話し合いをしませんか」と話しかけられること自体が，非常に不自然だからです。

　2番目の理由，わたしはトラブル対応に来たのです。トラブル対応とは，目前で起こったことへ，即時対応するから効果があるわけです。赤の他人であるわたしが，支援対象者のところへのこのこやって来て，「昨日のことだけど」これは茶番です。

　したがって，今から紹介するのは，わたしが訪問先のスタッフへ助言している対応例です。このやり方の安全性は確認済みですから，読者の方々も，必要な場面で使ってみてください。多分このやり方は，状況を今以上に複雑化させることを予防し，新たな展開への動機づけを高めると思います。

　実際の支援場面で，Ⅱ－各5－④－ア・→127頁に記載したようなトラブル（誰かに上履きを隠された）が発現したときには，「どうしてほしいの？」と，即時フィードバックを行ってください。そこで支援対象者が，みんなで探してほしいと言うようなら，みんなで探せばよろしい。ご安心ください。ものの30分もしないうちに，支援対象者が「トイレに隠してありました」と自分で持ってくる可能性が高いのです。

　この「どうしてほしいの？」と問い掛けるやり方は，Ⅱ－各5－④－イ・→127頁の最初の方で，「何かを訴えたいのだが，言語化できていない」と書いたことを，そのまま質問にしているわけです。しかし，まさに言語化できていないので，せいぜい「みんなで探してほしい」くらいしか言葉にならないのだと思います。

　また，「どうしてほしいの？」という質問には，ときどき「何もしてもらわなくてもいいです」と答える支援対象者がいます。このときは，無理に発言を促さず，「それなら，今日はいいけれど，困ったことがあったら，いつでもわたしのところへ相談においで」と，次につなげる配慮を示したうえで，面談を終えるようにしたらよいでしょう。

　もっとも，支援者と支援対象者の間で，単なる顔見知り以上の交流が持てる場合には，次のようなやり取りも使えます。例えば「死ね」というような誹謗中傷のメモに自作自演が疑われる場合，「そんな意地悪をする人には，わたしが呪いをかけてあげる！」。この一

言は，支援者から支援対象者に向けた相当な皮肉を含んでいますが，支援対象者は意外に腹を立てず，反対に「ニヤリ」とすることが多いものです。それは「Ⅰ－考5－**5**－④・➡51頁」で紹介している肯定的フィードバックへの反応とよく似た現象だと思います。

5 自らの非行を認めようとしない虚言（Ⅱ－各5－5）

　この表題は少々仰々しいですが，このタイプの虚言はさほど珍しいものではありません。幼稚園の保護者会，お母さんがよく嘆かれるじゃないですか。「うちの子，何かやらかしても，ごめんなさいが言えないのです」，そうするとお隣のお母さんも，「うちの子もそう。どこかにウソつき対応の専門家っていないのかしら」と。

　ここでは，まさに「ウソつき対応」のお話をしているのですが，相手が幼稚園児でも青年でも，自分の失敗をなかなか認めようとしないウソ，これのメカニズムは，子どもも，大人も，たいして変わりません。

ア 自らの非行を認めようとしない虚言の概要（Ⅱ－各5－5－ア）

　例えば，中学校2年生の教室で，男子生徒Aさんの大切なものが無くなりました。

　それが男子生徒Bさんのカバンの中から出てきました。Bさんに「きみがAさんに断りなく持ち出したのか」と問い質すと，「僕ではない」と答えます。

　このクラスでは，こうしたことがときどき起こります。そうしたときにはよくBさんの名前が出てきます。Bさんには以前から盗癖のうわさが絶えません。

　さあ，困りましたね。あなたならどう対応しますか？

　これは，学校などでの研修で，わたしがよく頼まれるワークショップの一場面です。それがここで扱う，「非行事実を認めないという虚言」になります。この後Ⅱ－各5－5－ウ・➡131頁で，こうした否認への教育的対応のモデルを示しますが，その前にどうしてこんなことが起こるのか，そのメカニズムを考えてみましょう。

イ 自らの非行を認めようとしない虚言のメカニズム（Ⅱ－各5－5－イ）

　この虚言はⅡ－各5－④・➡127頁で取り上げた「意地悪な虚言」と同じように，支援者を疲弊させるものですが，支援対象者が非行事実を否認する理由は，ほぼ次の2つ，これをしっかり押さえておきましょう。

　1つ目の理由には，本書の「考え方編」，トラブルの原因になりやすい課題の中にある「勝ち負け課題（Ⅰ－考3－**2**－②・➡36頁）」が絡みます。

　つまり，この課題を乗り越えていない人は，負けている自分を認めることが困難になります。特に自分の失敗を指摘されることには耐えられず，「知らない」とか，「自分のしたことではない」と，周囲からの批判を拒絶するのが精一杯で，なかなか「ごめんなさい」へ到達できないのです。

2つ目の理由は，正直に本当のことを認めても，それがあまりよい経験につながらなかった人が多いというものです。

　つまり，認めたら認めたで，「ダメじゃないか」とさらに叱られる。もっと大きなところは，認めれば謝罪を要求されるということ。

　なぜなら謝罪というものは，「わたしが悪うございました」と自分の罪業を全面的に認めることなのです。しかし，人間の所業というものは，どちらか片方が全面的に悪いというようなことは，通り魔のような事件でない限り，通常はあり得ない。ドロボウにも三分の理と言いますね。お金がなく生活に困った，財布が机の上に放り出してあった，その友だちに3年前1,000円用立ててやったが，返してもらっていない，家庭環境に恵まれていないなどなど，ともかく，どんな犯罪にでも加害者側の情状は，それなりにあるのです。

　そうすると，一部の加害者は，全面的に自分が悪いという謝罪に納得できない。「ここのところは自分が悪いので謝るけれど，ここのところはあなたが悪いので，あなたも謝ってほしい」という謝罪なら，多分加害者は納得し，ここでいう非行の否認は，それだけで半減すると思います。しかし，社会通念上は，そんな謝罪はあり得ない。そんなことを言おうものなら，反省していないと総スカンを食う（この辺りのことは，どうして加害者が全面的に謝罪する必要があるのかを含め，暴言と暴力を巡るトラブル（Ⅱ－各6・➡133頁）および，いじめと非行を巡るトラブル（Ⅱ－各8・➡148頁）のところでも取り上げます）。

　よろしいでしょうか。これが非行事実を認めようとしない虚言のメカニズムです。ここまで書いたのですから，幼稚園児のお母さんへもサービスをしましょう。なかなか謝らない子には，「ここのところはあなたが悪いから謝ってね。ここのところはお母さんが悪かったから謝ります」と持っていくと，子どもはすんなり「ごめんなさい」と言う可能性が高まります。ただ，子ども同士のトラブルの場合には相手があるので，このやり方も少々むずかしくなり，相手の子のお母さんとの話し合いが不可欠になります。ここは，本書のⅠ－考5・➡47頁のところで，多分答えが見つかるでしょう。もし相手のお母さんが，話のわからない人の場合には，「お母さんもよくご存じなように」を枕詞に対話（Ⅰ－考5－❶・➡47頁）を発展させましょう。それでは本論へ戻ります。

❷ 自らの非行を認めようとしない虚言への教育的介入（Ⅱ－各5－⑤－ウ）

　この虚言（Ⅱ－各5－⑤－ア・➡130頁）に対処するためには，加害者と被害者を同席させた上で，双方共に争いのない論点を整理します。

　まず，Aさんの大切な物がなくなった。このことに関しては，AさんにもBさんにも争いはありません。

　次に，Aさんの大切な物が，Bさんのカバンの中から出てきた。このことに関してもAさんとBさんに争いはありません。

　Aさんの大切な物は，物だから，物が自分の意思で，勝手にBさんのカバンの中へ飛び込むということなどあり得ない。このことに関してもAさんとBさんに争いは起こらない

でしょう。
　ということは誰かがAさんの大切な物を勝手に持ち出して，Bさんのカバンの中へ入れた。こう考えないと説明はできません。このことに関してもAさんとBさんに争いはないでしょう。そしてBさんは，Aさんの大切な物を持ち出したのは自分ではないと言っています。この点に関しても，Bさんの言い分を認める限りにおいて，相互に争いは起こらないでしょう。
　ここまで確認した上で，支援者は両者へ次のように伝えて，その場を終結させます。
　「わかりました。これは，目的はよくわかりませんが，Aさんの大切な物を勝手に持ち出した人がいて，それをBさんのカバンの中へ入れたということです。これは考えようによっては，学校内にドロボウのようなことをする人がいるということで，とても重大な問題だと思います。この問題をどう解決するか，ことがことだけに，警察へ相談することも含めて，学校として検討したいと思います。今日はどうもお疲れ様でした」。
　この状況は，少し考えてみると微妙な問題を含んでいます。多分BさんがAさんの物を持ち出したのだと思われますが，考えようによっては，AさんがBさんを何らかの理由で陥れようとして，自分の大切な物をBさんのカバンの中へ入れた，と考えられないこともないのです。
　この状態で1週間ほどそっとしておくと，興味深いことが起こる可能性が出てきます。多分Bさんが，「先生，この前のあの件はどうなりましたか？」と教師（あなた）のところへ聞きにくる公算がかなり高いのです。
　次はあなたの台詞です。
　「Bさん，この前のあの件って何のことですか？」。そうするとBさんは少し焦ってさらに質問してきます。「この前のあの件です」と。そこであなたの台詞です。
　「ああ，修学旅行の説明会の話ですか？」するとBさんは，真面目な顔をしてあなたに聞くでしょう。「あのー，Aさんの大切な物がなくなって，僕のカバンから出てきた，あの話です」。そこであなたの台詞。
　「ああ，あの件ですか，それがどうかしましたか？」するとBさんは，大切なことを自分で言い始めます。
　「あの件は警察へ相談したのですか？」
　そこであなたの台詞です。
　「それは学校が判断することなので，Bさんに心配してもらう必要はないのですが」
　この次のあなたの台詞が最も重要です。
　「Bさん，どうしてあの件がそんなに心配なのですか？」
　さあ，この「Bさん」と「あなた」とのやり取りをどう思われるでしょう。これはあなたがBさんに不安を与えているということです。わたしは教育の現場で，教師が生徒に不安を与えるようなことは，やってはいけないことの一つだと思っています。しかし，この場面をもう一度よくご覧ください。そもそもBさんはどうしてあなたのところへ，ことの

てん末を聞きにきたのでしょう。それは，警察が関与することへの不安があったからです。ここであなたが，警察に相談しました，あるいは相談はしませんでした，と答えればBさんの不安は多少軽くなったと思います。しかし，あなたはどちらとも答えていないので，Bさんの不安は持続しています。

　誤解なさらないように，ここでわたしは決してBさんに意地悪をしているわけではありません。ぜひともわかってほしいことは，不安というものは，非行や犯罪を抑制するかなり強度なファクターだということです。

　自分の胸に手を当てて考えればわかります。わたしたちでも，不安によって犯罪的な逸脱はもちろん，倫理的な逸脱もかなりな程度抑制しています。例えば，自動車の運転，スピード違反にしても，駐車違反にしても，わたしたちは道徳的な深い倫理観というより，まず交通違反の摘発に対する不安から自己を抑制し，その習慣化の中で社会的行動を学習してきたではありませんか。

　わたしは，不安には当事者へのストレスになって，抑うつ感や神経症状を作ってしまうような悪性の不安と，社会的行動の制御に役立つ良性の不安があると思っていますが，みなさんはどう思われますか。

　もちろん，今回のあなたが，思い余ってBさんに投げ掛けた不安が，今後の社会的行動にどの程度影響を与え，ルール違反の抑制につながるのかはわかりません。しかし，「ウソをついてはいけない」という指導によって虚言の頻度が減るとしたら，だれも苦労しないということです。

　ここで紹介したやり方は，例えばBさんの虚言を暴こうとはしていない。しかし，Bさんがあなたのところへ足を運び，あなたとのコミュニケーションを求めている。虚言というきっかけを通して，ここからあなたとBさんとの，新しい人間関係が育つ可能性を高めたという意味で，これは虚言への立派な教育的介入になっていると思いますがいかがでしょうか。

　さて，虚言への対応はこの辺りで終えるとして，この後，暴言と暴力，家庭内暴力，いじめと非行，性的逸脱行動，そしてそれらとは全く異なった対応が必要なLGBT，まさにトラブル対応の正念場を巡っていきますので，よろしくお願いします。

6 暴言と暴力を巡るトラブル（Ⅱ－各6）

　今から取り上げる「暴言と暴力（Ⅱ－各6）」およびその後に登場する「いじめと非行（Ⅱ－各8・→148頁）」は，本来同じグループに属するものだとわたしは考えてきました。
　それを本書では，どうして別仕立てにしたのか，そうしたことも含め，ここではトラブル対応に必要な整理箱の整理整頓を行います。

1 同属併記（Ⅱ－各6－1）

　まず，本書では別仕立てにした「暴言と暴力（Ⅱ－各6）」と「いじめと非行（Ⅱ－各8）」は，どうして同じグループなのかという理由を説明します。

　それには，暴言も，暴力も，いじめも，非行も，相応の理由があれば是認されるのかという，命題めいた問いに答えなくてはなりません。

　さあみなさん，暴言，暴力，いじめ，非行，これらの行為は，相応のやむなき理由があれば是認されるものでしょうか。何だか，青臭い議論を吹っかけているようで恐縮ですが，これはとても大切なところです。

　それではわたしの答えを。わたしはいかなる理由があったとしても，その行為は許容も是認もできるものではないと思っています。なぜなら，それを是認することは，法治国家の屋台骨を揺るがす大事件になりかねないからです。

　もちろん，いかなる状況においても，情状酌量はあると思います。しかし酌量は手加減であって，許容や是認ではありません。

　少し考えればわかることです。ここで取り上げている行為は，ざっと見渡しただけでも，脅迫罪，強要罪，暴行罪，傷害罪などなど，明白な犯罪行為として，法に抵触するものばかり。早い話が，人の進路に立ちはだかり，「とうせんぼう」をする迷惑行為も軽犯罪法違反。要するに，犯罪はいかなる理由があろうとも，是認されるものではないのです。

　つまり，暴言，暴力，いじめ，非行，こうした行為は，対象物に当てる照明の角度が違うだけで，そこにあるのは全く同じもの，すなわち犯罪行為という同属なのです。

　わたしは法律論争に関しては全くの門外漢ですが，本書の範囲に限って言えば，このトラブル状況に対して，これ以上の説明は不要だと思います。

2 同属分離（Ⅱ－各6－2）

　そう捉えた上で，「暴言と暴力」そして「いじめと非行」，この両者を別仕立てにしたのは，同じ各論中の各論ではあっても，前者では下方から照明を当てたときの手続を（基礎編），後者では上方から照明を当てたときの手続を（応用編），それぞれ解説したいと思っているからです。

　またこれは，同じ説明の重複を避ける意味も持っています。つまり，暴言，暴力，いじめ，非行，このトラブルに対して用いる手立ては，基本的に同じなので，型通りに話を進めれば，同じ説明を2回繰り返さなくてはなりません。そこで，先ほど予告した整理整頓を行いたいのです。

　ここでの整理整頓は，本書で取り上げている具体的なトラブルへの対応について，以下の3点を対象にするものです。

＊虚言（Ⅱ-各5・⇒122頁），暴言と暴力（Ⅱ-各6・⇒133頁），家庭内暴力（Ⅱ-各7・⇒142頁），いじめと非行（Ⅱ-各8・⇒148頁），性的逸脱行動（Ⅱ-各9・⇒159頁），LGBT（Ⅱ-各10・⇒171頁），それぞれの整理箱を整頓します。

＊暴言や暴力に対処する際の，即時対応と，継続対応の関係を整理します。このうち即時対応とは，トラブルに遭遇した場面への即時介入を行うこと。継続対応とは，今回のトラブルを機に開始される，本格的な支援を視野に入れ，支援体制の整備に配慮した対応を行うことを意味しています。

＊最後に，「愛着」に関する補足を行います。なぜ「愛着」のところではなく，ここで行うのか。それは，トラブル対応に従事していると，愛着に課題のある人の暴言や暴力への対応に行き詰まり，とても苦労している支援者に出会うことがよくあるからです。

まずここまでが基礎編，ここから先は応用編（Ⅱ-各8・⇒148頁）を参照してください。

③ 整理整頓（Ⅱ-各6-③）

それでは，Ⅱ-各5・⇒122頁から，Ⅱ-各10・⇒171頁について，それぞれの整理箱を整理します。

一口で言えば，「虚言（Ⅱ-各5・⇒122頁）」は迷惑という名の整理箱。「LGBT（Ⅱ-各10・⇒171頁）」は戸惑いという名の整理箱。後の「暴言と暴力（Ⅱ-各6・⇒133頁）」「家庭内暴力（Ⅱ-各7・⇒142頁）」「いじめと非行（Ⅱ-各8・⇒148頁）」「性的逸脱行動（Ⅱ-各9・⇒159頁）」は加害者・被害者関係という名の整理箱だと思います。

それでは，明らかに他とは異なる「虚言」と「LGBT」を除き，「暴言と暴力（Ⅱ-各6）」「家庭内暴力（Ⅱ-各7）」「いじめと非行（Ⅱ-各8）」「性的逸脱行動（Ⅱ-各9）」の相互関係はどうでしょうか。

まず，「暴言・暴力」と「いじめ・非行」は同属であること，これはすでに述べたとおりです。

次に「家庭内暴力」は，暴力発生のメカニズムが暴言・暴力・いじめ・非行の路線とは異なり，対処法も違うので別仕立てになります。

「性的逸脱行動（Ⅱ-各9）」は，非行というキーワードが絡む部分において，暴言・暴力・いじめ・非行の路線と重なりますが，他の非行とは一線を画す「性」という事象が含まれていること。さらに性差という決定因が，他の非行とは比べ物にならないくらい大きいという特異性によって，これも別仕立てです。

なお，「LGBT（Ⅱ-各10・⇒171頁）」の人は，性が絡むところで，性的逸脱行動と重なっているかのように誤解されがちです。しかしそれは，「生き方」の課題ではあっても，「逸脱」の課題ではありません。もちろんLGBTの人でも，不特定多数の人との性交渉が絡

むときがあり，そうなると逸脱色が強まります。なぜ，「逸脱色」であって「逸脱」ではないのか。その説明は「性的逸脱行動」のところにあります。

ということで，話を「暴言と暴力」へ戻しましょう。

4 行動分析（Ⅱ－各6－4）

暴言や暴力への対応には，本書が取り上げているトラブル対応の中でも，突出した特異性があります。それは「待ったなし」だというところです。

これ以外のトラブルでは，虚言にせよ，家庭内暴力にせよ，いじめにせよ，非行にせよ，性的逸脱行動にせよ，少なくとも支援対象者はわたしたちの目前で，わめいたり，暴れたりはしていません（家庭内暴力は，まさにわめいたり，暴れたりですが，これについてもわたしたちの目前で起こっているものではありません）。

いずれにしても，不適切な行動に対して，正攻法として用いられるものは，行動科学的な手続である「行動分析」だと思います。

行動分析では，例えばどのような課題が与えられている状況で，望ましくない行動が生起するのか，その行動が発現したとき，周囲はどのような反応をするのか，その反応は当該行動にどのような影響を与えているのかなど，不適切な行動が果たしている役割（機能）を明らかにし，行動に先立つ先行事象や，行動に随伴して起こる結果事象を操作することで，不適切な行動を減らす，あるいは望ましい行動を増やして，不適切な行動を行う必要性を低下させる，といった手当てを行うのですが，ここで取り上げている暴言や暴力は，そうした行動の役割とか機能を分析する時間的余裕を，わたしたちに与えてくれません。

また，意外に思われるかもしれませんが，反復性のある不適切行動の方が，既述の条件下で生起する行動のメカニズムを検証することが容易になります。しかし，そうした行動の法則性を同定する作業は，それなりに手間がかかりますし，そもそも行動科学の専門家が，不適切行動の生起する現場に駐在しているわけではないのです。

実は，わたし自身の方法論も行動科学なのですが，巡回先で出会う不適切行動に対して，すでに行動の機能分析が実施されているような事例に出会ったことなどほとんどないのです。

したがって，巡回先の支援者に，行動の原理に則った助言はできますが，それは当たらずとも遠からずの範囲であって，実証的なアセスメントに基づくものではないのです。このように，トラブル対応の実践場面は，甚だお寒い状態であることは否定できませんが，かといって不利な条件の下で仕事をせねばならないことを嘆いていても，何もよいことは起こらないと思います。そこで，時間的な余裕を持てない状況の中で，安全性の高い即時対応の仕方を示す，これが「本書の本分」だと思います。

さて，すでに本書では即時対応の仕方についていろいろ紹介してきました。例えば，不心得な言葉（Ⅰ－考5－3・→48頁），心得のある言葉（Ⅰ－考5－4・→48頁），肯定的

フィードバック（Ⅰ－考5－**5**・→49頁），真摯な対応（Ⅱ－手4－**1**・→65頁），毅然とした態度（Ⅱ－手4－**2**・→67頁）などなど。しかも，支援の方法はユニバーサルデザイン（Ⅱ－各4－資料・→121頁）であること。つまり，誰にとっても理解しやすく，使いやすく，安全性の高い支援手続であること，と宣言しています。

それでは，「待ったなし」のトラブル，「あなた」がその直撃を受けたとき，いかに即時対応すべきか。その「アイデア」を示しましょう。

5 即時対応（Ⅱ－各6－5）

まず暴言への即時対応から実践しましょう。

そこでやってはいけないことは明白。「そんなことを言ってはいけません」あるいは「言われた人のことを考えてみなさい」など，「ダメ」につながる禁止や制止の指示を出すことです。

たしかに，この場面での禁止や制止，これは必要な指導だと思います。でも，必要だから行う，この発想はあまりに短絡的で工夫が足りません。もし即時対応をされるのなら，次の台詞を憶えておきましょう。

　　許しがたい暴言が発現！　そこで，
　　「どうしてほしいの？」
　　＊これの詳細は，意地悪な虚言（Ⅱ－各5－④－ア～ウ・→127頁）を参照。

一度騙されたと思って使ってみましょう。禁止した場合との結果事象の違いを体験してみてください。ここで支援対象者の態度が少しでも和らいだら，状況次第で「また心にもないことを」の一押しを。

もし支援対象者が，「オレは理由があって○○と言ったのだ」と反論してきたときは，「そう言うと思ったよ」と，あなたとの対話（やり取り）へ巻き込む手続を。

この辺りは，会話と対話（Ⅰ－考5－**1**・→47頁）を参照してください。Ⅰ－考5－**5**－①～⑤・→49～52頁も要参照です。

おわかりでしょうか。支援対象者は「死ね！」とわめいているのか，「殺すぞ！」と吠えているのかは別にして，ともかく噴火活動中なのです。そこに冷水をかける。そんな危ないことはやめてください。下手をすれば爆発，つまり暴力発現！　これは支援の失敗を意味します。

説明の詳細は，すでに示した不心得な言葉（Ⅰ－考5－**3**・→48頁），心得のある言葉（Ⅰ－考5－**4**・→48頁），肯定的フィードバック（Ⅰ－考5－**5**・→49頁），真摯な対応（Ⅱ－手4－**1**・→65頁），毅然とした態度（Ⅱ－手4－**2**・→67頁）などなど。全部に目を通す時間のない方は叱責を巡るトラブル（Ⅱ－各3・→101頁）をどうぞ。

それでは暴力への即時対応へ移ります。

ここでよくやる失敗は、「暴れている人を止めようとすることです」と言うと「？」が3つくらい点灯しますか？

これは暴言の場合でも同じですが、わたしたちは、どうしても暴言を吐いている人や暴れている人にかかわろうとします。

しかし、これは一人だけで大声を出し、一人だけで暴れている人ならともかく、通常は暴言や暴力の被害を受けている人、つまり被害者がいるものです。加害者と被害者がいる場合には、加害者を止めることも大切ですが、もっと大切なのは被害者を守ることです。

これは実際のトラブル対応の場面でよく見かける光景ですが、支援者が何人かで暴れている人に対応し、被害を受けていた人たちは、ポカンとした表情でそれを見ている、これはまずいと思います。

例えば教室などで、特定の人が暴れ始め、周囲の人に暴言を吐き、その中の誰かに殴りかかろうとしています。もしその場にあなた一人しかいなかったとしたら、多分あなたは加害者と被害者の間に割って入り、被害者を守ろうとするでしょう。それが正しいやり方です。繰り返しになりますが、暴力を振るう加害者を止めることも大切です。しかし、被害を受けている人を守ることの方が、即時対応としては正しい。

以前、ある特別支援学校の教室で、一人の生徒が大暴れを始めました。その教室には教師が三人おられました。その三人の先生がなさったことは、一人が暴れている生徒に話しかけ、二人の先生は他の生徒全員を教室外へ避難させました。

次に、一人の先生が避難した生徒の指導に当たり、もう一人の先生は教室へ帰って、暴れている生徒へ、二人体制で対応されました。これを見ていてわたしは、素晴らしいチームワークだと感心したものです。

さて、今まで述べてきた即時対応は大切な仕事です。しかし、それでその場が治まると、支援者は「やれやれ」と思う反面で、このままでいいのだろうか、という心配も残るものです。わたしたちの仕事は、もめごと対応だけではないのですから。

実は、本格的な支援はそこから始めなければなりません。というより、すでに本格的な支援を受けていた人が、ちょっとしたボタンの掛け違いによって、トラブルを引き起こしていることも少なくないのです。そこで大切になるのは、トラブル対応をしたことが、支援対象者への支援を途切れさせないよう、支援者が配慮することでしょう。

さて、今からお話しする継続対応とは、トラブルに対応する支援者も、そうでない支援者も、次のような共通認識を持っていないと、トラブル対応がトラブル対応のためのトラブル対応に終わってしまい、「これを機にさらなる一歩を」という機運が育まれにくくなる、というお話です。

⑥ 継続対応（Ⅱ－各6－⑥）

　支援の基本的事項を申し上げます。支援の基本的事項とは，個々の支援対象者のライフスタイル，自己実現の姿，これを支援者がいかにイメージできるかどうかということだと思います。それには大切な前提条件があり，「支援がうまくいった場合において」という観点を持つことなのです。

　これを「支援がうまくいかなかった場合において」で描いたら，自己実現のイメージが，まったくつまらないものになってしまいます。例えば刑務所に入っている，とか。もちろん，たとえ刑務所へ入ったとしても，そこからの人生の組み立て方は，いくらでも考えられるものです。しかし，出発点から刑務所はないでしょう。

　ここでいう自己実現の姿とは，20代半ばの年齢になったとき，個々の支援対象者が，どのような人生で輝いているのか，というビジョンなのです。

　もっとも，そうしたことは，本来自分の人生ですから，ご本人が考え，ご本人が描くべき課題だと思います。しかし，本書に登場するような人は，メタ認知の獲得に怪しさをかかえている場合が多い（Ⅰ－考1－❶～❸・→27頁）。そういう人は，自分と他人の違いをイメージすることができにくい。

　この状態で，本当に自分らしい，それも現実吟味という達成可能性も考慮して，自分の将来の夢を組み立てるのは，かなりな難問になってしまうのです。そうしたときに，本人に代わって支援者が，その人の自己実現の姿を描いてあげることも立派な支援です。決めてしまう必要などありません。しかし，支援者が描いた大きなイメージに沿って，支援対象者が自らの人生を膨らませることができるようにもっていく，これこそが支援の真髄だと思います。

　そこで，トラブルへ対応した支援者，対応できなかった支援者，どのような支援者であっても，共通認識として持っておきたい，支援対象者の自己実現を支えるイメージの枠組み。ここではそれをお伝えして，継続支援の項を終えたいと思います。

　あなたの支援対象者には，以下の「場」と「輪」が確保されていますか。
　もし確保できていないときは，それぞれの「場」と「輪」の確保を支援の目標に加えましょう。

　　＊教育や支援の場（全員）
　　＊就労の場（就労年齢に達している人）
　　＊友だちの輪（全員）
　　＊趣味の輪（全員）

　もし，この「場」と「輪」が確保されている場合は，そこへの参加は受動的，つまり誰

かに言われて参加しているのか。能動的，つまり自分の意思で参加しているのか。仮に受動的な参加である場合は，能動的な参加もできるよう支援しましょう。

　ここは「暴言や暴力を巡るトラブル」を取り上げているのですが，この課題を満たす支援は，結果として暴言・暴力への親和性を低下させ，社会性を育てる支援へ転化される可能性を高めますので，ぜひともよろしくお願いします。

7 愛着の挿話（Ⅱ－各6－7）

ア 暴言・暴力と愛着（Ⅱ－各6－7－ア）

　暴言や暴力のある人のお相手をしていると，決して少なくない頻度で，愛着障害絡みの課題を持っている人と出会います。

　愛着に課題のある人は，どうしても情緒的に不安定ですし，感情や気分の浮き沈みの大きい人も多いため，感情的な言動で周囲に迷惑をかけてしまうことも，ある意味無理からぬことなのかもしれません。

　愛着に課題を持つ人は，適度な対人距離が保てず，対人場面で蜜月的な濃密さを示すかと思うと，一変して相手を傷付けるような言動を示すなど，安定した人間関係を築けません。要はそうしたことに根差す対人関係エラーがトラブルの原因になっている人が多いのです。

　ところが，支援者の中には，愛着の課題と愛情欲求不満を混同している人がいて，支援の場面を複雑なものにしてしまうことがあります。つまり，愛情に飢えている人だから，愛情を保障したいと考え，情緒的刺激たっぷりの支援環境を作ってしまうことがあるのです。一部の人たちは情緒的密度の濃い支援環境の中では息切れを起こしやすい（混乱しやすい）ということを，ぜひ知っておいていただきたいと思います（詳細はⅡ－各4全般・→113頁，特にⅡ－各4－3－ア〜ウ，Ⅱ－各4－5－ア）。

　そこで，愛情を否定するつもりはないのですが，考えようによっては，愛情よりも大切なもの（？）を紹介したいと思います。

イ 愛情と承認（Ⅱ－各6－7－イ）

　本書には「愛情欲求」という言葉はほとんど出てきません。これは，わたしが愛情を軽んじているからではなく，愛情は数量化も尺度化もできないという理由によるものです。

　例えば，ここに愛情欲求不満の人がいたとします。そうするとわたしたちは，人情からしても，その人の愛情欲求を満たしてあげたいと思うものです。

　でもその人には，どれくらいの愛情を注いだら，愛が満たされるのでしょう。批判を承知で申し上げます。例えば80パーセントの愛情指数が合格ラインだとします。そうすると，現在充足できている，その人の愛情指数は何パーセントくらいなのでしょうか。

　わたしたちがやろうとしていることは教育です。しかも，わたしたちの行おうとする教

育には，課題のスケール化が必要です。これは，決して世知辛いことを言っているのではありません。特定の支援対象者に特定の支援を行い，支援効果が上がったのか，上がらなかったのか。わたしたちは，そうした見極めのできない状態で，次のステップへは進めないのです。ましてや，その結果が暴言や暴力の自制に結び付いたのか，付かなかったのか。スケール化が困難な状態では，誰にも実態を証明できないのです。

さて，わたしは少し前まで，法務省矯正局傘下の施設（特に少年鑑別所や少年院）に勤務する職員さん（法務技官とか法務教官の職名で呼ばれる人たち）への研修も仕事の一つでした。そこで，新任，ベテランを問わず，いつも伝えてきた言葉を，この本の読者にも送ります。

　「この領域で仕事をするときには，愛情欲求という言葉は承認欲求という言葉に置き換えてください」

つまりこういうことです。

愛情という概念は，現世に生きる「わたしたち」にとって，考えれば考えるほど，高邁なものです。まさにアガペー（神の愛）ですね。その考え方からすると，仮にスケール化できるような愛情とやらがあったとすれば，その愛情とやらは，むしろ怪しい。

しかしながら，本書の支援対象者は，そうした高邁な世界にではなく，まさに現世を生きている人たちです。となると，そこで輝く媒介には，「愛情」という言葉より「承認」という言葉がよく似合うように思うのです。

承認とは，自己の存在を他者から評価される有用感。しかも承認とは社会的刺激ではあっても，一部の人が息苦しさを感じてしまう情緒的刺激ではありません。さらに言うなら，愛情欲求に比べ承認欲求はスケール化が容易で，そもそも社会性を育てるための練習，ソーシャル・スキルズ・トレーニング（SST）に用いられる尺度は，ほぼ承認欲求が絡む尺度でもあるのです。

わたしはかねがね思ってきました。情緒的刺激に対して混乱してしまう人にも，社会的刺激である承認は優しい。愛情によって傷つく人はいますが，そういう人であっても承認によって傷つくことは少ない。

おわかりでしょうか。本書が描いている世界には，愛情という言葉より，承認という言葉が映えるのです。本書の第Ⅰ部および第Ⅱ部の前半までに述べてきたことは，ほぼすべてが承認欲求の満たし方なのです。

そこで本項の最後に，ぜひともお伝えしておきたいこと。暴言や暴力のある人に与えられる承認は，わかりやすく加工された愛情そのものです。ぜひあの人たちの周囲を承認で満たしてあげましょう。それがわたしたちに託されている支援なのです。

7 家庭内暴力を巡るトラブル（Ⅱ－各7）

　ここで取り上げる家庭内暴力は，Ⅱ－各6・➡133頁で紹介した「暴言と暴力」とは異なった仕組みで発現します。まずその辺りの説明から始めましょう。

1 家庭内暴力のある人（Ⅱ－各7－1）

　世の中には，家庭内・家庭外関係なく暴力的な人がいます。一般的に言えば，それは粗暴な人ということです。これに対して，ここでいう家庭内暴力のある人は，いわゆる粗暴な人ではありません。

　人の行動には，「限局性」という条件を備えているものがあります。ここでいう家庭内暴力はまさにそれ。暴力行為は家庭内に限定され，被害に合うのは基本的に家族のみ。当事者の性格は，粗暴性の範疇で捉えられるものではなく，むしろ内気，神経質で，潔癖で，多少の尊大さがあることもありますが，基本的に生真面目の圏内にある人が目立ちます。

　家庭内暴力のある人には，小中学校在学中から，不登校やひきこもりのある人もいます。そうかと思うと，何の問題もない（かのよう）に登校している人もいます。しかし，学校を卒業すると，就職しても長続きせず，次第に社会参加の機会が減り，家にひきこもっている人が増えてきます。

　発達障害と診断されている人にも，精神障害と診断されている人にも，ときどき出会います。前者には自閉スペクトラム症と言われた人が目立ちますが，不注意優勢型の注意欠如・多動症と診断されている人にも出会います。後者については，抑うつ状態，双極性障害，強迫性障害，適応障害，睡眠障害など，ともかく診断名の幅は広く，ときには統合失調症と診断されている人と出会うこともあります。状態像の背景に，こうした医療面の課題を持っていそうだという印象を強く与えながら，専門機関の扉を一度もノックしたことのない人の数が，おそらく読者のみなさんが想像される以上に多いです。

2 家庭内暴力の諸相（Ⅱ－各7－2）

　前項で述べたように，この暴力には家庭内，そして家族という，発現環境や加害者・被害者関係への限局性があります。

　被害者になるのは，一般的に母親が多いのですが，ときには父親や同胞が被害者になっている場合もあります。そして，この役回りは，一度決まってしまうと固定化する傾向があります。なぜそうなるのか，家庭内暴力の諸相を整理してみました。

ア きっかけ（Ⅱ－各7－②－ア）

　家庭内暴力のきっかけとして，ときには加害者が家庭における食事のメニューに文句をつけて暴れ始めることもあります。しかし，一般的なきっかけのほとんどは，被害者になる家族が発する，加害者への「特定の」問い掛けが引き金になっています。

　　「学校の勉強はうまくいっているの？」「あの友だちはどういう子？」
　　「お母さんは心配だから聞いているのよ」「あなたのためを思って言っているのよ」
　　「あなたのことを信じているからね」「あなたはどう思っているのか教えてちょうだい」
　　などなど。

　これらの質問は，保護者が子どものことを心配している，その心情から出ている問い掛けなのですが，それが家庭内暴力を誘発する，危ない言葉になっています。
　換言すれば，これらの言葉を，被害者になる家族が，加害者に向けなければ，それだけで家庭内暴力は半減すると思います。
　どこかで聞いたような話だと思いませんか。そうです，愛着を巡るトラブルのⅡ－各4－⑤－ア・→118頁）のところ。空気の密度にたとえながら，「対人関係の密度が濃くなると，本書の主役の中には息苦しくなる人がいる」とお伝えしたのが，まさにこれ。
　もちろん，家庭内暴力の加害者と，愛着障害のある人を同一視する意図はありませんが，この加害者には愛着絡みの課題を持つ人が含まれていることも知っておきましょう。これは，この後出てくる教育的介入（Ⅱ－各7－③・→145頁）のところで大いに参考とすべき事項なのですから。

イ 被害者の孤立（Ⅱ－各7－②－イ）

　繰り返しになりますが，家庭内暴力の特徴として，被害が特定の家族に集中する傾向があります。その背景には，被害者の孤立が絡んでいることが多いのです。
　つまり，暴力を受けている家族を，他の家族が積極的に助けようとしない。誤解しないように，これは決して被害を受けている家族に，他の家族が冷たいということではありません。他の家族には，暴れている家族と，その被害を受けている家族に，どう接したらよいのかがわからない。だから手を出しかねていることが多いのです。被害を受けている家族を孤立から解放することも，後述する教育的介入（Ⅱ－各7－③・→145頁）のポイントです。

ウ 利害一致（Ⅱ－各7－②－ウ）

　わたしは，家庭内暴力の加害者によく質問します。「そんなにお母さんへ暴力を振るって，よい気分になれるものですか」と。そうすると，みなさんが口をそろえて，「全然気分はよくありません。本当は暴れたくないのです」と答えます。一方被害を受けている人は，

これも口をそろえておっしゃいます。「暴れてほしくない」と。

ご覧ください。「暴れたくない」という加害者と，「暴れてほしくない」という被害者。ここでは完璧な利害一致が起こっています。

これは家庭内暴力の諸相として，絶対見落としてはいけないところだと思います。つまり，多くの家庭内暴力には，「暴れる側」と「暴れられる側」に，利害一致の関係があるので，ここを切り口にすることで，教育的介入を組み立てやすくなります。なぜなら，これは後述するように，暴力マネジメントという手続の適用に必要な条件が整っていることを意味しているからです。

エ 破棄されたアイデア（Ⅱ－各７－[2]－**エ**）

わたしのような仕事を続けていると，むずかしい状況に対して，ときどき「うん，これだ！」というアイデアの「ひらめき」を体験することがあります。でも少し冷静になると，そのアイデアにはいろいろ問題があることに気付き，結局破棄したものがいかに多いことか。

実は今からご紹介するのも，そうした破棄されたアイデアの１つですが，これは現在使っている家庭内暴力対応の礎石になったものです（Ⅱ－各７－[3]・→145頁）。それでは日の目を見なかったアイデアをご披露しましょう。

そのアイデアとは，他の家族が蜂起して，被害を受けている家族を支えるようにする，支援プログラムの構築でした。この家族関係のマネジメントが実行できれば，家庭内暴力は霧散すると考えたのです。

考えてもみてください。特定の家族へ暴力を振るっている人は，いわば家庭内での暴君です。それに対して他の家族が蜂起し，被害を受けている家族をかばう。これは暴君に対して，他の家族が立ち上がったことを意味しており，それが成功すれば，家庭内暴力は根底から崩壊する。これが狙いだったのです。

しかし，それで「めでたし，めでたし」に終わるのでしょうか。いえいえそうは問屋が卸さない。なぜなら，このやり方には大きな問題があるからです。それは，家族全員で特定の家族を糾弾しているところ。そんなことをすれば，糾弾された家族は，その家庭内に居場所がなくなってしまう。

要するに，家庭内暴力で起こっていることは，家族同士という人間関係のトラブルです。トラブルというものは，対人関係上の「もめごと」であり，この「もめごと」は，どちらか片方が一方的に「悪い」というようなことはあり得ない。

ということは，いかに特定の家族に問題があろうとも，その人を一方的に糾弾しているだけでは意味がない。やはり，家族同士の相互性の不調を改善すること，これが家庭内暴力への正しい介入につながると考えたわけです。

それと，家庭内暴力に苦しんでいるご家庭には，決して無視できない数で母子家庭が含まれています。母子家庭では他の家族の協力が得られない。これもこのやり方を放棄した理由になったのです。

それと，このアイデアは，あまりにもそれぞれのご家庭の歴史を軽視していると思いました。つまり，それぞれのご家庭には文化があり，歴史がある。これはかなり重い課題になりますので，もっと各家族の意向というか，思いの部分について話し合えるような段階が必要だろうと考えた次第です。

　ということで，このアイデアは日の目を見ることはありませんでした。しかし，そうしたわたしなりの逡巡は，この後紹介する教育的介入の中に活かすことができたと思っています。そこを読み取っていただければありがたい限りです。

　さて，それではここで取り上げてきた家庭内暴力の諸相を踏み台に，教育的介入の扉を開くことにしましょう。

③ 家庭内暴力への教育的介入（Ⅱ－各7－③）

　さて，家庭内暴力対応については，いろいろな立場の専門家が仕事をしておられます。これは次に述べるように，危険度の範囲がピンからキリなので，どの段階の暴力を対象にするかで，アプローチの仕方がかなり変わります。危険度が比較的低い場合には，心理療法での対応が考えられることもあるかもしれません。

　わたしの守備位置は，被害を受ける家族が怪我をする可能性のあるレベル，ときにはかなりな大怪我になりかねないレベルの相談を受けることが多いので，支援対象者と話し合う心理療法のような方法ではなく，暴力マネジメントとか危機管理のレベルで助言させていただくのが通例です。

　ただ，一口に危機管理といっても，これがまたピンからキリになり，暴れる本人を親戚に預けるとか，単身で別居させることを提案される専門家もいると思います。

　たしかに，危険度がある程度以上に高い場合には，そうした対応も必要になるかもしれません。とはいえ，そうした場合には，別居に掛かる経済的な負担とか，別居をいつまで続けるかなど，綿密な打ち合わせが必要になるでしょう。

　また，これは最初に押さえておくべきことかもしれませんが，家庭内暴力を本気で解決しようとする場合には，家族全員の相当な覚悟と決断が必要になることは紛れもない事実です。それでは，ここまでお読みいただいた上で，わたしのやり方を紹介しましょう。

⑦ 危険度の実態把握（Ⅱ－各7－③－⑦）

　家庭内暴力も，その危険度はさまざまです。例えば，大声でののしる，机を叩く，壁を蹴る，この程度なら被害に合う家族への身体的危険度はまだ低いと思います。

　これが，相手を強く押す，押し倒す，殴る，蹴る，こうなると身体的危険度は急激に高まります。まして包丁を持ち出したりすると，危険度は許容できないくらいに高くなります。もちろん暴れている人は，「これで家族（例えば母親）を刺すつもりはない」と，口をそろえて訴えますが，わたしは振り回した包丁が，何かの間違いで母親の首筋をかすめる

ところなど，想像したくありません。わたしは，ここに書いた暴力はすべて次に述べる暴力マネジメントが必要で，少なくとも身体的接触が起こるものは，危機管理対象と考えてことに臨みます。

■ 暴力マネジメントを行う場所とスタッフ（Ⅱ－各7－③－イ）

ここでいう暴力マネジメントは，家庭内暴力対策協議会とでも呼ぶべき会議を開くことから始まります。

わたしは，家庭内暴力対応に個別的な面談は用いません。そもそも家庭内暴力というものは，家庭という人間関係の中でのトラブルなので，特定の個人を呼んで対処しようとしても，そうした対応で解決できるような問題だとは思っていないからです。

参加者は，暴れている家族も，その被害に合っている家族も，それで困っている家族も，できれば家族全員に参加してもらうようにします。

集まる場所は家庭外にします。学校に在学中の人が暴れているのなら，迷うことなく学校の会議室を借ります。もし卒業後の人が暴れているのなら，地方自治体の暴力対策を担っている部署の会議室。仮に支援センター等へ通っている人であれば，支援センターの会議室を借りるのが適当でしょう。

なぜ家庭外の場所に集まってもらうのか。その理由は家庭という場所は，すでに触れた（Ⅱ－各7－②－エ・→144頁）文化や歴史の殿堂のような環境であり，とても通常の社会的な場所とはいえないからです。また，そもそも協議事項が家庭内暴力という生臭いものなので，集う場所はトラブルが起こっているような環境ではなく，できるだけ明るく風通しのよいところが望ましいのです。

さて，会議である以上，議長や書記が必要です。ホワイトボード等の設備もあった方がよいでしょう。ここで議長や書記を務め，会議の進行役を担うのは，家族以外の第三者であることが条件になります。会議の場所が学校であれば教師，地方自治体や支援センターの職員，それも家庭内暴力に対する（ここで書いている程度の）基礎知識のある人が望ましいと思います。

■ 協議の進め方と協議事項（Ⅱ－各7－③－ウ）

協議の進め方の冒頭で，Ⅱ－各7－②－ウ・→143頁で述べた利害一致が意味を持ってきます。つまり，ここには「暴れたくない人」と「暴れてほしくない人」がいるわけです。したがって，協議の目標は「暴れないようにする」という禁止の約束ではなく，暴れてしまったときに，「被害を受けた人はどうするのか，周囲はどうするか」という行動の方針を定めていきます。

ここでは，家庭内暴力があるのは「中学3年生の男子」，暴力の被害を受けているのは「母親」という設定で話を進めます。

まず，子どもが暴れたときに，母親は緊急避難するという行動基準を掲げます。次に緊

急避難先も決めていきます。このとき注意すべきことは、母親は暴力の被害から身を守るため、必要があって緊急避難をするのですから、家の前にある公園のベンチでたたずむ、といった暗い場所は避けます。終夜営業のファミリーレストランもありますから、明るい場所へ堂々と避難するような約束にするのがよいと思います。

　次の対応として、支援対象者の興奮が治まれば、母親はいつ帰宅しても大丈夫なのですが、まずその連絡を取る必要があります。本当は、支援対象者が「オレ落ち着いたから」と連絡してくれるのが一番だと思いますが、実際は少しむずかしいかもしれません。そうなると、通常であれば、携帯電話で連絡するのは父親の役割だと思います。しかし、ときにはあまり協力的になれない父親もいるため、妹でも弟でも、電話できる人が架電すれば十分かと思います。

　さて、次は避難中の母親を迎えに行く段階へ入ります。この場面でも、電話をもらった母親が、暗い夜道をとぼとぼ歩いて帰宅する、そんな辛気臭いことはやめていただきたい。母親は必要があって緊急避難したのですから、暴れた家族も含めて、家族全員で迎えに行くべきでしょう。

　そして、せっかくファミリーレストランへ行くのですから、ケーキの1つも食べて帰ってくる。ここまでやれば家庭内暴力対応はほぼ満点だと思います。

■ 補足事項（Ⅱ－各7－3－Ⅰ）

　さて、何点か補足事項があります。

- （ア）ここまでルールを確定させたのですから、協議会の結果はぜひ箇条書きの議事録にします。これは学校の教師やセンターの職員が作成し、会議の参加者全員へ配布します。
- （イ）警察を呼ぶルールも明記しておきます。これをルール化せずにパトロールカーを呼んだりすると、支援対象者が、「オレを警察に売った」などと恨みを抱き、支援がしにくくなることがあります。
- （ウ）協議会への家族全員の参加がむずかしいときは、参加の無理強いは避けましょう。ときには暴れている本人が参加を拒む場合もあります。これはトラブル対応の基本なのですが、たとえ必要な手続であったとしても、その手続を実行することが、新しいトラブルを生むおそれのあるときは、当該事項の実行は控えます。
- （エ）（ウ）にも関係することですが、この支援プログラムは、その機運もないのに実行してはいけません。例えば特定の支援対象者が家庭内で大暴れして警察を呼ばれたとします。こうした機会に協議会を開催することには、必然性の後押しを受けるので、動機づけを行いやすくなります。

8 いじめと非行を巡るトラブル（Ⅱ－各8）

　ここは「暴言と暴力を巡るトラブル（Ⅱ－各6・→133頁）」の応用編としてお読みいただくべきところです。なぜなら，やるべきことも，留意点も同じ，本来同属併記すべきところだからです。また，ここで述べるトラブル対応は，少年院や刑務所のような場所を念頭にしたものではなく，学校や地域の施設，あるいは家庭での対応を前提にしていることをお断りしておきます。

1 いじめの本態（Ⅱ－各8－1）

　世の中，どこの省庁へ行っても「いじめ撲滅」の大合唱が鳴り響いています。それに水を注すようで申し訳ないのですが，わたしはときどき，各省庁どこまで本気なのだろうと考えてしまうことがあります。それは，いじめの本態を直視する目線に弱さを感じるからです。

　わたしは，いじめの本態とは「犯罪行為」の一言，それ以外に言い当てる言葉はないと思っています。その理由は明白明瞭，いじめとは，被害者の人格，人権，尊厳，存在，そのすべてを否定する，許すべからざる行為だからです。

　例えば，学校でのいじめを考えてみてください。あれは，学校内，あるいは教室内で行われている犯罪行為だと思います。なぜなら「いじめ」は，脅迫罪，強要罪，暴行罪，ときにはその結果としての傷害罪，ともかく法律に抵触する行為そのものだからです。これは，学校に限った話ではありません。施設でも，職場でも，いじめとはそういうものなのです。

　ところが，どこの省庁，どこの行政機関においても，いじめは犯罪行為であると認めながら，「いじめの定義」なるものが作られています。わたしには，この定義なるものが，いじめ対策の本気度を弱めてしまう柔軟剤のように思えてならない。なぜなら，定義とは高度な抽象概念だから。それの何が問題なのでしょう。

　これは，あえて言うまでもないことですが，抽象化とは，複数の具体事象を取りまとめ，総合的な概念を形成する作業です。これは，あらゆる領域でとても大切な，物事の取りまとめ方だと思います。何しろ，言わんとする世界の概念像を作り上げる作業だからです。

　しかしその一方で，総合化，概念化，抽象化は，いずれも元の具体事象そのものではありません。つまり，個々の具体的な事実の凸凹を整え，本来複雑系である概念を組み立てやすいように純化する。要するに，言わんとする世界の意味を純粋化するプロセスでもあるわけです。ここを押さえた上で，話を「いじめ」へと戻します。

　つまり，わたしたちには，一口で「いじめ」と言われても，それが何を指しているのかわからない。だから定義なるものが必要になるというわけです。

　ところが言葉とは面白いもので，抽象概念というものは既述のとおり総合的で，事実に

付き物のゴツゴツした事象や，生臭さや，差し迫ってくる押しつけがましさもありません。そのため，わたしたちは，それが意味ありげな概念であればあるほど，具体的事象を知らずして，物事の本態が「わかった」という気持ちになってしまうところがあるのです。

よろしいでしょうか。「いじめ」は犯罪であるという，否定できない事実から出発しないと，対応は概念化し，評論化し，本気になっての対処ができなくなる。これがわたしの主張です。

さて，ここまでのところは「いじめ」の外堀を埋める作業，ここでようやく「いじめ」の本丸（本態）が見えてきました。とはいえ，「犯罪発覚！ 警察を呼ぼう！」これではあまりに短絡的で芸がない。わたしたちの仕事は支援や教育，自分の守備領域として，やらねばならないことがたくさんあるのです。

> **注** この後，非行という言葉と犯罪という言葉が何度も出てきます。本書ではこれを基本的に同一概念として扱いますが，違いがあるとすれば，大人がやれば「犯罪」と呼ばれる行為を，未成年者がやれば「非行」と呼ぶ，といった程度の使い分けはしています。わたしはこの使い分け以外に，「犯罪」は刑事政策の言葉として，「非行」はもう少し教育的な響きのある言葉として使うときもあります。この先，犯罪と非行の使い分けが気になる人も出てきそうなので，少し言葉の整理をしておいた方がよいと思った次第です。

ここに書いたことは，いわばわたしの「言い訳」のようなものですが，この程度の言い訳は許されると勝手に思っています。でも，次に出てくる「言い訳」はいかがなものでしょう。

2 言い訳（Ⅱ－各8－2）

犯罪行為をする人には共通した特徴があります。それは非行や犯罪が発覚した瞬間から，その事実を否認するか，言い訳するか，そのどちらかを選択しやすいというところです。もっとも，これは人間の「自分を守りたい」という本性でもあるわけで，仕方がないのかもしれませんが……。

このうち否認は，要するに周囲からの問い掛けが聞こえなかったような素振りをする。あるいは「わたしではない」とか「知らない」ということなので，ある意味わかりやすいと思います。問題は言い訳の方で，こちらは真に千変万化です。

例えば，「本当は，そんなことはやりたく（言いたく）なかった。しかし，〇〇さんが，わたしにこんなことをやった（言った）ので，仕方なくやり返した（言い返した）」この程度の言い訳はまだ可愛い方。

「〇〇さんに，やれ（言え）と命じられ，無理矢理やらさた（言わされた）」とか，もう少し柔らかく「〇〇さんに頼まれた」とか，「〇〇さんもしてほしいと誘う素振りをした」とか，〇〇さんという具体的な名前が出てくれば，まだ対話が成り立つのですが，大抵は「見知らぬ人に……」という前提での言い訳が多いのです。反対に，最も誠意のある言い訳

があるとすれば,「こんなことになるとは思わなかった」というものでしょうか。

　ここではっきりお伝えしておきます。トラブルとしての「いじめ」や非行への対応は,ほぼこうした「言い訳対応」に始まり,「言い訳対応」に終わると言ってもよいと,わたしは思っているくらいなのです。そして,言い訳への対処法,次の台詞をしっかり覚えておきましょう。

　　　「だからといって,それはやってもよいことですか？」

　なぜ,この一言なのでしょう。これは非常に大切なところなので,もう少し詳しく説明します。

③ 加害者・被害者関係（Ⅱ−各8−③）

　非行や犯罪の基本図式は,そこに「加害者と被害者という（特殊な）人間関係がある」ということです。

　さて,そもそも人間関係というものは,「相手がいる」という前提から成り立っています。このやり取りは,あなたと,わたし,わたしと,あなた,双方の事情と理由が交錯し,それが人間関係を面白くしたり,楽しくしたり,悲しくしたり,腹立たしくしたりする。これぞまさしく,誰もが経験する人間関係の味ではないでしょうか。

　ところが非行や犯罪は違う。そこには対等のやり取りという人間関係はありません。そして加害者はともかく,被害者には嫌悪感しか残らない人間関係,それが非行や犯罪です。

　おそらく,これの典型例は,被害者が通り魔的な犯罪に遭遇した場合でしょう。つまり,被害者には何の落ち度もない,なのに一方的な加害を被ってしまう。例えば,満員電車内での痴漢行為を考えてみてください。

　わたしは先ほど,「加害者と被害者という（特殊な）人間関係がある」と申し上げました。その「特殊」とは真にこれ,つまり不快なだけで,とても人間関係とは言えないものでありながら,加害者と被害者という「避けられない,嫌な人間関係を強いられる」ということを指しているのです。

　もちろん,加害者と被害者の関係が浮かび上がりにくい場合もあります。例えば,通り魔的で一方的な人間関係ではなく,逆に以前は蜜月関係にあったような二人が,ある日を境にということもありますし,一見したところ,被害者も加害者に同調していたかのような印象を与えてしまう経過もあるでしょう。

　しかし,移行期の微妙な経緯はあるにせよ,ある時点から相互的なやり取りが崩壊し,加害者と被害者の関係が明瞭になる。これが非行とか犯罪と呼ばれる人間関係の特徴です。

　ときには負のスパイラル,つまり加害者と被害者になったり,仲間同士であるかのような印象を与えたり,それが繰り返される,しかもその循環から被害者は逃れられない。「い

じめ」はそれの典型例，だからわたしは，「いじめ」を悪質な犯罪だとしか思えないのです。

さて，わたし自身が少々エキサイトしてしまったようです。ここで少し一息ついて，そうした中で，加害者からは通常の人間関係であるかのような言い訳が出てくる。しかも，非行や犯罪というものは，既述のとおり理由があれば許容されるようなものではないにもかかわらず。

こうした特殊な人間関係において，支援者から加害者へ向ける言葉があるとすれば，「そんなことは言うべきではない」という叱責でも，「あなたは被害者の気持ちを理解できないのですか」という説論でもなく，「あなたが主張するような理由があったとしても，あなたがやったこと（言ったこと）は許されることですか」という言葉以外にはないのです。

4 加害者の消滅（Ⅱ－各8－4）

言い訳対応には，加害者と被害者という課題以外に，もう1つ大切な課題が隠されています。それは，加害者の言い訳を聞けば聞くほど，非行や犯罪の指導がむずかしくなるということ。うがった言い方をすれば，加害者の消滅という現象が起こってしまうのです。ここは，次に述べる教育的介入の前哨戦にあたるところですから，この現象の意味をしっかり押さえておきましょう。

つまり，加害者の言い訳の背後には，強力な伏兵が潜んでいます。それは「ドロボウにも三分の理」という，人間のある意味真理を突いたことわざです。これは本当によく言ったものだと思います。

みなさんは，ドロボウにも三分の理，お聞きになったことはありますか？

これは本当にピンからキリまであって，中には「あそこの店の陳列棚は，いかにも万引してくれと言わんばかりだからやってしまった」と，到底三分の理にはならない間違ったことを，平気で主張するドロボウもいますが，通常はもう少しまともな理を語る人が多いものです。

例えば，生活が苦しかった。借金返済に必要なお金を落とし（ときには盗まれ，ときには騙し取られ）た。病気で働けなくなった。ヤクザのような人に家族まで脅され，どうしてもお金が必要になった。貸したお金を返してもらえず行き詰まった。などなど，いくらでも出てきます。

でも，それを言うのなら，犯罪に巻き込まれた被害者には，もっと大きな理があるはず。ところがそれを伝えると，加害者からは新たな三分の理，つまり新たな言い訳が出てきます。このやり取りを繰り返したら一体何が起こるのでしょう。

つまり，言うならば加害者も何らかの被害者だということが浮かび上がってくるのです。そうすると，世の中は被害者ばかりになって，加害者はどこかへ消滅してしまう。これは極端なことを言っているようにみえるかもしれませんが，実は非常に大切なことだと思います。

なぜならば，非行や犯罪というものは，加害者と被害者という，特殊な人間関係から成り立つもの。ここで仮に加害者像が消滅（被害者化）していく事態が起これば，それは非行や犯罪という概念自体が消滅していくことにもなり兼ねません。

しかも，「いじめや非行」に関して指摘するとすれば，すでに本節の前編に当たる「暴言と暴力」でも，本節でもお伝えしているように，言い訳には，たとえ情状酌量の余地があったとしても，それは罰に対する手加減に過ぎず，非行や犯罪への免罪符にはなり得ない。そしてそのことを，罪を犯した支援対象者に教えること，これこそが次に述べる教育的介入になるのです。

5 いじめと非行への教育的介入（Ⅱ－各8－5）

本書では，いわゆる罰という方法は用いません。それは，叱責を巡るトラブル（Ⅱ－各3・→101頁）のところでもお話ししたように，教育的介入における罰の効果は極めて限定的ですし，取り扱いに注意すべき箇所が多すぎて，安全性に欠けるからです。

ということで，今からいじめや非行，そして犯罪への教育的介入法についてお話ししますが，これの対応には，5つの局面があります。最初に発覚直後の対応（Ⅱ－各8－5－ア）。次に反省指導へ入りますが，それには教材・教具が必要なので，まずはその解説（Ⅱ－各8－5－イ），そして反省指導（Ⅱ－各8－5－ウ）。それに続き反省指導への省察（Ⅱ－各8－5－エ）。最後に項を改め，いじめや非行，すなわち犯罪行為のある人への，本当に必要な指導（Ⅱ－各8－6・→158頁）の5領域になります。

ア 発覚直後の介入（Ⅱ－各8－5－ア）

いじめ，非行，犯罪，これへの直接的な介入は，発覚直後の介入と，それに続く反省指導に大別され，前者と後者ではやることが全く違う点に注意してください。

また，発覚直後というものは，あなたが直接的な非行の目撃者である場合は別にして，すでに警察が関与して，交番などへあなたが呼び出されての対面なのか，何事かをやらかした支援対象者が，それを目撃した教師などに諭され，あなたの前へ連れて来られたという対面になるでしょう。ですから，あなたは必ずしも十分な情報を手にしているとは限りません。ときには寝耳に水ということもあると思います。

したがって，もしあなたが，何事が起ったのかまったく知らない場合には，まず支援対象者ではなく，あなたを呼び出した人，あるいは支援対象者をあなたの前へ連れてきた人に，「何があったのですか？」と尋ねてください。

そこで，例えば「万引きで通報されました」とか「○○さんに乱暴して怪我を負わせました」という説明を聞いた後，支援対象者に「そうですか？」と確認しましょう。

この場面で，対面するなり，支援対象者に「何をやったのだ」と質問することは，否認や言い訳など，新しいトラブルを生む可能性があるので避けてください。

ここで，支援対象者がこっくりうなずくようなら，すぐに次のステップへ移ります。仮に支援対象者が「自分ではない」と否認している場合，あるいは黙して語らずの場合は，もう一度警察官や支援対象者を連れてきた人に，「間違いないでしょうか」と確認してください。

　さあ，次がいよいよ初期対応の山場です。もし支援対象者も自分の非行を認めている場合であれば，「万引きは悪いことです」あるいは「人を傷付けることは悪いことです」と事実のみを伝える一言を。そうすると支援対象者は「ごめんなさい」とは言わないまでも，あなたに向かって，こっくりうなずくくらいの反応は返すと思います。そこで一言「あなたも十分わかっているとおりです」，ここまでが初期対応になります。

　ここで，こっくりうなずいてくれる支援対象者に，支援者はつい嬉しくなってしまうことがあるものです。しかし，「あなたならわかってくれると思ったよ」等の肯定的フィードバックは避けましょう。なぜなら，この場面は「それは悪いことだ」と，はっきり教えるべきところだからです。ここで支援者が支援対象者に，「あなたならわかってくれると思った」等，肯定的な言葉を掛けると，支援対象者は，支援者が自分を許してくれたと誤解する場合があります。

　一方，「自分ではない」などと支援対象者に否認が起こっている場合ですが，そこでは新たな悶着を起こさないように十分配慮してください。そしてこう伝えます。「そうですか。あなたがやったことではないのですね。でも，万引きは誰がやったにしても悪いことですね」，そうすると支援対象者はこっくりうなずくことが多いと思います。そこで，「あなたも十分わかっているとおりです」へ持っていきます。

　ここで支援対象者が，「自分のことを言っているのか」とか，「自分の言ったことを信用してくれないのか」とさらに食い下がってくる場合は，「あなたのことを言っているわけではありません。あなたが万引きは悪いことだ（人を傷付けるのは悪いことだ）ということを，わかっている，それを確かめたかっただけです」で，発覚直後の対応は終了です。

　ここに記載したやり取りは，台詞のようなものだと思って覚えてください。本当は自分の言葉で支援対象者と対話されるべきでしょうが，新しいトラブルを作らず，状況をさらにややこしくしないための言葉遣いは，まず台詞として覚えられた方が，その後の実践が楽になると思います。

　ここまでやって，「どうしてそんなことをしたのだ」などと，非行を犯した理由を尋ねるのは愚策です。なぜならそんなことをすれば，「待っていました」と言わんばかりに，言い訳が山ほど出てきて，非行対応（指導）は，その場で頓挫してしまいかねないからです。ともかくご用心ご用心です。それでは次の段階，反省指導へと移りましょう。

✓ 反省指導と教材（Ⅱ－各8－⑤－イ）

　学校の教師には，教材研究の専門家のような人がいます。そのせっかくの技術が生徒指導の領域になると貧弱になり，非行対応になると教材・教具そのものが消えてしまいます。どこの学校にも，あの素晴らしい教材があるのに。

　その，非行指導に使える優れた教材とは『六法全書』のことです。そして今から紹介する，『六法全書』を用いた指導法は，相手が小学生でも，中学生でも，高校生でも，ちょっとした工夫で，相手を選ばず実践できるものになります。

　さて，くどいほど述べてきたように，いじめや非行のある児童生徒は，たいてい言い訳の神様です。わたしたちはこの言い訳を封じる手立てを持っていないと，非行のある支援対象者の指導はできません。そこで『六法全書』の登場となります。

　いじめであれば，刑法の中にある，脅迫罪，強要罪，恐喝罪，暴行罪，傷害罪，果ては軽犯罪法違反に至るまで，いじめ行為に該当する法律違反の条文が必ずありますから，そのページをコピーして支援対象者に示します。いじめ以外であっても，万引きであれば窃盗罪，異性への「つきまとい」や無言電話等の「嫌がらせ」であればストーカー規制法がそれに該当します。

　ただし，単にコピーを見せるだけでは中途半端です。まず『六法全書』の活字は非常に小さいので，かなりな倍数で拡大コピーをしましょう。また，『六法全書』に使われている漢字はむずかしいものが多いので，支援対象者の漢字能力に合わせた「ふりがな」を付します。さらに法律書の文言というものは，恐ろしいほど難解な言い回しが多いので，支援対象者の読解力に合わせた翻訳文を付します。これで教材・教具は完璧です。

　そして，これを用いるときの教示です。ともかく彼らは言い訳が多いので，言い訳封じの台詞は次のとおりです。

「わたしはあなたの説明を聞きたいのではなく，あなたのやったことが犯罪だとここに書いてあります」

　さて，『六法全書』が教材・教具として優れている点は次の2点です。

　まず第1点目，それは罰金とか懲役とか，罰則規定まではっきり書かれていること。つまり，「あなたのやったことは法律に違反し，それには罰則が伴う」ということ，しかもそれは誰かが勝手に決めたのではなく，日本人が法律の手続に則って決めたものなので，責任を取れる年齢になれば誰にでも適用される，ということをはっきり教えるための優れた教材になります。

　そして第2点目，おそらくこちらの方が1点目以上に大切なところです。それは『六法全書』のどこを引っ繰り返しても，「犯罪をやった理由」には触れられていないこと。つまりこれは，本書の中でも強調してきた，「それはいかなる理由があったにしても，やったり，言ったり，してもよい，というものではない」ということを教えるための優れた教材

になるわけです。

　そして，拡大コピーに支援者が赤字で書いた「ふりがな」や「解説」が記載されている方を本分とし，それの複写を「写し」として支援対象者に持ち帰らせます。

　そのときの教示は，「大切なものだから，無くさないようにしなさい」ではなく，「もし無くなったときは，わたしが原本を持っているからいつでも取りにおいで」がよいでしょう。

　さて，ここまでが教材・教具の使い方，この後いよいよ反省指導です。

ウ 反省指導の彼岸（Ⅱ－各8－⑤－ウ）

　誰が考えても，悪いことをした人には反省してほしいものです。そのためには，効果のある反省指導を組み立てねばなりません。そこでまず，一般的な反省指導のイメージを振り返ってみましょう。

　そうすると浮かび上がってくるのは，悪いことをした人が，自分の犯した非行を省みて，もう二度と同じ過ちを繰り返さないよう反省する，といったところでしょうか。

　ところが，長い間非行のある子どもや大人と付き合ってきた経験からすると，自分が犯した過去の過ちを振り返ることで，反省が深まったという人に，わたしはほとんど出会ったことがないのです。

　仮に過去を振り返って反省し，二度と同じ失敗を繰り返さない人たちがわたしのお相手であったなら，わたしは天にも昇る高揚感の中で，意気揚々と仕事ができたと思います。「もうしてはダメだよ」で仕事が片付いてしまうのなら，それは何と素晴らしいことか。しかし実際には，なかなかそうは問屋が卸さない。

　ここではっきり申し上げます。非行や犯罪のある人は，もともと好き好んでそういう人になったわけではないのです。これはすでに，「叱責を巡るトラブル」（Ⅱ－各3・➡101頁）中の「反省」（Ⅱ－各3－④－イ・➡109頁）で述べたとおり。

　ここでの主役は一筋縄ではなく，ご本人の資質，成育環境，友だち関係，学業成績，自己実現の見通しなど，複数の要因が絡み合い，のっぴきならない状況の中で非行化したり，犯罪化したりしています。

　だから過去を振り返って反省する，心構えを改めるという，観念的な働き掛けに頼る反省指導だけでは，そうした複雑な事象には太刀打ちできないのです。つまり，わたしたちには従来の反省指導の先（向こう側）にあるものに，その答えを見出さなければなりません。

エ 反省指導のパラドックス（Ⅱ－各8－⑤－エ）

　そこで登場するのが，再びメタ認知です。つまり，ここで明暗を分けているものは，すでに詳しく取り上げてきたメタ認知（Ⅰ－考1－❷・➡27頁，Ⅰ－考1－❸・➡28頁）を構成できるかどうかというところ。すなわち，自分以外の人の気持ちや感情が理解できるかどうか，というところです。

　これのできる人であれば，多分従来の反省指導がうまく機能する，というより，それが

わかる人であれば，あるいはそれがわかる余裕のある人であれば，そもそも非行や犯罪などはしないだろう，ということです。残念ながら本書の主役たちは明暗中「暗」の世界でもがいている，ということをわかってあげる必要があるのです。

ここで，それではこのトラブル本に出てくる人は反省できない，つまり反省指導は無意味なのかと早とちりしないでください。効果があるとか，ないとかの次元を超えて，反省指導は必要だからです。なぜなら，非行や犯罪を行った人へ反省指導を行う，これは社会的通念を満たすことでもあるからです。そしてこれは，厳罰化の考え方とも一脈通じています。

つまり，悪いことをした人には厳罰を科すべきだ，と主張する人がいます。しかし，厳罰化には非行や犯罪を抑制する効果は（行動科学的には）認められていません。実際はむしろその反対，厳罰化すればするほど，再犯率が高くなってしまう傾向があるのです。

それでは，厳罰化は間違っているから必要ないのか。ところが，これがまたそうとも言い切れない。やはり，悪いことをした人が「罰せられる」ということは，社会的通念を満たすことにつながるからです。これは犯罪学では古典的な論争になってきました。要するに応報刑か教育刑か。その答えは，人道的にも行動科学的にもすでに出ていて，やはり軍配は教育刑の方に上がったのです。これに対して，応報刑の効果はごく限定的なものでしかなく，しかも重い刑より軽い刑の方が効果的だとも言われるようになりました。

しかし，わたしでもそうですが，犯罪のある人には支援という言葉は避け，指導という言葉を選ぶ傾向があります。それは被害者のことを思うと，そうならざるを得ないからです。

さて，話が横道に逸れました。反省指導に犯罪抑制効果を期待することにはもともと無理があります。しかし，反省指導は社会通念を満たすという意味で必要な指導です。それではせめて，従来の反省指導ではなく，多少なりとも効果に期待できる反省指導を行いましょう。そこで次節ではこの課題を取り上げます。

> **注** 犯罪の領域ではよくこうしたパラドックスに突き当たります。わたしは，長いことこの領域へ首を突っ込んでいるうちに，これはそれだけ人間の本性を扱っているからだと思うようになりました。

オ 反省指導と結果を考える練習（Ⅱ－各8－⑤－オ）

それではわたしが行ってきた反省指導の手順を示します。

反省指導では，加害者の視点を過去へ向けてはいけません。視点は必ず未来へ向け，再非行や再犯があった場合だけではなく，再非行や再犯がなかった場合の両方を取り上げ，結果の違いを考えてもらいます。いじめの場合には，「いじめ」という捉え方ではなく，脅迫罪，強要罪，暴行罪など，罪名で捉え，前記と同じように再発した場合と，再発しなかった場合の結果の違いを考えてもらいます。

結果の違いを考えるときの教示は以下のとおりです。

「再非行があった場合と，なかった場合を比較して，あなたと，あなたの家族との人間関係はどう違ってくるでしょうか」

以下，同じ条件を提示した上で次のように尋ねます。

「あなたと，あなたのクラスメイト（あるいは友だち）との人間関係はどう違ってくるでしょうか」
「あなたと，あなたの学校の先生（あるいは施設の先生）との人間関係はどう違ってくるでしょうか」

例えば女子に抱き着く等の非行があった場合は，「またやった場合と，もうしなくなった場合を比べてみると，あなたと，あなたのクラスの女子生徒さんとの人間関係はどう違ってくるでしょうか」

「あなたと，あなたの進路（進学や就職）はどう違ってくるのでしょうか」

道路交通違反の場合なら，「あなたと，あなたの運転免許取得の条件はどう違ってくるのでしょうか」

こうした結果の弁別課題は，一度に時間をかけていくつも取り組ませるより，たびたび想起させた方が記憶に残りやすいので，毎日一つずつ取り上げ，課題作文のテーマにするのが望ましいでしょう。

そうすると，ここで取り上げた分だけで，すでに十日間くらいの課題作文のテーマが準備できたことになります。

また，最初に家族関係での結果弁別を紹介しましたが，さらにお父さん，お母さん，きょうだい等，家族を個々に取り上げてもよいと思います。

とはいえ，ここでもあまりしつこくやらないことがミソ。どのような場合であっても，やりすぎはよくありません。この反省指導を長々続けるのも賛成できません。継続指導はせいぜい1週間程度が限度だと個人的には思っています。どちらに転んでも，あまり楽しい課題ではないからです。

さあ，この辺りで，「いじめと非行を巡るトラブル」を締め括りましょう。そのためにも，反省指導より何十倍も大切で，非行や犯罪のある人に，何が何でもやっておくべき指導事項を列挙して，性的逸脱行動を巡るトラブル（Ⅱ－各9・●159頁）へと移りたく思います。

6 加害者に必要な指導（Ⅱ－各8－6）

　意外に思われるかもしれませんが，非行や犯罪の指導で最も必要なことは，あなたの目の前で横行している，いじめや非行など，困った行動をすべて横に退けてしまうことだと思います。
　なぜなら，目の前で起こっている困った言動や行動に対応するということは，否応なしに後追いを余儀なくされる。つまり，こちらで困ったことを仕出かすから対応する，あちらで困ったことを仕出かすから対応する。確かに放置できない言動へ対処することは，トラブル対応の基本であって，本書はそのためのワークブックなのですが，それでは事後対応ばかりになってしまいます。
　事後対応は必要があるから行うのであって，決して無駄なことではありません。ただ，事後対応というものは，汚い言葉で恐縮ですが，要するに尻ぬぐい。あまり楽しいものではないのです。
　そこで，ぜひ本書全体を見渡してください。それは事後対応であっても，いわゆる「尻ぬぐい」にはなっておらず，支援対象者との「やり取り」になっています。つまり，本書での手当ては，「取り繕う」のではなく，「やり取りを始める」作業だということです。
　繰り返しになりますが，事後対応はつまらない。だから支援者は疲弊する。疲れていては何もできない。また，事後対応は下手に行うと，新しいトラブルを作ってしまう。支援者がこれをやってしまえば，本末転倒になるでしょう。
　したがって，本書の第一使命は，新たなトラブルを作らない方法を提示すること。そして，事後対応は生産性に乏しい。これに対して事前対応は事後対応より生産性が高くなる。事後対応を事前対応へ切り替える，その手順を示すこと，それが本書の役割だと思っています。
　そこで，いじめや非行のある人が本当に必要としていること，それを今から箇条書きにします。そしてこれが，加害者に必要な指導ということになります。

①まずあなたの目の前で起こっている「いじめ」や「非行」という困った言動は，一度横へどけましょう。そうするとあなたの支援対象者が必要としている本当のニーズが見えてきます。
②年齢に期待されるメタ認知の獲得はうまくいっていますか。
③年齢に期待される能動性や自律性の獲得はうまくいっていますか。
④学校の勉強はうまくいっていますか。
⑤対人関係スキル，コミュニケーションスキルの程度はどうですか。
⑥親子関係はうまくいっていますか。
⑦家庭内での葛藤はありませんか。
⑧実際場面での友だち関係はうまくいっていますか。

⑨学校や施設の先生との人間関係はうまくいっていますか。
⑩就労している人であれば，職場での人間関係はうまくいっていますか。
⑪家の中でも，家の外でも楽しめる，趣味の領域はありますか。
⑫金銭管理，小遣い管理はうまくいっていますか。

　おおむね以上のような諸点への実態把握が必要です。仮にうまくいっていないところがあれば，その資質を育てる練習を中心にした支援計画を作り，保護者とも連携してこうしたスキルの獲得を目指しましょう。
　そして究極の目標は，それぞれの支援対象者が，どのような仕事や趣味，人間関係の中で自分の人生を輝かせることができるのか。要するに自己実現のビジョン化を行うこと（これは多分独力では困難な課題になるので，支援者と共に組み立てる）。目標達成の手順，目標の変更など（これにも支援者の協力が必要）を行い，それの実現に近づける。こうしたサポートは，トラブル対応の枠を越え，いじめや非行への対応につながると思います。

⑨ 性的逸脱行動を巡るトラブル（Ⅱ－各9）

　ここで取り上げる「性的逸脱行動」とは，加害性のある性行動，すなわち性犯罪と，不特定多数の相手と性交渉を重ねてしまうような，未成年者の抑制を欠いた性行動を指しています。
　このうち性犯罪については，それが何であるのか，特に説明は要しないと思いますが，後者について，不特定多数を相手にする性交渉はわかるとしても，なぜ「未成年者」という条件を設けたのか，その理由についての説明が必要だと思います。
　つまり，性行為それ自体に関しては，双方が成人の年齢に達しており，お互いの同意があれば，管理売春のような企てでもない限り，あくまで自分のこと，他人がその行為を止め立てする筋合いはない，とわたしは思っているからです。もちろん，賛否両論はあるでしょう。しかし，わたしは，性行為の対象選択に関して，倫理性の課題は残るとしても，犯罪に抵触しない限り，人は自由だと考えています。
　したがって，たとえ不特定多数の人を対象に性交渉を行い，その結果，性感染症に見舞われたとしても，それは自業自得，「だから気を付けなさいよ」以上の介入を行い，特定の人の性行為を止めることなど，できるものでしょうか。もちろん，いろいろな意見はあると思いますが，倫理性と犯罪性を同列に論じることには，出発点の段階から無理がある，というのがわたしの意見です。
　しかしながら，未成年者ではこの辺りの前提が異なります。健全育成という，国家的な政策論を振り回すつもりは毛頭ありませんが，やはりどう考えても，未成年者は健全に育ってほしいもの。これに反論する人は，おそらくいないと思います
　そこでは，「不特定多数を相手にする性交渉は，倫理的な課題もあるし，第一危険だ」と

いうことを教えねばならない。とはいえ,「危ないから止めなさい」でうまくいくのであれば, 誰も苦労はしない。そこでわたしはこの本を書いています。

繰り返します。「安易な性交渉はお控えください」という, 見方によっては野暮な説教でも, 未成年者には行う必要がある。だから本書では, 未成年者の不特定多数を相手にする性交渉を,「性的逸脱行動」の範疇で捉えることにしました。

そして, ここでお話しするやり方は, すでに成人年齢に達した人であっても, 性行動の抑制が課題になる場合には使っていただきたい。多分それは「ダメ」という型通りの禁止対応より, 支援対象者に寄り添い, トラブルを減らすことにつながる, というところで本論へ進みましょう。

注 本論へ入る前に, 第Ⅰ部, 考え方3－**2**トラブルの原因になりやすい課題, ③恋愛課題（Ⅰ－考3－**2**－③・→38頁）を読み返し, 人の性行動は, マナーとコミュニケーションの課題であることを押さえておきましょう。

① 性差（Ⅱ－各9－①）

そもそも人の思考や行動には性差があります。そして非行や犯罪の領域, これは特に性差が目立つことで知られています。

考えてもみてください。ドロボウ, ギャングは言うに及ばず, そもそも犯罪と呼ばれるようなことをするのは, だいたい男の仕業だと相場が決まっている。特に性犯罪, これはほぼ男の独断場です。

犯罪心理学や犯罪社会学には,「リスクファクター」という有名な研究領域があります。つまり, 人はどのような条件が重なると罪を犯しやすくなるのか, という危険要因を研究する領域なのですが, 貧困, 児童虐待, 社会参加, 定住性, 職業歴, 教育歴, 地域特性など, たくさんのリスクファクターが報告される中で, どの研究者も「それは間違いないね」と口をそろえるのが,「男として生まれること」なのです。

何しろ,「男性として生まれた」というだけで,「女性として生まれた」場合の10倍, ときにはそれ以上に, 非行化や犯罪化のリスクが高くなる。それが証拠に世界中の刑務所は, 地域・文化・宗教の違いを越え, それくらいの割合で女性の刑務所より, 男性の刑務所の方が多いのです。

なぜでしょう。男が怪しからんのでしょうか。いいえ, 実はそういう単純な話ではなく, この現象にはもっと深遠な理由が隠れています。ここから少しの間, 壮大なお話をしなくてはなりません。

2 進化の本流（Ⅱ－各9－2）

　この現象には，種の保存という課題が絡んでいます。例えば群居性（群れで行動する習性）のある動物の雄は，自分のテリトリーの中から，自分以外の雄を追い出すとか，自分に従わせる行動を示すことがあります。

　これは意地悪でやっているのではなく，生物学的に頑健な子孫を残し，ひいては種を存続するための，役割行動の一つだと考えられます。また，一般的に動物の雄は，雌に比べ体格は大きく，目立つ色彩に彩られていることが多いものです。しかし，それは「お洒落」という意味ではありません。

　自然界では，目立つことは捕獲者に襲われる危険性を高めてしまう。にもかかわらず「自分はこれだけ目立っていても平気だぜ」という強さの誇示であり，それがまた雌を引き寄せる性的デモンストレーションにもなっている，というわけです。

　そこで人です。人間は人である以前に動物の一派ですから，この本能や習性を立派に引き継いでいます。だから，強い自分を誇示しようとする，男性の攻撃衝動は女性のそれに比して高めにセットされている。したがって，思春期になると男の子の攻撃性は，女性より目立ってくることが多い。

　ところが悲しいことに，人間はその他の動物にはない「高度な社会」を作ってしまいました。そのため，男の子はもともと高めにセットされている攻撃性を，社会的に制御しなければならない，つまり女性より複雑な宿題を背負い込みます。

　課題が複雑化すれば，当然課題対処を巡るエラー（トラブル）が起こりやすくなる。これが男性の犯罪的行動への親和性を高めてしまう，というわけです。

　最近は，男子が草食化し，女子が肉食化したという珍説を耳にする機会が増えました。しかし，あれは文化的な「趨勢」とか，進化の本流に対する支流（小川）のような流れだと思います。

　もちろん，文化的・環境的な「趨勢」が，生物の変異や進化に影響を与えることはあると思います。とはいえ，突然変異による個体の出現が，ねずみ算のように増殖する事態を想定するのはあまりにSF的ですし，通常こうした変化は，一個体の寿命をはるかに超える，何万年という時間枠の中で起こることなので，肉食女子が1世代や2世代の間に，男女の生態学的特性を塗り替えるようなことは，通常は起こりません（個人的には起こった方が面白いと思うときもありますが，そうすると確実に男子の生殖能力も退化するので，これは人類にとって危機的状況の到来になるでしょう）。

　冗談はさておき，こうした生物学的機序の問題は，ここでの主題，つまり男性の性的逸脱行動（性非行や性犯罪）にも反映されています。

③ 男性の性的逸脱行動（Ⅱ－各9－③）

　雄という個体と，雌という個体が，陸上で生殖行動を行い，子孫を残すようになった大先輩は恐竜です。

　恐竜の昔から，雄の性衝動は雌のそれに比べ高めにセットされています。これにも種の保存に関する「からくり」があり，そうでもしておかないと，だれもあの面倒な性的デモンストレーションなどしなくなり，下手をすれば種が絶えてしまう，という深刻な理由が絡んでいるからです。

　なぜ雄なのでしょう。雌の方は，卵を産んだり，それを砂に埋めたり，恐竜が鳥類になれば抱卵，哺乳類になれば，さらに出産，授乳，育児，ともかく忙しい。だから性的役割行動の分配が起こったのではないでしょうか。

　さて，繰り返しになりますが，人間といえども動物です。男子の性衝動は女子のそれより高めにセットされている。ところがすでに述べたとおり，人は高度な社会を作ってしまったので，生物学的にだけでは生きられない。そこで，男性はもともと高めにセットされている性衝動を社会的に制御するという，女性より複雑な宿題を背負い込む。メカニズムが複雑化すれば，それだけエラーが起こりやすくなる，というわけです。

　したがって，生物学的な性衝動の後押しを受ける男性の性的逸脱行動は，どうしても加害的になる。つまり「性犯罪そのもの」になるということです。

　強制的な性行為やわいせつ行為はもちろんとして，電車内で女性の身体に触る痴漢行為，プライベイトな場面や入浴姿を覗く窃視行為，それの現代版ともいえる盗撮行為，異性の下着を窃取して自慰に用いる下着ドロボウ，自分の性器や自慰行為を異性に見せ付ける露出行為，自分の精液を満員電車の中で女性の衣服に塗り付け，女性用トイレのドアノブへ塗り付けたりする性的汚染行為，それの親戚として誰もが目にするトイレ内の性的落書きに至るまで，ともかく迷惑極まりない性的逸脱行動が，男の独壇場として生起し，一向に衰えを見せない。しかも，これの加害者は学歴・職業・人生を掛け，つまり高校や大学の中退，失職，生活設計の崩壊を掛けてまで，痴漢行為，盗撮行為，露出行為を行う。この「すさまじさ」，これが男性の性的逸脱行動の本態です。矯正施設に勤務し，こうした人たちのお相手をして，ご飯を食べてきたわたしには，「嗚呼」というため息以外の言葉がありません。

　一方の女性はどうでしょう。

④ 女性の性的逸脱行動（Ⅱ－各9－④）

　女性の性的逸脱行動は男性とは異なる機制を背景に発現するので，それを説明するために3つの下位項目を設けました。

　つまり，男女における性欲構造の性差，次に女性の性的逸脱行動を語るとき，絶対に避

けては通れない性被害との関係，そして性被害の本態，この3点です。

ア 性欲の性差（Ⅱ－各9－4－ア）

　もちろん女性にも性衝動はあります。しかしそれは，男性のそれに比べて対象への秩序性があります。これに対して男性は基本的に無秩序。そんなことは痴漢行為・露出行為・汚染行為を見ればすぐわかること，要するに誰でもよいのです。

　これは，男性の性欲と女性の性欲を比較する重要なポイントなので，もう少し説明が必要です。この一文を読んで男性に幻滅する人が出てきては困りますから，ぜひともお読みください。と言われなくても，以下の説明には関心が向くはずです。これは男女ともに共通する部分での性欲で，興味津々になるという，あなた自身の性的反応によるものです。

　つまり，男性の場合は好きな人がいるとか，いないとかいう条件を超え，もともと性欲（下種な表現で申し訳ありませんが「やりたい」という欲動）が強めにセットされている。これに対して，女性の場合は男性より性欲は少しだけ低めになっている。この理由に関してはいろいろな説があって，例えば「だれかれなし」の近親交配を避ける生物学的なブレーキだとか。

　いずれにしても，女性の性欲が開花するのは，好きな人ができたとき。それが証拠に，女性が加害的になる性的逸脱行動は，母子間での性虐待のような例外的事例を別にすると，唯一，一方的に好意を寄せた相手へのストーカー行為くらいのもの。それも男性のそれに比べ，明らかに低頻度なのです。

　それでは，不特定多数の相手と性交渉を持つ女性の性衝動はどう説明したらよいのでしょう。そのメカニズムをお話しします。

イ 性被害（Ⅱ－各9－4－イ）

　女性にも性的逸脱行動はあります。しかしそれは男性のように加害化しません。わかりやすく言えば，性的対象となる人を侵害するような行動ではなく，不特定多数の人と性交渉を結ぶような行動として示されるのです。

　したがって，一見するとそこには被害者が見当たりません。換言すれば，そうした性行動を選択している「女性自身」が被害者であるという見方も成り立つと思いますが，この点は後述します。

　つまり，男性の性的逸脱行動は，周囲に「迷惑」を掛ける行動として表出し，女性のそれは，周囲に「心配」を掛ける行動として表出する，と言えないこともない。ここに大きな違いを感じます。

　それは，まず性差（Ⅱ－各9－1・→160頁）のところで述べたとおり，すなわち女性として生まれることは，そもそも非行化（犯罪化）の危険因子ではなく，保護因子（予防因子つまりブレーキ）であることも関係しているのだと思います。

　しかし，ここで最も強調しておきたいことは，以下に述べるように，女性の性的逸脱行

動には，男性にあるような生物学的刺激というより，性行動への抑制を低下させる対人刺激と，それによる誤学習の影響を無視できず，しかもそこには性虐待が絡んでいるということです。

　そこではっきり申し上げます。女性の性的逸脱行動には，性虐待が絡んでいます。それもかなりな高頻度において。

　こんな書き方をすると，「本当か」とか「なぜそこまで言い切れるのだ」という反論が聞こえてきます。でも，そうした女性をおおぜい見てきたわたしが言うのですから間違いありません。これはものすごい断言ですが，以下の説明を聞いていただければ，「なるほど」と納得されると思います。

>　**注** 性虐待は女子に限ったものではなく，男子にも起こります。それは男女ともに，その後の性行動はもちろん，当事者の人生全般に深刻な影響を与えます。
>　　このうち男子への性虐待はLGBT（Ⅱ－各10・→171頁）のところでお話ししますので，ここでは女子への性虐待について述べることにします。
>　　また，女性自身が被害者だというなら，本人の意思を無視した性行為を強いられた人，いわゆるレイプの被害者はその最たる人たちでしょう。
>　　ただ，その被害の様相は，この本で述べているトラブル対応とは異なる次元を構成しているため，本書での記載は避けました。とはいえ，それだけでは済まない課題であることも承知しています。この被害者には，本書の対象者とは同等以上の保護的支援が必要であることは言うまでもない事実だからです。

　さて，性虐待には狭義と広義の2つがあるとわたしは思っています。このうち，狭義の性虐待については説明の必要はないでしょう。つまり家族またはその代理となる人物から，特定の家族（ここでは女子）に加えられる性暴力のことで，これは被害者の人生に多大な悪影響を及ぼすことが知られています。

　一方，ここで取り上げるのは広義の性虐待，つまり未成年の女子に加えられる，狡猾極まりない性的誘惑，要するにナンパのことを指しているのですが，どうしてそれが性虐待になるのでしょう。

ウ 女子を巡る性虐待の本態（Ⅱ－各9－4－ウ）

　未成年女子に加えられる広義の性虐待とは，性的に無知な未成年女子を標的にする不適切な性的誘惑，すなわちナンパのことです。

　もちろん，ナンパは未成年に限定されるものではありません。数の上から言えば，未成年相手のナンパより，成人同士のナンパ劇の方が多いでしょう。しかし成人同士のナンパには，お互いに大人のやり取りという側面があり，相手が嫌だと言っているのに，俗に下ネタと呼ばれるような言葉を並び立てるとか，性的質問を浴びせかける，あるいは体に触れるというような，セクシャル・ハラスメントに抵触していなければ，お互いの自由意思

によるお楽しみの範囲で片付く場合もあるからです。

　まあ，あまり褒められたお楽しみではないのかもしれませんが，社会的マナーを守り，相手のことを気遣ってね，というところに落とし処を作ることも可能になるナンパもあるのです。これに目くじらを立てるのは，ある意味野暮なのかもしれません。

　この辺りの条件が，未成年者を狙う場合は全く異なります。なぜなら，ナンパは性的下心のある者同士が，承知の上で行うやり取りであり，それを健全育成の最中にある未成年へ当てはめることはできない。というより，次にお話しするような弊害を考えると，それは性虐待の要件を満たす不適切な性的誘惑以外の何物でもないとわたしは考えています。さあ，そこでナンパです。今からナンパの本態を述べますので，注意深くお聞きください。

　すでに述べたように，ナンパとは性的下心のある人物から異性または同性に投げ掛けられる性的誘惑の総称です。しかも，ナンパを特徴付けるものは，この「下心」の部分が巧妙に隠されているという点です。

　ナンパの枕詞をご存じでしょうか。まずは「お時間はありますか？（ひましてる？）」という語り掛け，そして即時的に「可愛いね」とか「センスいいですね」という褒め言葉が続きます。「不格好な人だね」などとは絶対に言いません。

　この段階で，社会的に成熟し，情緒的にも安定している女性であれば，「あっ，こいつナンパだ！」とすぐに気付きます。ところが，本書の主役になるような女子には，自尊心の獲得に課題のある人が多い。そういう人にとって，この言葉は，自尊心をくすぐる甘い誘惑になってしまいます。

　続いて，相手に考える暇を与えず，「よかったら，お茶でも飲みませんか」と来ます。「食事でも」とくるかもしれません。そして，ハンバーグランチをご馳走になり，クリームソーダが出てきます。もちろんお金は男が払います。

　この辺りから，「どこか静かなところでお話しませんか」と下心を匂わすナンパ者もいますが，大抵は「何かほしいものを買ってあげるよ」と，さらにワンクッション置いて，ピカチューのフィギアなど買ってくれる人もいます。さて，この辺りでときにはドライブ，そしてお決まりのホテルが出てくるのですが，ホテルでは何が起こるのでしょう。単にセックスをするだけではありません。

　それは，恋人同士の愛情表現としての性行為とは異なり，性的な下心満々のナンパ者と一緒に，ホテル等の密室の中で，性的興奮を煽るDVDをナンパ者の解説付きで鑑賞し，それをそのまま実践することが，当たり前に行われています。そして事が終われば「はいさようなら」ではなく，また「ほしいものでも買いなさい」と，お小遣いが出てくることもあるのです。

　この経過をどう思われますか。要は未成年の女子が，性的下心のある男の毒牙に掛かったということですが，大切なのは，下心の部分が巧妙にカモフラージュされていること。そうすると，自尊心の獲得に課題のある女子にとっては，これは甘い言葉と，甘い誘惑，快刺激になるだけで，自分が性虐待を受けたという認識は，生じにくくなるということです。

ここまでの段階で、ナンパの被害にあっている女子は、たとえそれがナンパであることに気付いても、ナンパ者の言葉に逆らいにくい状態になっています。なぜなら、**自尊心の獲得に課題をかかえている女子**にとっては、**性を通して「始めて一人前に扱ってもらえた」**という、微妙な状態に陥ってしまうことが多いからです。

ここは、警察官などからよく質問されるところです。「あの子らの性道徳はどうなっているのですか」と。つまり繁華街での夜遊びで補導した女子に、「ここは危ない人が出没するから、気を付けなくてはいけないよ」と指導すると、「危ない人じゃないよ、優しいオジサンだよ」という反論が帰ってくる、あれはどういうことなのか、という質問です。

もちろんナンパ者の中には乱暴な人もいますが、むしろ子どもに、手練手管として優しく接する人が多い。乱暴に事を進めれば、ナンパは失敗する可能性が高まることを熟知しているからです。

さあ、そうすると何が起こるのでしょう。そういう快体験を持った人は、ナンパ者のような怪しい人物が横行する盛り場へ足を運ぶ回数が増える可能性が高まります。そこで同じような誘惑を受ければ、それに乗ってしまう可能性も高まります。

仮に、事が終わった段階で、「変なオヤジにしてやられた」と気付いた場合には、「ダメな自分」という、さらなる自尊心の低下を招き、否定的自己同一性と言われるような、ダメな自分としての行動が増えてしまう。

つまり「盛り場はいかい」への親和性は高まり、コンビニエンスストアの前で、ペッタン座りをする可能性も増えてしまう、というわけです。

しかも、そうした行動傾向は、彼女たちの健全な価値観の形成を崩壊させ、長期間にわたって人生を歪めることになりかねない。しかも、妊娠の危険、性感染症の危険、薬物等別の誘惑を受ける危険が重なる、いかがでしょう。だからわたしは、この状態を広義の性虐待と呼んでいるのです。しかも、人生への悪影響は、狭義の性虐待と比べて遜色がない。どう考えても、この結論にしか辿り着けないのです。

5 男子への教育的介入（Ⅱ－各9－5）

ここでお話しすべきことは、いじめと非行への教育的介入（Ⅱ－各8－5・➡152頁）で述べていることとほとんど同じです。また、そこにある、言い訳以降のところも読み返してください（Ⅱ－各8－2～4・➡149頁）。

彼らの言い訳は性非行（性犯罪）においても起こります。例えば盗撮をした人が、「出来心で写したら盗撮だと言われました」これはよくある言い訳ですが、大抵はウソ。実は数限りなくやっていて捕まったというのが多いのです。それが証拠に、マスコミ報道等で、自宅のパソコンには大量の盗撮等のコレクションが保存されていた、という話を聞いたことがある読者は決して少なくないはずです。

ともかく、理由のいかんを問わず、非行や犯罪への言い訳は「ノー」だということを教

える必要があります。そのための教材としての『六法全書』，それの提示手続は既述のとおり（Ⅱ－各8－⑤－ア～オ・➡152頁），加害者への指導はⅡ－各8－⑥・➡158頁にあるとおり。そして，そういう人だからこそ，意図的に用を言い付ける支援（Ⅱ－手3－①～③・➡61頁）も必要になるわけです。

また，犯罪的な性的逸脱行動に必要な指導は，マナー教育とコミュニケーションへの指導になりますから，恋愛課題（Ⅰ－考3－❷－③・➡38頁），そしてコミュニケーション（Ⅰ－考4－❷－③－ア～ウ・➡42頁）のところを参照してください。

そこで，今まで本書で触れていない指導上の配慮についてお話ししておきます。性的逸脱行動のある人への指導は，特別の事情がない限り，男性には男性の指導者が，女性には女性の指導者が担当するようにしてください。その理由は，次に述べる性的逸脱行動のある女子への教育的介入を理解していただけば明らかになります。

⑥ 女子への教育的介入（Ⅱ－各9－⑥）

ア 男子との違い（Ⅱ－各9－⑥－ア）

すでに何度も述べてきたとおり，男子の性的逸脱行動は非行化（犯罪化）しますから，いじめや非行への対応がそのまま適用できます。そこで指導がうまくいかないときは，「性が絡んでいるから」ということではなく，よくあるトラブル対応の失敗が支援者の足を引っ張っていることが多いものです。したがって，現状打開の答えは，おそらく本書の中に見つけることができると思います。

さて，違いを話題にするならもう1つ，性が絡む領域では，性教育との関係を整理する必要が出てきます。

たしかに，性教育とここで述べている性の絡むトラブルへの対応は隣接領域ではありますが，双方には役割分担があって，一言で説明すれば，性教育の目的は啓発にあるということです。

したがって，性が関与するトラブル，例えば予期しなかった妊娠とか，性感染症を避けるための，正しい性の知識を付与するところに重点が置かれます。また，性を通して人間性教育を行うことも，性教育の大切な守備領域だと思います。

その前提が，本書で扱っているトラブル対応では全く異なるため，性教育とはやることが違います。まあ男子の場合は非行化（犯罪化）しますので，その辺りの整理がしやすいと思いますが，次に述べるように女子の場合は男子のように加害者化が起こらないという大きな特徴があって，男子以上に保護・支援・教育という側面が強くなります。

性的逸脱行動を示すような女子には，正しい性の知識が圧倒的に不足している場合が多いので，ときどき啓発型の性教育を適用される場合があります。そうすると，逸脱予防に用いるやり方と，逸脱している人に用いるやり方の混同が起こり，効果的な指導ができなくなってしまいます。詳しくは後述しますが，このことをしっかり頭に入れておいてくだ

さい。

◪ 女子への教育的介入～まずは考え方（Ⅱ－各9－⑥－イ）

すでに前節でお話を始めてしまいましたが，迷える子羊が地雷原に迷い込まないよう，事前の指導を行うのが性教育。残念なことに，もう地雷原の中を走り回っている子羊にストップを掛けるのが，ここでの教育的介入になります。かといって「危ないから止めましょう」とか「ダメ」と介入してうまくいくのなら誰も苦労しない。そこで本論です。

再々度の繰り返しになりますが，女子の場合は，指導の実際が男子と根本的に違います。つまり，女子の性的逸脱行動は，男子のように加害者化しない。したがって，犯罪の被害者を作るようなことは少ない。その反面で，不特定多数の人を相手にする性交渉への自制力の低さなど，彼女らの人生や自己実現にダメージを与えるような行動選択が起こります。

その背景には，すでに述べた不心得な人たちからの，不適切な性的誘惑（性虐待）が絡んでいるわけで，男子への対応以上に，「保護」とか「支援」とか「教育」による働き掛けが重要な意味を持つことになります。

そうすると，「彼女たちこそ被害者なのだ」という視点で取り組むことを主張する人が出てきても，少しも不思議ではないのです。そして，その視点は正しい，とわたしも思っています。しかしわたしは，彼女たちを被害者と捉えるやり方は用いません。ここでなぜだと思われませんか？

それは，わたしが長い間非行化した少女と接し，特にその中で，不特定多数の人と性交渉を結んでしまうような少女たちから学んだことなのですが，それを今からお話しします。

◪ 女子への教育的介入～性教育の適用（Ⅱ－各9－⑥－ウ）

彼女らには本当に正しい性の知識が不足しています。隠語はやたらに知っていますが，正しい知識となると生理や妊娠のメカニズムはもちろん，ともかく応用だけが豊富で基礎がない。だから間違った応用に気付けない。性行為のバリエーションは詳細に知っていますが，複数の男性と一度に性交すれば，精液が交じり合って妊娠しない，こんな珍説をまともに信じていた少女すらいました。もちろん，ここまでの誤った思い込みは少数派になりますが，例えば性器の洗い方を知らない，このレベルになると，高等学校の保健室の先生が頭をかかえてしまうくらい増えてきます。

また，皮膚と粘膜の違いがわからないので，感染症の話を聞いても，感染経路や予防法の理解が深まらない。すべてがこんな具合なので，正しい性の知識を育てる性教育は絶対に必要です。

ただし，性教育には性的逸脱行動を止める力は基本的にありません。「それは危ないから止めなさい」は抑止力にならないのです。また，性教育で教えたことを浸透させようとすれば，ここでも一工夫が必要になります。そうしたことを含めて次節でお話ししたいと思います。

Ⅰ 女子への教育的介入〜指導の実際（Ⅱ－各9－⑥－Ⅰ）

　それでは，不特定多数の相手と性交渉のある女子への指導の実際についてお話しします。そして，ここで述べることは，本書全体を要約するようなものになります。

　さて，何はともあれ，この不適切な性行動を止めさせたいと思います。しかし，本書で繰り返しお伝えしてきたように，「それはダメ」という禁止の指導が通用するのは支援を必要としない人（メタ認知を構成できる人）ということになります。わたしたちのお相手はそういう人ではないことが多い。まず指導の仕方を変えましょう。

　そこで，先ほどの性教育に一度話を戻します。「不特定多数の人を相手にする性交渉を続けていては，予期せぬ妊娠の危険性や，性感染症と出会う危険性を高めてしまうので，セックスにはもっと用心深くなる必要があります」。この説諭を伝えて，「なるほど言われてみればそのとおりだ」と思ってくれる人は，支援がいらない人，つまり指導者である「あなた」の気持ち（心配）がわかる人です。そして，おそらく本書に登場する人はここのところが怪しい。そうすると何が起こるのでしょう。

　まず，あなたの善意や心配が伝わりにくくなり，**妊娠や性感染症の心配があると指導者が自分を脅している**，という認知が構成されやすくなります。

　また支援者は，支援対象者の性行動は間違っていることを諭したいのですが，この伝え方も支援対象者の行動を否定することになるので，下手をすると支援対象者の存在否定になってしまうことがあります。

　それではこの行動に共感し，受容する場合はどうでしょう。それは出発点からかなりむずかしいと思います。なぜなら，不特定多数の相手と性交渉を重ねることは明らかに危ない性行動になるからです。そうするとそこで一面的な受容が起こりやすくなります。それは支援対象者が「苦しんでいる」ことにしてしまうような受容です。「あなたも苦しいのですね」と。

　たしかにこの受容は，先の否定に比べると穏やかなので，支援対象者が反発してくることは少ないと思いますが，わたしはこの受容を行う前に聞いてしまいます。「苦しいですか？」と。

　そうすると支援対象者は判で押したように，「別に」とか「苦しくない」と答えるのです。わたしたちの悪い癖で，こういう応答が起こると，支援対象者が自己受容できない感情を否認していると解釈しがちになります。

　これも「苦しんでいることにしてしまう」わたしたちがやりがちな落とし穴になっています。さて，本当に支援対象者が苦しんでいるのなら，それは歓迎すべきことで，解決の出口は間近なのですが，実際にはなかなかといったところだと思います。

　それではどうするのか。

　まず，性に関する正しい知識の付与からはじめます。生理や妊娠のメカニズムを教えるときは，通常の性教育のやり方で，通常の教材を使って進めればよいと思います。なぜ通常の教え方でよいのかというと，この領域には，彼女たちの使う隠語がほとんど登場しな

いからです。
　これが，性器の名称や，避妊のこと，自慰のこと，性行為のことを教える段階になったら要注意。この領域になると，彼女たちは隠語で学習していることが多いからです。性器の正しい名称や，避妊の仕方，自慰や性交時の留意点，性衝動や性欲に関すること，この辺りに入ったら，隠語と正しい名称や行為名の両方を並列させ，双方を，確認するような教え方をします。
　これは，「ため口」しか使わない非行少年に敬語の学習をさせる場面とよく似ています。敬語だけを用いて学習させようとすると，彼らや彼女らは「堅苦しい言葉」というところからなかなか理解が進みません。ここで「ため口」と敬語とを並列させるような進め方をすると，学習が進みやすくなります。指導者も「ため口」を知っているという同一感は親近感となって学習を後押しするわけです。
　性教育も同じです。みんな知っているけれどなかなか口にしづらい「オ○○コ」という言葉は，女性の外性器の総称，教科書に出ている膣の部分を「オ○○コ」と呼ぶこともあります。「われめちゃん」と言われるところは大陰唇，「ビラビラ」と呼ばれるのは小陰唇，「クリクリ」と言われるのはクリトリス，日本語では陰核といいます……といった具合に進めましょう。ついでにもう1つ。「ペニクリ」というのはLGBTの人の一部で使われる男性のペニスのことです。
　誤解なさらないように，啓発的な性教育では，もちろんこのような教え方をする必要はありません。ここで述べていることは，すでに地雷原の真っただ中を走り回っている彼女らを前提にするので，女子少年院ならともかく，一般の学校や施設の場合は小集団での指導，多くは個別的な指導になると思います。
　敬語指導と同じように，着飾った言葉だけで指導するのに比べ，彼女たちの学習態度は積極的になります。ただ，指導者の側に隠語の知識がかなり必要になると思います。またこれも前に一度触れていますが，対象が女性の場合は指導者も女性であることが望ましい。それが特に強調されるのが次の指導です。
　いよいよ，不特定多数を相手にしてしまう性行為のある女子への指導です。話の進め方は，性に関するフリーディスカッションを行います。語りの中心は支援対象者に置きますが，指導者が自分の思いを語ることは一向かまいません。また，支援対象者が戸惑っているとき，「こういうことですか」と解釈してあげることもかまいません。ただ指導者の方から「それは止めた方がよい」という自制や禁止の言葉は一切交えず，支援対象者の語ることを尊重します。
　また，先ほども触れた「苦しみ」の一面的な受容には注意してください。もちろん支援対象者が苦しいと言うなら，その言葉は受け入れますが，「それは苦しいですね」という受容は避け，「その感情に気付けることは素晴らしいですよ」とか「気付けてよかったですね」と肯定的フィードバック（Ⅰ－考5－**5**・→49頁，Ⅱ－手4・→65頁）を行います。
　その際支援者に求められるのは，性に対する開かれた態度です。つまり，支援対象者が

性欲を感じることを否定しない，快感を求めることを否定しない，性行為のいろいろなバリエーションを求めることを否定しない，性対象の選択に関して否定しない態度だと思います。

これは，一度やってみていただくとわかりますが，肯定的フィードバックを用いた対話がうまく回り始めると，支援対象者は自他を含めて性の話題に対して饒舌になることが多いものです。支援者は支援対象者が語っているときは傾聴し，話しやすい雰囲気を作り，ときにはユーモアを交えることも対話の雰囲気を助けます。

この過程を経て，支援対象者には自分の性行為に対する用心深さが出てくる可能性が高まります。もちろん，このアプローチだけで支援対象者の行動変容を期待することはむずかしいと思います。しかし，外部からの禁止や制止と，内発的な用心深さ，どちらが行動制御に役立つか，そんなことは言うまでもないことでしょう。

もちろん，こうした状態像はいろいろな理由が重なって形作られたものなので，一朝一夕の解決はむずかしいと思いますが，トラブル対応としての最初のアプローチは，こうした方法が一番安全だと思っています。

10 LGBTを巡るトラブル（Ⅱ－各10）

1 三島由紀夫さんの思い出（Ⅱ－各10－1）

三島由紀夫さんが市ヶ谷で自決されたとき，わたしはまだ大学生でした。わたしは文学青年ではなかったし，三島文学の愛好者でもありませんでしたが，一度だけ，三島さんの講演を聞いたことがあります。

三島さんには申し訳ないのですが，そのとき何を話されたのか，あまり覚えていません。たしか「貴族趣味」というような講演だったように記憶しています。でもその中で，なぜか鮮明に憶えているお話の一節があるのです。

わたしたちの年代は，学生運動華やかなりし頃，学生が大学の建物を占拠するようなことが当たり前にあった時代です。三島さんはアクティブな方なので，母校である東京大学を占拠した学生たちと討論されたり，それをマスコミが追いかけたり，ともかくにぎやかでした。

さて，三島さんの講演です。たまたま話が学生運動に触れたときの一節，これを鮮明に記憶しています。

あくまでわたしの記憶に残っている三島さんの声ですが，トーンは低めだけれど，図太くはなく，語尾のところが少し上がり調子になる，上品なイントネーションで，「彼ら（学生）は，自分たちを大衆の代表だと言うんだよね。で，僕も言ったわけ，きみらは大衆の代表なんかじゃないってね。大衆は，そんな大きな声は出さないと。大きな声で自己主張などしないと。それが大衆のわけね。だからさ，きみらは大衆の代表なんかじゃないよっ

て。革命家というのは大衆じゃないよ。もっとも，成功したから革命家と呼ばれるけど，成功しなかったら犯罪者と呼ばれちゃうけどね」といった調子，なぜかこの部分だけを覚えています。

さてさて，前置きが長くなりました。それより，なぜ三島さんなのか，ということ，その理由は2つあります。

1つは，三島さんは男色の傾向を持つと言われていること。もう1つは，LGBTを理解しようとするとき，この大衆は自己主張しないというところが，とても深い意味を持つものになるからです。

LGBTの報道では，よく集会の模様や，そこでの啓発活動が紹介されます。それはとても大切な活動だと思いますが，そういうところには顔を出さず，全く目立たない，いわば革命家に対する庶民のような生活を送っているLGBTの人が圧倒的に多いのです。本書で取り上げるLGBTの人は，そういう何でもない生活を送っている人たちです。

② LGBTへの世間知（Ⅱ－各10－②）

LGBTは，まだまだ誤解や偏見という海を漂っています。最近は啓発の機会が増えてきましたが，レズビアン（女性同性愛者），ゲイ（男性同性愛者），バイセクシャル（両性愛者），トランスジェンダー（身体的性別と自己の性別自認が異なっているとか，そこに違和感を持っている人）の頭文字からLGBTと呼ばれている，ここまでわかっている人なら，まだ上出来，これが現実です。

そこでわたしが，さらに「それで」と問うと，「えっ」という一言の後，次の言葉が返ってこない。そこから先は，まだまだ「自分とは無関係な理解できない人たち」の集まりのように思われている，これがLGBTへの世間知だとしかわたしには思えません。

とはいえ，わたしはここで，LGBTを本気で論じようとしています。それを果たすためには，読者を本書での議論の高みへお招きするための準備が必要です。

③ LGBT事始め（Ⅱ－各10－③）

LGBTへの最大の誤解は，これを「4つのグループから構成される，ある種の人々の総称」だと思われていることでしょう。たしかに，LとGとBとTという4つのグループ名が出てきます。しかし実際は，前三者と後一者，つまり，まずは2つのグループから成り立っている，という理解から出発してください。

詳しくは「LGBTへの教育的介入（Ⅱ－各10－⑦・➡176頁）のところで順次お話ししますが，実際の支援場面では，この2つの類型すら必要なくなってくる，とわたしは思っています。とはいえ，ここはLGBT事始め，まずはビギナーズコースからいきましょう。

さて，2つの分類です。レズビアン，ゲイ，バイセクシャルというのは，誰を好きにな

るかという「性行動(性対象)への指向性」を表す言葉になります。そしてトランスジェンダーは,自分で自分の性をどう捉えるかという,「性的自己認知の自認性」を表す言葉になります。

つまり,他者存在を希求する「前者」に対し,自己存在を希求する「後者」という図式,ここまでの理解は大丈夫でしょうか。大丈夫であれば,この先の道筋が見えてきます。

4 迷いの構造（Ⅱ-各10-4）

それでは,レズビアン,ゲイ,バイセクシャルの人から学びましょう。そうすると,自分は女性で,相手も女性でないとダメ,あるいは自分は男性で,相手も男性でないとダメ,という人はもちろんいます。しかし,基本的には同性愛だけれど,ときと場合によっては（素敵な出会いがあれば）異性を好きになることもある。あるいは基本的には異性愛だけれど,ときと場合によっては（素敵な出会いがあれば）同性を好きになることもある。要するにバイセクシャルである人が,レズビアンの人にも,ゲイの人にもけっこういるのです。

また,LGBTという枠組みだけだと捉えにくくなる人も出てきます。例えばXジェンダー（身体的には男性または女性なのですが,そのどちらにも違和感を覚える人）。クエスチョニング（自分の性的同一性がわからない,つまりセクシャリティーの見定めや内在化に迷いのある人）。アセクシャル（恋愛とか性的な事象に無関心で,無性愛と呼ばれるような人）など,いろいろな人がいます。

こうした人たちは,いずれも一つの性的在り様として尊重されるべきだと,わたしは思っています。たしかに性は,人の在り様の重要な部分を担っていることは否定しません。しかしそれがすべてではないのです。セックスがすべてではない理由に関して,わたしには明確な持論がありますので,ここでご披露しましょう。

それは,セックスをしても,しなくても,生命維持には影響がないということです。

いつもこんなことを言うから,「ミモフタモナイことを言うな」と,子どものころから叱られてきました。でもそうだと思いますよ。飲んだり食べたりとセックスを比べてみてください。おそらく,そんな比較自体がナンセンスでしょう。だからこそ,人の性を論じるときには,生物的な要因ばかりでなく,人間的な要因の方が大きな意味を持つのです。

生命維持機能からの束縛を受けないから,人の性は多様性に関して解放されている。その体現者がLGBTの人たちだとわたしは思うのです。

世の中の人は（専門家ですら）,LGBTの人を「性的少数者」と呼んでいます。でも,性的少数者という呼び方自体が差別や偏見を生む。強いて「性的○○者」と呼びたいのであれば,「性的束縛からの解放者」とするべきなのでしょうが,考え方としてはともかく,今の段階でこの名称を流布させるには,あまりにも世の中が未成熟すぎる。その理由をお話ししましょう。

ただ,それを述べる前に,今の段階でどうしても押さえておかねばならないことがあり

ます。それは，性的対象は異性だという，従来ヘテロと呼ばれてきた性的固定概念に対する問題提起です（Ⅱ－各10－⑤および⑥）。

⑤ ヘテロ・セクシャリティ（Ⅱ－各10－⑤）

　ヘテロとは，「異なる」という意味を持つギリシャ語由来の接頭辞です。接頭辞というと，「？」と思われるかもしれませんが，日本語にもたくさんあります。異国，異名，異次元，異世界……そして異性。

　ということで，同性愛に対する異性愛のことを「ヘテロ・セクシャル」というわけです。ところが，このヘテロ・セクシャルという言葉に対して，わたしは素直になれない。どう考えてもヘテロ・セクシャリティという概念は，自然発生的なものとは思えない。ありていに言えば，ある種の文化の押し付けだとしか思えないのです。

　ここで「ちょっと待て，小栗さんの言いたいことがわからない」という声が聞こえてきそうなので，一旦ヘテロという言葉を横へ退け，わたしが言いたいことを，もう少し丁寧に整理しましょう。

⑥ 『饗宴』に見る恋の大らかさ（Ⅱ－各10－⑥）

　みなさんは，プラトン先生の対話篇をお読みになったことはありますか。対話篇は何冊もあって，岩波文庫で簡単に手に入りますからぜひご一読を。そして，ここで紹介するのは『饗宴』という1冊です。

　そもそも対話篇とは何でしょう。これはプラトン先生が，師であるソクラテス先生の言葉を，「ソクラテスかく語りき」と再現したかのようなドキュメンタリーです。

　プラトン先生は，どうして対話篇を著したのでしょう。それはソクラテス先生が一言も書き残さなかったから。

　そもそもソクラテス先生は，何について対話をしたのでしょう。先生は物事の本質を考える方法として，対話を大切にしました。それは「哲学をする」ことに他ならなかったのです。

　でも，ソクラテス先生はどうして，あれほど考え続け，真に哲学をしたのに，なぜ書き残さなかったのでしょう。それは，書かれたものは魂を失うと考えていたからです。

　ご存じのように，ソクラテスは，アテネの神々を尊ばず，若者を堕落させたという罪に問われ，あの有名なソクラテス裁判によって死刑を言い渡され，平然として判決を受け入れました。

　プラトン先生は，師の生き様を活き活きと描写した。それはプラトン先生の詩心溢れる文才と，劇作家も真っ青になる場面構成力によって，師が危惧した魂を失うことなく，師の言葉を後世へ伝えています。それはまた，後世の専門家による考証をとおして，「ソクラ

テスは，本当にかくのごとく語ったのだろう」と，ほぼ太鼓判を押されるものになっています。もちろん反論もありますが……。

さて，『饗宴』は，紀元前400年ころ，アテネの若き悲劇詩人アガトンが，最初の4部作を競演に出して勝利を得た祝勝の宴に常連さんたちを招き，「恋（エロス）とはなにか」について対話を交わしたときの思い出として構成されています。

わたしたちは，プラトン先生が著した対話篇によって，愛（恋）を巡る対話，美を巡る対話，知を巡る対話，徳を巡る対話など，ソクラテス先生の言葉に接することができるのですが，わたしはこれを，遠い昔，アテネの街角，広場，木陰，食卓で交わされた対話ではなく，今，学校や施設，そして職場で交わされるべき対話だと思っています。まあ，それはともかくとして，『饗宴』に話を戻しましょう。

『饗宴』で語られるのは「恋の本質」についてです。「愛の本質」でもいいのですが，ここでの論点は明らかにエロスですから，「恋」の方が似合うと思います。そして，ここでの対象は「少年愛」なのです。

さあ，少年愛は現代においてはかなりアブナイ領域です。これは後の方でも触れることですが，LGBTに関連した困った行動はほぼ1つ。心無いゲイの人の一部に見られる誤った少年愛（未成年男子への性的誘惑）のみです。やはり怪しからんことをするのは男と相場が決まっています。そのことは後述するとして，わたしたちは『饗宴』から何を学ぶべきか。それは同性愛への大らかさです。

そもそもソクラテス先生はゲイ好み。それは当時のコモンセンスの一部でもあるのですが，例えば，岩波文庫，藤沢令男訳，プラトン著にかかる対話篇，『プロタゴラス』の冒頭，出典の文意を損ねない範囲で，本書のスタイルに合わせて引用すると次のとおりです。

（ソクラテスの友人）「ソクラテス，どこへ行っていたの，またあの子を追っかけていたのかい。でも彼はそろそろ髭の生える年ごろだよ」（これに答えてソクラテス）「それがどうしたと言うのかね。きみは『髭生えそめし若さこそ，げに優しさのきわみなれ』と言ったホメロスの賛美者ではなかったのかい。彼はいまこそ，そういう若盛りなのだよ」

このやり取り，続きがあるので興味のある読者は原典をどうぞ。そんなことより，このボーイズラブへの大らかさ，これをギリシャ時代の風俗習慣として片付けてしまえばそれまでのこと。ここでわたしが，この大らかさの衰退には，後の世の「破壊工作」が絡んでいると言ったら，みなさんはどう思われますか。

つまり，LGBTの人たちを苦しめている偏見や差別は，後の世の宗教的・倫理的な弾圧の結果にあると言ったら，みなさんには一考の余地はありますか（あれば嬉しい限り），ということなのです。

それは，生殖を伴わない性行為（同性愛）は快楽の追求に過ぎない（つまり悪魔の所業）

と禁じられ，神意に背く行為として弾圧された。しかも長期間に及ぶ歴史の重圧，いかに正義の名目で，同性愛者への虐待と虐殺が繰り返されたことか。考えてもみてください，そもそも魔女狩りとはなんぞや。歴史の重圧と後遺症に苦しめられている人たち，それが本書，特に「ここ」での主人公なのです。

　さて，同性愛への大らかさ，これを語れば『饗宴』を取り上げた目的は達成されています。そこでLGBTへのさらなる理解を求めて次なる旅路へ進みたいのですが，せっかくソクラテス先生にまで登場していただいたのですから，『饗宴』で先生が語っている恋のエッセンスに触れておかない手はないでしょう。

　ソクラテス先生は恋について，美しきもの（善きもの）と幸福を手に入れる欲望だと語り，美しきものの精神性を重視します。しかし，それは決して肉体の美を否定するものではありません。美しい肉体は恋の入り口であって，それなくして恋は成立しない。精神性を重視する恋（プラトニックラブ）は，まさにプラトン先生の名から出た言葉ですが，大元であるプラトン先生はもちろん，ソクラテス先生にも，恋における肉体関係（性交渉）の否定はないのです。

7 LGBTへの教育的介入（Ⅱ－各10－7）

　今からLGBTへの教育的介入時の留意点についてお話しします。ただし，L，G，B，T，と類型化するようなお話はしません。そのことは，LGBT事始め（Ⅱ－各10－3・⊃172頁）のところでも少し触れましたが，要するに類型化は，物事の整理には役立つ反面で，特定の概念を形骸化させ，ときには本質を分散させてしまう危うさがあるからです。

　しかも，わたしは学者ではなく実務家です。あくまで実務家の立場からLGBTを語り，生起しているトラブルの緩和を図ること，それがここでの主要な論点です。そして，先に紹介した『饗宴』での性への大らかさ，これはLGBTを超え，ヘテロ・セクシャリティと呼ばれる人への性に対応するときにも道標となる，と思うのですがいかがでしょう。

ア 挨拶なき出会い（Ⅱ－各10－7－ア）

　わたしは長いこと，思春期や青年期の若者が引き起こす，さまざまなトラブルへの対応に従事してきました。その中には，LGBTに対処せねばならないこともありました。しかし，最初に申し上げておきますが，LGBTの当事者から，自らの性的な悩みを，面接受理の段階でお受けしたことはほとんどありません。

　おそらく，精神科医のようなお仕事なら，LGBTを主訴として受診される患者さんもあると思いますが，わたしのような生業を営む者に，最初から性にかかわる相談を持ち込むことは敷居が高い，つまりかなりな冒険（相談しづらい）になるからです。

　一方，数としては少ないのですが，学校の教師や保護者から，「この子のことが心配なので」とLGBT絡みの相談を受理することはあります。また，コミュニケーションの不調な

どを理由に，支援者への助言を頼まれたようなとき，あるいは当事者との面談を依頼されたようなとき，わたしの方が「これは？」と思うことはあるのです。さあ，そうしたときの対応です。

いずれの場合であっても，支援対象者に「もしかしてあなたは」と聞くようなことは絶対にありません。これは，発達障害の相談とよく似ています。「この子，もしかして」という依頼で面談し，「おそらくそうだろう」と思っても，ご本人に「あなたには発達障害があるのでは？」などという愚かなことは絶対に言わない，それと同じです。

ともかく，わたしたちに期待されるのは，診断するとか，しないとか，という役割ではありません。その代り，当事者の生き様はしっかり受け止め，人生の実態把握を行う。これがわたしたちの役割，したがってLGBTという言葉すら，当面は必要ではないのです。

換言すれば人生における自己実現の在り様と捉えることを忘れ，発達障害とかLGBTという言葉の呪縛を受ければ，本質が見えなくなってしまう。しかし，発達障害にしても，LGBTにしても，それが何であるかは熟知していることが大切。

なんだかむずかしそうですね，でもご安心を。「LGBT」であることが人間関係のトラブルに至っていなければ，そっと見守ることも立派な支援，トラブルが生起しているところへ，それを緩和する介入を行う，今まで本書でお話ししてきたことと，何ら変わらないのですから。でも，このことだけは。

ここでの主役たちは，「LGBT」という名札を付けて，わたしたちの前には立たない。つまり挨拶なき出会いからすべてが始まるということです。

イ 知られたくない心（Ⅱ－各10－⑦－イ）

あなたにお伺いします。知ってほしいことと，知られたくないことのバランスはいかがなものですか？

多分半々くらいかな。わたしがそうだから，みなさんもそうだと勝手に思ってしまいます。良い思い出も，嫌な思い出も，たくさんありますから，まあ，良いことと悪いことは，半々くらいかと。

それでは知られたくないことはどうしていますか。「隠している」それが正解。そうです，都合の悪いことは隠せばよい，簡単なことです。

でも，その都合の悪いことが，過去の嫌な思い出の一コマのようなものではなく，今もあなたを突き動かし，ことあるごとに頭をもたげてくるものだとしたらどうですか。しかも，トラウマのような邪悪なものではなく，あなたが求めているものであったとしたらどうですか。

求めていながら隠さねばならないこと，それは「苦しい」それが正解です。

わたしたちの仕事は，LGBTという挨拶を受ける前に，この「苦しみ」という挨拶を受けることになります。「LGBTだから苦しい」のではなく，求めていながら隠さねばならない「苦しみ」なのです。

そうすると，その苦しみというものは，「苦しみの感情」という，お決まりの，いわば，お約束どおりの装いで，わたしたちを迎えてくれない場合があるのです。

　ともかく，人生という文脈の微妙な揺れとか，「おやっ？」と思わせる不器用さとか，「ほうっ？」と思わせるエピソードとして，道端の小石のように示される。うーん，わたしたちの仕事は，何とデリケートなのでしょう。

　この微妙な装い，これがLGBTのご挨拶になる。これはLGBTに限らず，「やりたいけれど，秘したるもの」を持っている人が発する体臭のようなもの，なのかもしれません。

　ともかく，よくあるお約束どおりの「苦しみの訴え」にはならない。このことをわかってあげましょう。それは「知られたくない」からです。でもそれは「知られることへの不安」と，表裏一体でもあるのです。これほどの苦しみは，そうそうあるものではない，とわたしは思います。

　LGBTの人には，人生への不安を覚える人が多い，抑うつ的にもなりやすい，希死念慮（死にたいと思う心）にもとらわれる，中には本当に自死へ至る人も，そんなことは，専門家であればみんな知っていることです。

ウ 司令官と参謀長（Ⅱ－各10－⑦－ウ）

　今まで本書で述べてきたトラブル対応と，ここでのそれはやり方が違います。なぜならトラブルの本質が異なるからです。

　今まで述べてきたトラブル対応には，支援対象者の側に，何らかの育てるべき，あるいは修正すべき課題があり，それを乗り越えるためのアプローチを考える，という支援の流れがありました。

　ところがLGBTはそこが違います。アプローチすべき課題があるとすれば，当事者の育ち方や変容にあるのではなく，当事者が変容を強いられることなく，自己実現を果たすために，わたしたち支援者は何ができるのか，これが真の課題になるわけですから，やることは真逆。

　換言すれば，支援対象者（当事者）と支援者（わたしたち）がスクラムを組み，わたしたちが，当事者の自己実現を後押しする，そのための作戦会議を重ねる，そうしたアプローチが支援を構成していく，というわけです。

　わたしには，こうした支援を考えるとき，いつもイメージするものがあります。それは司令官と参謀長の関係なのですが，いかがですか。

　悪い癖で唐突な書き出しをしてしまいました。でもここを理解していただくためには必要なことだと思うので，少し説明させてください。

　LGBTの人への支援とは，いわば真っ当な自己実現に寄り添うことです。その目標に向かって，当事者と知恵を絞り，無理のない突破口を開き，一緒に頑張っていくこと，まさにわたしたちは，本来の意味での相談役に徹するのですが，わたしはここに司令官（当事

者）と参謀長（わたしたち）の関係をイメージしてしまいます。

　なぜ当事者が司令官なのでしょう。それは最終的な司令を自らに下すのは当事者だからです。わたしたちは，当事者の自己実現を尊重するがゆえに，その補佐役に徹する。わたしにはこれが，司令官と参謀長の関係に見えるのです。

　参謀とは，もともと軍隊用語で，作戦とか用兵を指導する人のことを指します（最終的な決定者は司令官）。これを軍隊の言葉ではなく，一般的な言葉として用いるときには，転じて特定の人を支え，現状打開を目指すための策略を立てる人のことを，参謀と言ったりするわけです。

　策略，あまりいい響きではありませんがLGBTの人の自己実現を補佐するときには，まずは周囲との協調・協力関係を構築すること，それがうまくいかない場合には，風通しを良くするために，ある程度の策謀が求められる，悲しいことに，まだこれが日本の現状です。

　さて，この点をわかっていただいた上で，もう少し違うお話をしたいと思います。
　それは，LGBTの人にも，すでに触れてきたとおり，実は好ましくない行動があるというお話です。でもそれは，ほぼ次の一点，つまりゲイの人の一部による，未成年男子への性的誘惑の問題，要するにすでに未成年女子へのナンパ（Ⅱ－各9－④－ウ・→164頁）で述べたことの男子版です。

　これは知る人ぞ知る事実ですし，ゲイの人にとっては重要な出来事なのに，なぜかあまり語られることがありません。ここでは教育的介入の本論へ入る前に，少しだけ（というより，かなりガッチリと）お耳に入れておきたいと思います。

エ 性的誘惑（Ⅱ－各10－⑦－エ）

　ゲイの人の性的体験談には，興味深いエピソードがあります。それは，見知らぬ同性から性的誘惑を受けたという話が，決して少なくない頻度で語られることです。しかもその誘惑に，多少の抵抗は感じても，不快ではなかったという話が多いのです。

　もちろん，レズビアンの人の性的体験談にも，同性からの性的誘惑の話はつきものですが，ゲイの男性によくある「見知らぬ同性」に誘惑されたという話は，わたしの知る限りほとんどないのです。

　レズビアンの場合には，多くは顔見知りで既知の同性，例えば同性の友だちとか，ゲイの人より自然発生的な人間関係の中で，それが起こっているように思えます。

　レズビアンの人の体験談に，「見知らぬ人からの誘惑」が登場するのは，ほぼ次の一点のみ，「見知らぬ異性（男性）」からの性的誘惑，これは未成年女子へのナンパ行為そのものでしょう。

　そこで経験した男性への嫌悪感がレズビアンを強化した，という考え方もありましょうが，それはあまりに小説的で出来過ぎ，というのがわたしの考え，それは多分同性愛とは別物のエピソードになると思います（間違っていたらごめんなさい）。

さて，ここで問題提起をするとしたら，未成年男性への性的誘惑の結果起こることは，女性の性的逸脱行動（Ⅱ－各9－④・●162頁）でお話ししたことと一緒。つまりナンパによる手練手管によって，偶発的な性行動に快刺激が与えられ，盛り場（ゲイの場合には，特定の映画館，公衆トイレ，公園など，俗にハッテン場と称される出会いの場がある）への出入りや，そこで性的誘惑に乗る行動が増えてしまうことだと思います。

したがってその手当てには，女子の性的逸脱で述べた対応と同じことが求められ，対象者の性的経験を否定せず，内発的な用心深さを育てる支援が必要になると思います。そこで配慮すべきことは，対象が女子の場合には女性の指導者が，男子の場合には男性の指導者が対応した方が無難，ということくらいではないでしょうか。そこでもう一歩進めます。

ゲイの場合には，この「行き当たりばったり」の性体験が，あまり嫌悪感を伴うものにはなっていない。それは，多分そうした誘惑者が，その場で自らの直接的な性的欲求を無理に満たそうとしないこと，つまり，ある意味ゲイ的な行動傾向と関係するものかもしれません。ここで「？」と思われますか。

それは，誘惑対象である未成年者へのサービスに徹するというか，相手を性的エクスタシー（射精）へ導くことに満足を覚える人がいる，ということと関係しているように思われます。

これはゲイの人にも，レズビアンの人にもあることですが，自分の満足より相手を満足させる指向性を持つ人のことは「タチ」，受け身というか，自分が満足させられることへの指向性の強い人のことは「ウケ」と呼ばれることがあります。

これが，相思相愛度が高い場合には，お互いの満足を求め合うとか，この辺りは「わかりやすい」というべきか，「わかりにくい」というべきか微妙かつ複雑ですが，男女を問わず同性愛の場合には，「タチ」とか「ウケ」ということが意外に大切な意味を持ち，けっこう雑談の中でも交わされる話題になります。これはヘテロ・セクシャリティにはあまりないことなのかもしれません。

したがって，誘惑する人にはどうしても「タチ」が多い。そうすると誘惑された側はサービスを受ける側になるわけで，無理強いされた意識が生じにくい。年配のゲイの人が若年時のこの体験を，懐かしく語ることが多いのはそのためだと思われます。

さあ，この辺りでゲイの人にありがちな性的誘惑については十分でしょう。最後に一つだけ，ゲイへの指向性を全く持っていない人が同性からの誘惑を受けても，その場から逃げ出す公算が高いと思います。仮に逃げ出せなくて誘惑に乗ってしまった場合には，もう二度とそうした場所には近付かない公算が高くなると思います。だから，ゲイへの指向性のない人のことを，ゲイの人は「ノンケ」と呼ぶのです。

ということは，この経験によってなおかつゲイへの指向性を強める人は，もともとゲイへの親和性を持っていた人，あるいはバイセクシャルへの親和性を持っていた人，ということになります。それでは，そうしたことも含めて，LGBTの人に教育的な介入を行う際の留意点を，覚え書きとして整理しておきましょう。

オ LGBTへの覚え書き（Ⅱ－各10－⑦－オ）
❶人付き合いの課題（Ⅱ－各10－⑦－オ－❶）

　思春期や青年期の人を対象にする，一般的な相談においては，自分がLGBTであることを訴えてくるような人はまずいません。たとえLGBTに関する情報を得ている対象者であっても，やり取りの不自然さや不器用さは，人付き合いの課題に属します。そうした場合はLGBTから離れ，対人関係の課題として対応するようにしましょう。

❷依頼者からの依頼への対応（Ⅱ－各10－⑦－オ－❷）

　保護者や学校の教師が，特定の人にLGBTがあるのではないかと心配し，会ってみてほしいと頼まれることがあります。そうした場合でも，対象者から自発的にLGBTの話題が出てこなければ，わたしの方からその話題を取り上げることはありません。面接終了後，依頼者から「どうでしたか」と問われたときは，「その話題には触れたくないようでした」と伝えます。

❸LGBTスペクトラム（Ⅱ－各10－⑦－オ－❸）

　LGBT事始め（Ⅱ－各10－③・→172頁）で触れたように，これはＬとＧとＢとＴという４つの独立したグループから構成されるものではありません。それぞれの状態像には移行形があり，基本的には途切れのない連続体，つまり虹の七色のようなスペクトラムの関係があると思います。

　また，強いて分けるなら，性対象への指向性であるＬとＧとＢに対し，自己のセクシャリティーの自認を反映するＴという，二大分類もできると解説しました（Ⅱ－各10－③および④・→172頁）。しかしこのＬとＧとＢとＴがブレンドすることもあるので，なかなかやっかいです。

❹トランスジェンダーへの対応（Ⅱ－各10－⑦－オ－❹）

　例えば，男性の同性愛のタイプにニューハーフと呼ばれる女装の人がいます。この人たちは，声色も話し方も動作も女性的である場合が多く，あたかも自分の生物学的な性を否定しているかのように見えます。また，この人たちは，ゲイと呼ばれることに「男臭さ」を感じるという理由で，この名称を好まない傾向があります。そうすると，ニューハーフの人たちは，性的自己同一性の課題を乗り越え，その上で同性という性対象を選択した人なのでしょうか。

　実は，この辺りは複雑で，ニューハーフの人が異性（女性）の恋人を持っていたり，その恋人の中にレズビアンの人がいたり，これはバイセクシャルの複雑系かと思われることもあるのです。

　一方ゲイの人の中には，女装はしていませんが，内気な性格で，立ち振る舞いの大人しさが女性的に見える人がいます。しかし，そういう人の話をよく聞いていくと，身体的性

別と性自認のズレというより，性格的な主体性や自発性の乏しさが中心的な課題になっている人もいるのです。そうすると何が起こるのでしょう。

　要するに，通常であれば相手が異性であろうが，同性であろうが，特定の恋を成就させるためには，好きになった相手への何らかのアタックが必要になります。しかし，その意思表示に負担を感じる人が出てくることになるのです。あなたがそういう人ならどうしますか？

　もしあなたが，バイセクシャルへの親和性を少しでも持っている人なら，簡単な打開策があるのでお教えしましょう。

　それは，最初から女性的に振る舞うことです。そうすると，周りの男性（大抵はゲイの人）の方からお呼びがかかり，自分が主体的に行動する必要がなくなる。この楽さ加減が，女装や女性的な立ち振る舞いを選択させる要因になっている人も，けっこういるのです。

　ついでに言うと，全く普通の男性の服装をし，言葉も所作も男性的なのですが，下着だけ女性のものを着用している人がいて（下着女装と呼ばれます），それをトランスジェンダーだと誤解されることがあります。これについては，女性の下着を着用することが，性的自己同一性の揺らぎの反映ではなく，自分の性的興奮を自己刺激するとか，それを知った相手が，自分を性的に誘惑してくれることを期待して，という場合が多いのです。そのために女性の下着を着用する，これはゲイセクシャルの求愛そのものではないでしょうか。

　まあ，この辺りにしておきましょう。ともかく，トランスジェンダーには複雑系の人が多い。同じことが，LGBT全体をスペクトラムとして包んでいる，わたしにはそう思えるのですが，いかがでしょう。

❺カミングアウト（Ⅱ－各10－⑦－オ－❺）

　当事者やその家族から，「カミングアウトしたいのですが」と相談されることがあります。ただ，日本の現状からすると，これには相当な慎重さが必要です。

　ご本人が所属する小さなサークル内でのカミングアウトであっても，わたしはメリットとデメリットを，当事者や保護者と相当綿密に考え，安易にGOサインを出すことはありません。

　カミングアウトへの手順として最も安全なのは，まずLGBTの自助グループへ足を運ばれることです。ただ，ここにも大きな課題があります。それはどの自助グループを選択するかということです。まあ，公認に近い形で活動しておられるところなら間違いはないと思いますが，下手をすると自助グループを語る風俗店に近いところもあるのでご用心を。

　いずれにしても，ご本人や家族だけで選択されるのではなく，LGBTのことをわかっている人と一緒に考えることが望ましいと思います。日本の現状では，LGBTの専門家を探すのはかなりな難問です。まずはLGBTの友だちを作ること，そして一緒になって考えてくれる人，そういう人を大切にしたいと思います。

　ここでわたしがお話ししたことは，自分が培ってきたトラブル対応の知識（多少は専門

性があると自認しています）に，LGBTの人から教えていただいたことをブレンドすると，こうしたLGBT観が生まれてくる。それを正直にお伝えした次第です。

注 レズビアンの人を「レズ」と呼ぶのはさげすんだ言い方になります。ゲイの人を，「ホモ」「おかま」「おねえ」と呼ぶのも差別的表現ですし，バイセクシャルの人を「両刀使い」というのも失礼な言い方になりますので注意しましょう。

8 大団円（Ⅱ－各10－8）

最後にLBGTであることを乗り越えている人とわたしとの対話を紹介します。
最初のお相手は，とても元気はつらつ。スラリとした体形のレズビアンの方です。

（お相手）「小栗さん，高校生活は楽しかったですか？」
（わたし）「えっ」
（お相手）「わたしすごく楽しかったよ」
（わたし）「なにが？」
（お相手）「バレンタインの日」
（わたし）「ほう」
（お相手）「女の子からいっぱいチョコレートをプレゼントされ，いつもカバンの中がチョコレートで溢れていた」
（わたし）「よかったねえ」
（お相手）「でも，最近は全然だめだな」
（わたし）「それは，あなたも，みんなも，大人になった証拠さ。でも，あなたに秘めたる思いを寄せる女子は多いと思うよ」
（お相手）「ならいいけどね」
（わたし）「そう決まっていることにしよう。それ以外はあり得ないから」
（お相手）「小栗さんがいつも口にする妙な理屈だけど，まあそうしといてあげる。あははは」

相手変わって，ゲイであることを乗り越えている男性。先ほどの女性とは真逆。体格は小柄で貧弱。性格は内気，大人しく自己主張が苦手。真面目で知識欲旺盛。

（お相手）「僕さぁ，高校時代はけっこういじめられていたよ」
（わたし）「大人しすぎると，そういうこともあるな」
（お相手）「はっきり言うなぁ。でも，たしかにこの性格は嫌いだった」
（わたし）「それで何かしたの？」

（お相手）「何もしなかった。でも，はきはきした憧れの先輩がいてね」
（わたし）「ほう」
（お相手）「その先輩，けっこう僕のことを心配してくれるので嬉しかったな」
（わたし）「憧れの先輩を振り向かせたのは，きみのキャラが持っている人徳だな」
（お相手）「それはどうかなぁ。でも大学は別々になったけど，今でもときどき会っているよ」
（わたし）「そういう友情はいいね」
（お相手）「まあね。小栗さんは，僕みたいなやつの手助けをするのが仕事でしょう」
（わたし）「うん，命を張ってやっているよ。ちょっと大げさか」
（お相手）「ちょっとじゃなくて『かなり』が付く。でも頑張ってね」
（わたし）「そんなこと言ってくれるのはきみくらいだな」
（お相手）「また心にもないことを」
（わたし）「それは，僕が本に書いたのとは用法が違う。でも，きみみたいな人と出会えるから，僕はこの仕事を続けている。感謝しているよ，ありがとう」

実習編

III

第Ⅰ部および第Ⅱ部を振り返り，本書の考え方や実施手続を実習していただくのが第Ⅲ部の目的です。

　本書のやり方を本格的に取り入れていただくのもよし。困ったときのヒントとして使っていただくのもよし。ここから先はみなさんのお仕事です。

　無理をなさらないように，できたらお仲間と情報交換しながら，それがワークというものです。

第Ⅰ部
考え方編

1 要支援

メタ認知とその不調について説明できますか？　さあ，答えてみてください。

メタ認知（Ⅰ−考1−**2**・➡27頁）　メタ認知の不調（Ⅰ−考1−**3**・➡28頁）　自閉症スペクトラム症（Ⅰ−考1−**3**−①−ア・➡29頁）　注意欠如・多動症（Ⅰ−考1−**3**−①−イ・➡29頁）　被虐待体験（Ⅰ−考1−**3**−②・➡30頁）　挫折経験（Ⅰ−考1−**3**−③・➡30頁）

---

2 「困っている人」と「困っていない人」

　困っている人（困ることのできる人）と困っていない人（困ることのできない人）の違いを説明できますか？　さあ，答えてみてください。

困っている人（Ⅰ−考2−**1**・➡32頁）　困っていない人（Ⅰ−考2−**2**・➡32頁）

---

3 「きっかけ」と「原因」

「きっかけ」と「原因」の違いを説明できますか？ さあ，答えてみてください。

> 見立て（Ⅰ－考3－**1**・→35頁）　トラブルの原因になりやすい課題（Ⅰ－考3－**2**・→36頁）　仲良し課題（Ⅰ－考3－**2**－①・→36頁）　勝ち負け課題（Ⅰ－考3－**2**－②・→36頁）　恋愛課題（Ⅰ－考3－**2**－③・→38頁）

4 トラブル対応の出発点

悪態対応の基本図式を説明できますか？ さあ，答えてみてください。

> 反抗挑発的言動（Ⅰ－考4－**1**・→40頁）　悪態対応の基本図式（Ⅰ－考4－**2**・→40頁）　支援者の役割（Ⅰ－考4－**2**－①・→41頁）　トラブル対応の本質（Ⅰ－考4－**2**－②・→42頁）　コミュニケーション（Ⅰ－考4－**2**－③・→42頁）　自己認知（Ⅰ－考4－**2**－③－ア・→43頁）　他者認知（Ⅰ－考4－**2**－③－イ・→43頁）　他者批判（Ⅰ－考4－**2**－③－ウ・→43頁）　こだわり（Ⅰ－考4－**2**－④・→44頁）　「こだわり」の本質（Ⅰ－考4－**2**－④－ア・→44頁）　本質の背景（Ⅰ－考4－**2**－④－イ・→45頁）　こだわり対応の奥義（Ⅰ－考4－**2**－④－ウ・→45頁）

5 支援としての対話

会話と対話の違いを説明できますか？　さあ，答えてみてください。

会話と対話（Ⅰ−考5−❶・→47頁）　要配慮（Ⅰ−考5−❷・→47頁）　不心得な言葉（Ⅰ−考5−❸・→48頁）　心得のある言葉（Ⅰ−考5−❹・→48頁）

---

6 肯定的フィードバック

肯定的フィードバックについて説明できますか？　さあ，答えてみてください。

おだてる（Ⅰ−考5−❺−①・→49頁）　もちあげる（Ⅰ−考5−❺−②・→50頁）　がまんしていることにする（Ⅰ−考5−❺−③・→50頁）　伝えるべき否定的な事実は肯定的に伝える（Ⅰ−考5−❺−④・→51頁）　支援対象者が怒ってしまったときの対応（Ⅰ−考5−❺−⑤・→52頁）

第Ⅱ部
手続編
（トラブル対応への準備）

1 手続

頑張らせ方の手続を説明できますか？　さあ，答えてみてください。

復習（Ⅱ－手1・→57頁）　頑張らせ方（Ⅱ－手2－1・→58頁）　手伝い（Ⅱ－手2－2・→59頁）　必然性（Ⅱ－手3・→61頁）　指示に従う練習（Ⅱ－手3－1・→61頁）　信頼関係の練習（Ⅱ－手3－2・→62頁）　コミュニケーションの練習（Ⅱ－手3－3・→63頁）

2 肯定的フィードバックの手続

肯定的フィードバックの留意点を説明できますか？　さあ，答えてみてください。

真摯な対応（Ⅱ－手4－1・→65頁）　毅然とした態度（Ⅱ－手4－2・→67頁）　集団対応と個別対応（Ⅱ－手4－3・→69頁）　プロンプト（Ⅱ－手4－4・→69頁）　肯定的フィードバック適用例（Ⅱ－手4－5・→71頁）　否定的な言葉（Ⅱ－手4－5－①・→71頁）　無理解（Ⅱ－手4－5－②・→72頁）　興奮しやすさ（Ⅱ－手4－5－③・→72頁）　自分本位（Ⅱ－手4－5－④・→72頁）　間違った自己主張（Ⅱ－手4－5－⑤・→73頁）　予想外の展開への対応（Ⅱ－手4－5－⑥・→73頁）

第Ⅱ部
手続編
（トラブル対応各論）

1 約束を巡るトラブル

　約束を巡って起こるトラブルとそれへの対処法を説明できますか？　さあ，答えてみてください。

約束ワンダーランド（Ⅱ－各1－①・→79頁）　練習（Ⅱ－各1－②・→80頁）　手伝い（Ⅱ－各1－②－ア・→81頁）　集団対応（Ⅱ－各1－②－イ・→81頁）　事前練習（Ⅱ－各1－②－イ－ア・→80頁）　集団対応の手順（Ⅱ－各1－②－イ－イ・→81頁）　個別対応（Ⅱ－各1－②－ウ・→83頁）　模擬練習の出発点（Ⅱ－各1－②－ウ－ア・→83頁）　模擬練習のルール（Ⅱ－各1－②－ウ－イ・→84頁）　模擬練習ルールの運用（Ⅱ－各1－②－ウ－ウ・→84頁）　模擬練習の実際（Ⅱ－各1－②－ウ－エ・→85頁）　約束指導の応用（Ⅱ－各1－③・→86頁）　小遣い指導の留意点（Ⅱ－各1－③－ア・→86頁）　小遣い指導の実際（Ⅱ－各1－③－イ・→87頁）　約束指導の禁忌（Ⅱ－各1－④・→89頁）

2 言い聞かせを巡るトラブル

　言い聞かせを巡るトラブルとそれへの対処法を説明できますか？　さあ，答えてみてください。

復習（Ⅱ－各2－①・→90頁）　言い聞かせ論考（Ⅱ－各2－②・→92頁）　言い聞かせの復権（Ⅱ－各2－②－ア・→92頁）　言い聞かせ復権の意味（Ⅱ－各2－②－イ・→93頁）　新たな言い聞かせの所在（Ⅱ－各2－②－ウ・→93頁）　言い聞かせ方の実際（Ⅱ－各2－③・→94頁）　支援対象者が引いてしまいやすい言い聞かせ（Ⅱ－各2－③－ア・→95頁）　支援対象者が聞く耳を閉ざしやすい言い聞かせ（Ⅱ－各2－③－イ・→97頁）　支援対象者の反発を招きやすい言い聞かせ（Ⅱ－各2－③－ウ・→98頁）　支援対象者を意固地にさせやすい言い聞かせ（Ⅱ－各2－③－エ・→99頁）

---

3 叱責を巡るトラブル

　叱責を巡るトラブルとそれへの対処法を説明できますか？　さあ，答えてみてください。

叱責と言い聞かせ（Ⅱ－各3－①・→102頁）　断言と助言（Ⅱ－各3－②・→103頁）　言説（Ⅱ－各3－③・→106頁）　必要性（Ⅱ－各3－④・→107頁）　止める（Ⅱ－各3－④－ア・→108頁）　反省（Ⅱ－各3－④－イ・→109頁）　受益者（Ⅱ－各3－④－ウ・→109頁）　本書における叱責（Ⅱ－各3－⑤・→110頁）　叱責の手に余るもの（Ⅱ－各3－⑤－ア・→110頁）　叱責の対象（Ⅱ－各3－⑤－イ・→110頁）　叱責の手続（Ⅱ－各3－⑤－ウ・→111頁）　叱責とは何か（Ⅱ－各3－⑤－エ・→112頁）

4 愛着を巡るトラブル

愛着を巡るトラブルとそれへの対処法を説明できますか？　さあ，答えてみてください。

愛着という言葉（Ⅱ－各4－①・→113頁）　ボウルビィ（Ⅱ－各4－②・→114頁）　愛着障害（Ⅱ－各4－③・→114頁）　特異性（Ⅱ－各4－③－ア・→114頁）　三つ子の魂（Ⅱ－各4－③－イ・→115頁）　信頼という感覚（Ⅱ－各4－③－ウ・→116頁）　トラブルから愛着へ（Ⅱ－各4－④・→117頁）　愛着からトラブルへ（Ⅱ－各4－⑤・→118頁）　親密度（Ⅱ－各4－⑤－ア・→118頁）　情に竿させば（Ⅱ－各4－⑤－イ・→118頁）　愛は歌の中に（Ⅱ－各4－⑤－ウ・→119頁）　まとめ（Ⅱ－各4－⑤－エ・→121頁）　ユニバーサルデザイン（Ⅱ－各4－資料・→121頁）

---

5 虚言を巡るトラブル

虚言を巡るトラブルとそれへの対処法を説明できますか？　さあ，答えてみてください。

虚言のタイプ（Ⅱ－各5－①・→122頁）　虚言対応事始め（Ⅱ－各5－②・→122頁）　取り留めのない虚言（Ⅱ－各5－③・→124頁）　取り留めのない虚言の概要（Ⅱ－各5－③－ア・→124頁）　取り留めのない虚言のメカニズム（Ⅱ－各5－③－イ・→125頁）　取り留めのない虚言への教育的介入（Ⅱ－各5－③－ウ・→126頁）　意地悪な虚言（Ⅱ－各5－④・→127頁）　意地悪な虚言の概要（Ⅱ－各5－④－ア・→127頁）　意地悪な虚言のメカニズム（Ⅱ－各5－④－イ・→127頁）　意地悪な虚言への教育的介入（Ⅱ－各5－④－ウ・→129頁）　非行を認めようとしない虚言（Ⅱ－各5－⑤・→130頁）　非行を認めようとしない虚言の概要（Ⅱ－各5－⑤－ア・→130頁）　非行を認めようとしない虚言のメカニズム（Ⅱ－各5－⑤－イ・→130頁）　非行を認めようとしない虚言への教育的介入（Ⅱ－各5－⑤－ウ・→131頁）

6 暴言と暴力を巡るトラブル

　暴言や暴力を巡るトラブルとそれへの対処法を説明できますか？　さあ，答えてみてください。

同属併記（Ⅱ－各6－①・→134頁）　同属分離（Ⅱ－各6－②・→134頁）　整理整頓（Ⅱ－各6－③・→135頁）　行動分析（Ⅱ－各6－④・→136頁）　即時対応（Ⅱ－各6－⑤・→137頁）　継続対応（Ⅱ－各6－⑥・→139頁）　愛着の挿話（Ⅱ－各6－⑦・→140頁）　暴言・暴力と愛着（Ⅱ－各6－⑦－ア・→140頁）　愛情と承認（Ⅱ－各6－⑦－イ・→140頁）

---

7 家庭内暴力を巡るトラブル

　家庭内暴力を巡るトラブルとそれへの対処法を説明できますか？　さあ，答えてみてください。

家庭内暴力のある人（Ⅱ－各7－①・→142頁）　家庭内暴力の諸相（Ⅱ－各7－②・→142頁）　きっかけ（Ⅱ－各7－②－ア・→143頁）　被害者の孤立（Ⅱ－各7－②－イ・→143頁）　利害一致（Ⅱ－各7－②－ウ・→143頁）　破棄されたアイデア（Ⅱ－各7－②－エ・→144頁）　家庭内暴力への教育的介入（Ⅱ－各7－③・→145頁）　危険度の実態把握（Ⅱ－各7－③－ア・→145頁）　暴力マネジメントを行う場所とスタッフ（Ⅱ－各7－③－イ・→146頁）　協議の進め方と協議事項（Ⅱ－各7－③－ウ・→146頁）　補足事項（Ⅱ－各7－③－エ・→147頁）

8 いじめと非行を巡るトラブル

　いじめと非行を巡るトラブルとそれへの対処法を説明できますか？　さあ，答えてみてください。

いじめの本態（Ⅱ－各8－①・→148頁）　言い訳（Ⅱ－各8－②・→149頁）　加害者・被害者関係（Ⅱ－各8－③・→150頁）　加害者の消滅（Ⅱ－各8－④・→151頁）　いじめと非行への教育的介入（Ⅱ－各8－⑤・→152頁）　発覚直後の介入（Ⅱ－各8－⑤－ア・→152頁）　反省指導と教材（Ⅱ－各8－⑤－イ・→154頁）　反省指導の彼岸（Ⅱ－各8－⑤－ウ・→155頁）　反省指導のパラドックス（Ⅱ－各8－⑤－エ・→155頁）　反省指導と結果を考える練習（Ⅱ－各8－⑤－オ・→156頁）　加害者に必要な指導（Ⅱ－各8－⑥・→158頁）

9 性的逸脱行動を巡るトラブル

　性的逸脱行動を巡るトラブルとそれへの対処法を説明できますか？　さあ，答えてみてください。

性差（Ⅱ－各9－①・→160頁）　進化の本流（Ⅱ－各9－②・→161頁）　男性の性的逸脱行動（Ⅱ－各9－③・→162頁）　女性の性的逸脱行動（Ⅱ－各9－④・→162頁）　性欲の性差（Ⅱ－各9－④－ア・→163頁）　性被害（Ⅱ－各9－④－イ・→163頁）　女子を巡る性虐待の本態（Ⅱ－各9－④－ウ・→164頁）　男子への教育的介入（Ⅱ－各9－⑤・→166頁）　女子への教育的介入（Ⅱ－各9－⑥・→167頁）　男子との違い（Ⅱ－各9－⑥－ア・→167頁）　女子への教育的介入～まずは考え方（Ⅱ－各9－⑥－イ・→168頁）　女子への教育的介入～性教育の適用（Ⅱ－各9－⑥－ウ・→168頁）　女子への教育的介入～指導の実際（Ⅱ－各9－⑥－エ・→169頁）

🔟 LGBTを巡るトラブル

LGBTを巡るトラブルとそれへの対処法を説明できますか？　さあ，答えてみてください。

三島由紀夫さんの思い出（Ⅱ－各10－①・➡171頁）　LGBTへの世間知（Ⅱ－各10－②・➡172頁）　LGBT事始め（Ⅱ－各10－③・➡172頁）　迷いの構造（Ⅱ－各10－④・➡173頁）　ヘテロ・セクシャリティ（Ⅱ－各10－⑤・➡174頁）　『饗宴』にみる恋の大らかさ（Ⅱ－各10－⑥・➡174頁）　LGBTへの教育的介入（Ⅱ－各10－⑦・➡176頁）　挨拶なき出会い（Ⅱ－各10－⑦－ア・➡176頁）　知られたくない心（Ⅱ－各10－⑦－イ・➡177頁）　司令官と参謀長（Ⅱ－各10－⑦－ウ・➡178頁）　性的誘惑（Ⅱ－各10－⑦－エ・➡179頁）　LGBTへの覚え書き（Ⅱ－各10－⑦－オ・➡181頁）　人付き合いの課題（Ⅱ－各10－⑦－オ－❶・➡181頁）　依頼者からの依頼への対応（Ⅱ－各10－⑦－オ－❷・➡181頁）　LGBTスペクトラム（Ⅱ－各10－⑦－オ－❸・➡181頁）　トランスジェンダーへの対応（Ⅱ－各10－⑦－オ－❹・➡181頁）　カミングアウト（Ⅱ－各10－⑦－オ－❺・➡182頁）　大団円（Ⅱ－各10－⑧・➡183頁）

エピローグ

　わたしは，ちょっとしたシャーロキアンだと自認しています。
　シャーロキアンとは，ご存じシャーロック・ホームズの信奉者だということ。また，シャーロック・ホームズの信奉者であると見られ，そう呼ばれることに誇りを持っているということ。一言でいえばクレイジーなのです。当然のことではありますが，彼の人生，人間関係，趣味，嗜好，すべてを自分のこと以上に知っている，というのがシャーロキアンの信条なのであります。
　そこで，本書の執筆を終えるにあたり，彼が語ってくれた言葉を皆さんにプレゼントしましょう。この一言，それが本書の指針になったのです。

　「この世界というのは，わかりきったことばかりで成り立っているのだけど，誰もがそれをしっかり観察しているわけではないのだ」

　　　　　　　　　　　　　　　　　　　　聞き取り者：アーサー・コナン・ドイル
　　　　　小林司，東山あかね（訳）『バスカヴィル家の犬』河出書房新社　60ページ

　さて，本書の執筆にあたってはいろいろな人のお世話になりました。中でもわたしが13年間，毎月1回続けてきた会員制の勉強会，「特別支援教育ネット」の皆さんからは，会合の度に交わされる対話をとおし，輝き色のアイデアをたくさん頂戴しました。この素敵な仲間は，真に本書制作委員会と呼ぶに相応しい方々で，個々のお名前を巻末に記して感謝します。
　また，三重県教育委員会特別支援教育課所属の発達障がい支援員の先生方，わたしの中学校巡回にぴったり寄り添ってくださる三重県四日市市教育委員会教育支援課特別支援教育・相談グループの先生方に感謝します。
　さらに，わたしとは長年の共同研究者であり，特別支援教育と性教育の専門家でもある，静岡県立清水特別支援学校國分聡子先生のご協力に心から感謝します。
　さて，最後になりますが，この本が世の中に出ていくに際して，わたしとは長年の盟友だと，わたしが勝手に思っている，編集者の梅田光恵さんに御礼申し上げます。筆が遅くわがままばかりを言う子どものようなわたしを，上手に操縦してくださり，脱稿の土壇場まで忍耐強く支えてくださった梅田さんがいなかったら，この本が世に出ることはなかったと思っています。みなさん，本当にありがとうございました。
　さあ，いろいろな人たちに支えられ，育まれた『思春期・青年期トラブル対応ワークブック』，きみの翼を広げ，広い世界へ飛んで行け。

著者略歴

小栗正幸 | おぐり まさゆき

法務省所属の心理学の専門家（法務技官）として各地の矯正施設に勤務。宮川医療少年院長を経て退官。
現在，特別支援教育ネット代表，三重県教育委員会事務局特別支援教育課発達障がい支援員スーパーバイザー，三重県四日市市教育委員会教育支援課スーパーバイザーを務める。
一般社団法人日本LD学会名誉会員・代議員・編集委員・特別支援教育士スーパーバイザー。
専門領域は，思春期から青年期の逸脱行動への対応。
『発達障害児の思春期と二次障害予防のシナリオ』（ぎょうせい），『ファンタジーマネジメント』（ぎょうせい），など，著書多数。

制作委員会（特別支援教育ネット）［平成30年3月31日現在　35名］

伊藤敦子	小栗妙子	坂部有紀子	羽田教子	村瀬浩子
伊藤佳良子	加藤久美子	神野美雪	早川和子	安田孔美
鵜飼千穂	加藤直子	武市由紀子	原　貴則	山本憲子
太田浩司	河原春隆	田島圭子	藤井里美	横田佳代
大築和子	小木曽靖濃	田尻ふみ子	藤井安規	吉田素子
大野　晃	國府田珠実	出口満知子	水野浩庫	吉村敦子
岡部祐子	小濱眞奈美	永冶園子	向井かや子	渡辺　香

思春期・青年期
トラブル対応ワークブック

2019年1月20日　発行
2024年10月10日　4刷

著者────小栗正幸
　　　　　特別支援教育ネット（制作委員会）

発行者───立石正信
発行所───株式会社　金剛出版
　　　　　〒112-0005 東京都文京区水道1-5-16　電話 03-3815-6661
　　　　　振替 00120-6-34848

装幀◉mg-okada
本文組版◉石倉康次
印刷・製本◉シナノ印刷

©2019 Printed in Japan　ISBN978-4-7724-1677-1 C3011

好評既刊

ψ金剛出版 〒112-0005 東京都文京区水道1-5-16 Tel. 03-3815-6661 Fax. 03-3818-6848
e-mail eigyo@kongoshuppan.co.jp URL https://www.kongoshuppan.co.jp/

性の教育ユニバーサルデザイン
配慮を必要とする人への支援と対応

［著］小栗正幸　國分聡子

配慮を必要とする人へ性について，何をいつ教えるの？　その疑問に，具体的な支援方法を通して答える性の教育ガイドブック！　第Ⅰ部では，人の性体験には大きな自由度と多様性があることを，各世代の人々の語りから示す。第Ⅱ部では，配慮を必要とする人たちが持っている性に対する知識の現状を紹介し，教材を使った具体的な実践方法やQ&Aを通して解説する。第Ⅲ部では，性的逸脱行動の実際と介入・対応方法と，女性の性的逸脱行動とその対応を事例を挙げて紹介する。ダウンロードして使える付録「性の指導メソッド」等を収載。　　　　　　　　　　　　　　　　定価3,080円

発達障害支援者のための標準テキスト
幼児期から成人のアセスメントと支援のポイント

［監修］辻井正次　［責任編集］髙柳伸哉
［編］西牧謙吾　笹森洋樹　岡田俊　日詰正文

発達障害児者の多様な側面への理解を深め，アセスメントやアセスメントツール，発達段階で起こりうる課題などに対する必要な知識，そして具体的な支援技法について学ぶことができる支援者向けテキスト。保健・医療・福祉・教育等の全領域に対応し，この1冊で発達障害支援の全体像をとらえることができる構成となっている。　　　　　　　　　　定価3,850円

おとなの自閉スペクトラム
メンタルヘルスケアガイド

［監修］本田秀夫　［編］大島郁葉

本書では，「自閉スペクトラム症（ASD）」ではなく「自閉スペクトラム（AS）」をキーワードとし，近年拡がりつつある，ASの特性を疾患ではなく多様なヒトの変異のあり方（ニューロダイバーシティ／ニューロトライブ）と捉える価値観に基づいて，成人期のメンタルヘルスの意味を構築していく。各章では，ASの人達の臨床像の広さや魅力，診断と具体的な支援などについて紹介され，支援者，当事者や家族，当事者と関わりの深い人達など読者のニーズに応じて多様な観点から学べるガイドとなっている。
定価3,080円

価格は10%税込です。